你不了解的战国史

石迎男 著

辽宁人民出版社

© 石迎男 2024

图书在版编目（CIP）数据

你不了解的战国史 / 石迎男著. —沈阳：辽宁人民出版社，2024.1
ISBN 978-7-205-10740-6

Ⅰ.①你… Ⅱ.①石… Ⅲ.①中国历史—战国时代—通俗读物 Ⅳ.① K231.09

中国国家版本馆 CIP 数据核字（2023）第 058383 号

出版发行：辽宁人民出版社
　　地　址：沈阳市和平区十一纬路 25 号　邮编：110003
　　电　话：024-23284191（发行部）　024-23284304（办公室）
　　http：//www.lnpph.com.cn
印　　刷：北京长宁印刷有限公司天津分公司
幅面尺寸：170mm×240mm
印　　张：16.75
字　　数：226 千字
出版时间：2024 年 1 月第 1 版
印刷时间：2024 年 1 月第 1 次印刷
责任编辑：贾　勇　赵维宁
封面设计：乐　翁
版式设计：一诺设计
责任校对：吴艳杰
书　　号：ISBN 978-7-205-10740-6
定　　价：49.80 元

前言 PREFACE

本书聚焦的时代,是春秋时代之后至秦国统一天下之前的战国时代。

战国时代对中国历史的发展产生了深远影响,但战国乃至先秦的史料都十分匮乏,这给战国史的研究工作带来了很大难度。在汉代,司马迁只能在有限的资料里抽丝剥茧,参考"传说",进行"田野调查",厘清历史的"真相",撰写《史记》。因为有司马迁这样一流的史学家,为后世留下了《史记》,我们才能读"五十万言",了解三千年的历史。

不过,先秦的史料仍有诸多语焉不详,或是抵牾之处。所幸有历代学者、众多前辈的研究成果可以学习、借鉴,又有诸多考古成果可做参考。如今,以战国为时代背景的书籍、影视作品非常丰富,而且十分精彩。

讲述战国史的通俗历史读物多以时间为线索,影视作品则多以秦国为主角创作。秦国是"胜利者",历史是由"胜利者"书写的,站在"大秦"的角度,以"秦人"的视角看战国史几乎成为一种习惯。

但,战国不仅有秦国,还有东方六国,还有周王室和卫、宋、郑、鲁、中山、义渠等国。每一个国家都有自己的历史,也都有自己的视角。今天的中国人是当时天下各国人的后代。按地域区分,我们可能是楚人,可能是赵人，也可能是齐人、是义渠人、是中山人……笔者希望通过这本书，多视角地回看战国的历史。

多一个视角，也就多一分接近真相的可能。

本书以赵国开篇，且对赵国着墨较多。一是因晋阳之战是韩、赵、魏三家分晋的前奏，三家分晋又是战国的开端，这个开端放在了赵国一章讲述；二是秦赵长平之战是中国古代军事史上最早、规模最大、最彻底的一场战役，长平之战后六国失去屏障，秦国统一天下已无悬念，这一关键转折放在了赵国一章，用三节篇幅做了重点描述；三是当时的一些基本情况也放在此章做了简要介绍。

接下来韩、魏、楚三国各占一章。韩国曾在战国初期大放异彩，却因"先天不足"、改革不力等原因衰落。魏国曾有自己的"辉煌时刻"，却因人才战略失误等原因丧失了优势地位。楚国是老牌强国，到了战国时期却被贵族分治所累，显得暮气沉沉。这三国各有特色，虽然走的道路不同，却都走向了衰落，最终覆灭。

燕国和齐国堪称一对"冤家"。齐国曾借燕国子之之乱灭燕，燕国复国后策动"五国伐齐"，使偌大的齐国仅剩两座城池，齐国收复失地后则失去了进取精神，两国的斗争让秦国渔翁得利，最终燕国灭亡、齐国亦灭亡，两国可谓"命运共同体"，因此放在了同一章。

最后一章中笔者试图探讨为什么是秦国统一天下，并对秦灭六国进行梳理，"合纵""连横"的外交活动也放在秦国做了总结。因此秦国一章的比重也比较大。

七雄外的国家受篇幅所限没有展开描写，仅在行文涉及时做了简要描述。事实上，战国时代的每一个国家都是一个鲜活的生命个体，不论它们最终是"胜利者"，还是"失败者"，都曾是那个激荡人心时代的主角。

一本书难以概括战国史的全貌，更不可能穷尽某个历史人物的一生。本书选择了一些历史"剖面"，探问历史人物作为"人"的所思、所想、所感，并尝试去解答：六国为何破灭，秦国如何崛起并统一了天下？

目录 Contents

前言 ··· 001

楔子

第一章　赵国：慷慨悲歌

一、序幕：晋阳之战 ··· 004

二、蹉跎岁月 ··· 012

三、胡服骑射 ··· 017

四、沙丘之变 ··· 026

五、将相和 ··· 033

六、长平之战（上）：虎口夺食 ····································· 040

七、长平之战（中）：一错再错 ····································· 046

八、长平之战（下）：猎杀时刻 ····································· 054

九、邯郸保卫战 ··· 061

十、夕阳武士 ··· 067

十一、邯郸为郡 ··· 071

第二章　韩国：小国的悲哀

一、短暂的荣耀 ····································· 080

二、申不害改革 ····································· 084

三、无用武之地 ····································· 089

第三章　魏国：辉煌与落寞

一、河西之地 ······································· 100

二、百年霸主 ······································· 105

三、一蹶不振 ······································· 110

四、落日余晖 ······································· 117

第四章　楚国：没落的贵族

一、蚍蜉撼树 ······································· 128

二、不合时宜 ······································· 136

三、腐败的政治 ····································· 145

第五章　齐国和燕国：命运共同体

一、盛衰有凭 ······································· 154

二、东方大国 ······································· 157

三、灭燕树敌 ······································· 162

四、燕之尾声 ······································· 169

五、攻心为上 ······································· 177

六、悲情太子 ······································· 183

第六章　秦国：逆袭的国运

- 一、艰难开场 ································ 190
- 二、商鞅变法 ································ 195
- 三、合纵连横 ································ 206
- 四、全面崛起 ································ 218
- 五、同一个声音 ······························ 231
- 六、山河一统 ································ 245

楔子

公元前475年，周元王元年。

是时，王室衰微，天子势弱，列国纷争，礼崩乐坏。

是时，仁义的底线即将被冷酷和血腥突破，文明的纱衣即将被战争和屠杀撕裂，贵族的精神即将被欺骗和算计踩在脚下。

是时，武王伐纣已经变成遥远的传说，曾经的边缘小国即将蜕变成战争机器，弱肉强食即将成为生存法则。

这一年，晋国的执政赵简子去世。这位强大而平和的领军人物，在晋国内战和中原大战中，力挽狂澜，开改革之先河，带领晋国走出低谷。他的离世，预示着一场无法预知结果的风暴即将来临。

这一年，智瑶成为晋国的新一任执政，晋国的独裁时代到来，而分裂也在酝酿之中。

这一年，是司马迁《史记》六国年表的开端。那位周元王除了为春秋战国分界线贡献一个时间节点外，仿佛再无其他用处，而连这个分界点也颇受争议。

次年，越王勾践围住了吴国的都城。两年后，夫差自缢，吴国灭亡，越王勾践称霸，已是春秋的尾声。当越王勾践极力争夺霸主宝座的时候，霸主也即将和周天子一起成为历史。

战国的大幕即将拉开。

是时，将军们建功立业，谋臣们奔走四方。有刀光剑影，有唇枪舌剑。刺客的刀，美人的酒，交织谱写着赞歌和悲歌。

是时，绝望的呐喊和旺盛的生命力同时迸发。有贪婪的天真，有傲慢的诚信，有至诚的忠义。纯真和务实同在，残酷与坚韧共存。

极度的混乱中人们在努力重建新的秩序，天下一统成为大势所趋。

在中原冲突日益升级的时候，有一个国家默默无闻，仿佛被遗忘在西方。秦国，这个在后来缔造了大一统帝国的伟大国家，在帮助楚昭王复国后，国家大事的记载除了天象和零星外交事件，就是国君的继位和去世，颓废而落寞是他的主旋律。

衰落的晋国仍是绝对的主角，即使分裂为韩、赵、魏三家，仍能傲视群雄。

晋阳大战即将开始，那是一场没有赢家的战役。随着战争的结束，等待晋国的将是分裂和最终消亡，而等待韩、赵、魏三国的也是一场必输的博弈。

风雨如晦，一个个国家即将被掩埋在历史的黄沙之下。

万里苍烟，一个万世绵延的根脉将扎根在这片辽阔的土地。

百家争鸣，一个传承不断的古老文明再次迸发出顽强的生命力，书写出灿烂辉煌的新篇章。

第一章

赵国：慷慨悲歌

一、序幕：晋阳之战

晋阳城如同一潭死水，泛不起一丝涟漪。

城中那些还活着的人，绝望是他们眼里的底色，倔强是刻在他们骨子里的精神。夜幕降临，黑暗渐渐覆盖晋阳城。明月高悬，仿佛留给了晋阳一丝希望。斑驳的光影下，赵氏第七位宗主赵襄子（赵无恤，赵简子之子）手按宝剑，静静地坐着。他在等待，等待一个消息，那个消息不仅会决定他个人的生死，还将决定赵氏一族和晋阳城的存亡。

列国间大的吞并战争还没展开，晋国就要分裂了。

让我们把时间拉回到春秋伊始，那时的晋国还是一个小国。

晋文侯护送周平王东迁，后来又诛杀了周携王，帮周天子结束了"二王并立"的尴尬局面。晋国从一个住在深山，与戎狄为邻，远离王室的边缘小国，一跃成为东周的大诸侯。

晋文侯去世后，晋国爆发了长达 67 年的内乱，五个国君被杀，一个国君被驱逐。最终非嫡传取代嫡传，小宗取代大宗，曲沃武公变成了晋武公（诸侯国中，国君以及历代继承君位的嫡长子为"大宗"；非嫡出的国君之子及其后代，或嫡长子的嫡出弟弟们及其后代为"小宗"）。

"曲沃代晋"留下了血的教训。

晋国的国君下定决心清除威胁，清洗可能夺权的近支公族（国君家族）。于是，晋献公"尽杀群公子"，又在骊姬之乱时"尽逐群公子"。后来他的儿子晋惠公"不纳群公子"。"公子"是"公"的子，也就是历代国君的儿子。

几度喋血，几经驱逐，晋国的近支公族或被杀，或流亡。等到晋文公回国时，他已经是晋献公儿子中仅存的一位。鉴于公族强大导致数世之乱的教训，晋文公延续了打击公族的策略。

晋文公的儿子们，公子雍去了秦国，公子乐去了陈国，公子黑臀去了周都洛邑。他们都离开晋国，客居别国。原本应当留在国内辅佐国君，分享权力的小宗被排斥在外，晋国的掌权者变成了异姓贵族和一些远支公族。

他们被提拔和重用的前提是有功劳，有能力。

赵氏的第一代宗主赵衰，曾随当时还是公子的晋文公流亡了19年，他辅佐晋文公称霸诸侯，能力非凡，功勋卓著。晋国从晋文公开始称霸，赵氏一族也从赵衰开始兴起，同时崛起的还有胥、籍、狐、箕、栾、郤、伯、先、羊舌、董、韩等卿族。

异姓卿族的崛起为晋国注入了新鲜血液，他们更有进取精神，更重视提升自身能力，让晋国迸发出新的活力。卿族名人辈出，成为晋国在春秋时期持续称霸的中坚力量。

春秋中后期，晋国成为绝对的超级大国。

然而，福祸相依。卿族为了自身利益，明争暗斗不断，喋血事件时有发生，著名的"赵氏孤儿"事件就是其中一桩。

卿族兼并的同时，还不断攫取国君的权力。

公室（国君家庭）的经济和军事力量随之萎缩。国君的"钱袋子"缩水、"枪杆子"握在别人手上，成为致命的问题。强大起来的卿族甚至杀死国君，另立他人。晋灵公被赵盾（赵氏第二代宗主）的堂弟赵穿所杀；晋厉公被栾书和中行偃所杀。

晋国国君就像当时的周天子，只是一个好看的摆设，一个被搬来挪去的吉祥物，一个暂时还有点用处的政治符号。问题产生的根源并不在用公族还是异姓，而在于分封制度。分封制运行久了，天子的土地和人民被诸侯瓜分，诸侯的权力被大夫蚕食，大夫则被家臣架空。分封变成了占有，联盟制的天下裂痕越来越深，裂隙越来越多。

而晋国将用一个国家的命运为后世的君主试错。

晋国实行军政合一的国家管理体制，六卿同时也是三军的正副司令（将、佐），正卿（执政卿）由军队的总元帅（中军将）兼任。而有了战功就能得到封赏，最重要的封赏是领地。按照当时的制度，卿族的子孙们拥有世袭这些领地的特权。

时间越长，战争越多，卿族积累的土地和百姓就越多，国君就逐渐丧失了"绝对优势"。

同时，卿族间的矛盾也日益激化。

掌权的卿族想在国内进一步扩张势力，就会同其他卿族发生冲突，乃至升级为火并。每灭掉一家，其他各家就能鲸吞蚕食这家的土地、人口、军队、赋税。

所以，晋国卿族间展开了极为残酷的"淘汰赛"。

掌握核心权力的大卿族，从晋文公时期的十一族（胥、籍、狐、箕、栾、郤、伯、先、羊舌、董、韩），到春秋末期，洗牌、淘汰到仅剩智、韩、赵、魏、中行（杭）、范六家。著名的"赵氏孤儿"事件，就发生在这一时期。"下宫之难"中赵朔一支被屠灭。赵朔之妻依靠公主身份逃过一劫，生下了遗腹子赵武。程婴、公孙杵臼舍生取义，才让赵氏孤儿幸免于难。赵武长大后，韩厥为报答赵氏养育之恩，说服国君恢复了赵武的身份，赵氏才再次回到晋国政治核心。

淘汰赛还在继续，强卿巨室谁都不甘心做别人的盘中餐。

公元前497年，中行氏和范氏想要吃掉赵氏，赵简子（赵鞅，赵氏孤儿赵武之孙）退守晋阳（今山西太原南）。

智、韩、魏想借机一举灭掉中行、范、赵三家，就借国君之口下令出兵平叛。他们首先攻打了中行氏、范氏，中行氏和范氏则去攻打国君。智、韩、魏帮助国君成功守卫了国都，中行氏和范氏二卿攻城失败后出逃。随后，智氏威逼赵氏，赵氏家臣董安于为保护赵氏，自杀身亡。赵氏暂时安全，晋国国内斗争告一段落。

此后，晋国的六卿制变成了四卿制。

接下来，齐景公、宋景公、郑献公、卫灵公纷纷入局，晋国内乱演变为国间混战。为了度过危机，晋国卿族间暂时团结起来，由"智氏主内，赵氏主外"。赵简子挂帅出征，以少胜多，力挽狂澜，击败了齐、郑、卫等国联军，获得"齐粟千车"，挽救了晋国的命运，保住了晋国的大国地位。

公元前493年，晋国正卿智文子（智跞）去世，力挽狂澜的赵简子成为晋国新一任正卿。

17年后（前476），赵简子去世，时任智氏宗主的智瑶（智文子之孙，又称智伯、荀瑶、智襄子）接任晋国正卿。赵氏宗主之位则由赵襄子接任。

智瑶是一个强权人物，他担任晋国正卿，预示着新一轮淘汰赛即将到来。

公元前458年，智、韩、赵、魏瓜分了中行氏和范氏的土地。

"背景板"晋出公无法忍受这群乱臣贼子的行径。他呼吁其他国家的支持，向四大卿族发起挑战，反被打得惨败，只能逃离晋国，最后客死异乡。

智瑶在宗室里扒拉出一个顺眼的立为新国君，史称晋哀公。这位晋国国君在史料中，时而被称为晋哀公，时而被称为晋懿公，又或被称为晋敬公。他的谥号是什么根本没人在意。我们就称他晋哀公吧！因为确实够哀伤。

此时，晋国可瓜分的土地已经所剩无几，四卿短暂的结盟也即将破裂。

智瑶直接向韩、赵、魏三家索要土地，开口就是要"万家之邑"。要知道那时候小邑只有几十或几百户人家，"万家之邑"不亚于今天的一个省会，至少也相当于一个大的地级市。

当然，智瑶也找了一个合适的理由，说这是为了匡扶公室，地是给国君的。

智瑶先同韩家家主韩虎（韩康子）谈话，因为韩氏最弱。

韩虎是韩氏第十位宗主，他知道智瑶的野心没有止境，今天给他一个万家之邑，明天他还会要更多土地。智瑶最终的目的就是要把三家吞并。

韩虎决定拒绝智瑶。

韩氏家相（家臣之长）段规有不同的想法，他说："智伯（智瑶）好利，刚愎自用，不给他土地，他肯定会讨伐我们；不如给他，他得了地，还会和别家要；别人不给，他会出兵讨伐。我们可以免于灾祸，等待事情有新的变化。"

段规认为谁先反抗，谁会挨打，先反抗不划算。韩虎采纳了段规的意见，给了智瑶万家之邑。

智瑶又和魏氏家主魏驹（魏桓子）谈话，魏驹也不想给。

魏氏家臣任章问："为什么不给呢？"

魏驹说："毫无理由就要土地，所以不给。"

任章说："无故索要土地，大夫们一定恐惧；我们给他土地，智伯一定骄纵。他骄傲轻敌，恐惧的人会团结在一起。以相亲之兵待轻敌之人，智氏之命必不长矣。《周书》有云：'将欲败之，必姑辅之；将欲取之，必姑与之。'家主您不如给他土地，让他骄横，然后选择同盟，共同图谋智氏。为什么要以一己之力独自对抗智氏呢？"

魏驹觉得有理，也给了智瑶万家之邑。

智瑶轻而易举就得到了两个万家之邑，认定自己可以控制韩、魏两家。所以，他在向赵氏索取土地时，更加肆无忌惮，点名要赵氏的蔺和皋狼之地。

此前，智瑶打着晋国的旗号四处征战时，大肆扩张智氏的土地。讨伐郑国时，取成皋；伐中山国时，取穷鱼之丘；智瑶还吃掉了中山国的属国仇犹。穷鱼之丘和仇犹在晋阳附近，这次智瑶索要的蔺和皋狼之地也在晋阳附近。

智瑶一直围着晋阳做文章。

因为掌握晋阳城就能掌握赵氏的生死。

赵氏的领地面积颇为广阔，但是没有险关坚城可守。赵氏经历过"下宫之难"，有很强的危机意识。为防患于未然，赵简子在世时就命家臣董安于建造了晋阳城。

晋阳城西依悬瓮山、东临汾河，位于太行山和吕梁山夹缝的狭窄处，据险筑城，易守难攻。从晋阳出发还能通过井陉翻越太行山，进攻中山国。晋阳城南面是太原盆地，北面是忻定盆地，再向北是大同盆地。占据晋阳，还能控制大片的农田、牧场。

从董安于筑晋阳城开始，这里就成为我国北方的边防重镇。后来唐高祖李渊就是从晋阳起兵夺取了天下，建立了唐朝。

智氏早就想吞并赵氏，当年他们利用国君向赵简子施压，威逼赵氏处死董安于，就是想削弱或者灭掉赵氏。董安于死，赵氏失去股肱之臣；董安于不死，他们就有理由攻打赵氏。最后董安于选择自杀，保护赵氏。董安于谋略过人，忠肝义胆，灵位被安放在赵氏宗庙，世代享受祭祀。

董安于已经去世，而他建造的晋阳城还在继续保护赵氏。

赵无恤如果乖乖地献上蔺和皋狼之地，晋阳东、西两侧就都是智氏的地盘，早晚会被智氏收入囊中。一旦失去了晋阳城，赵氏无险可守，灭亡是迟早的事。而赵无恤如果拒绝，那智瑶正好借机开战，灭掉赵氏。

真是好一条毒计。

而且，皋狼之地对赵氏有着特别的意义，那是赵氏先祖在周获得的第一块封地，赵氏绝不可能让出皋狼之地。

在同韩、魏索要土地的时候，智瑶做了两手打算，拿地或者灭族；而对赵氏，智瑶很可能只做了一手准备：开战，消灭赵氏，吞掉赵氏所有土地。

赵无恤断然拒绝。

智瑶胁迫韩、魏两家，跟随他一起攻打赵氏。赵无恤率赵氏族人退守晋阳，智、韩、魏三家围困晋阳长达一年时间（《史记》记载为一年多，《战国策》记载为三年之久）。

久攻不下，智瑶引汾水灌城，汾水冲向晋阳城的城墙，越涨越高，城墙的低矮处已经被淹没。河水灌入城中，大水如果再涨六尺就会把全城淹没。人的意志随着河水的高涨，滑落到最低的深渊。"城中悬釜而炊，易子而食。群臣皆有外心。"（《史记·赵世家》）

晋阳城就要守不住了。

赵无恤派家臣张孟谈潜出了晋阳城，让他出使韩、魏，劝说两位家主反水。

张孟谈能成功吗？

这不仅在考验张孟谈的能力，也是在考验智瑶的水平。

智瑶的能力毋庸置疑，但是为人一言难尽。智瑶曾嘲笑赵无恤长得丑，没有勇气，不知道怎么当上的接班人。智瑶还曾在宴会上戏谑韩氏家主韩虎，侮辱韩氏家相段规。

智瑶如此目中无人，就不怕吗？

他确实不怕。

智瑶曾说："难将由我，我不为难，谁敢兴之！"（《国语·晋语九》）

他有绝对的自信，只有我为难别人，哪有别人来为难我？

在引大水灌晋阳的时候，智瑶带着韩虎、魏驹一起看自己的"杰作"，他毫无顾忌地说："我今天才知道河水可以灭亡别人的国家。"

韩氏的平阳紧邻汾水，魏氏的安邑挨着绛水。智瑶想敲山震虎，他的目的确实达到了。两只蛰伏的老虎，已经伸出了利爪。

魏驹悄悄用胳膊肘碰了下韩虎，韩虎用鞋子踩了下魏驹的脚。两人连眼神都不用交换，就已经达成了共识。

张孟谈见到韩虎和魏驹，说："唇亡齿寒，赵氏被灭后，就轮到韩和魏了。"

韩虎和魏驹说："我们也知道唇亡齿寒，就怕万一谋划的事情泄露，祸患马上就会降临。"

张孟谈说："谋划出二主之口，入臣之耳，怎么会泄露呢？"

韩、赵、魏三家"反智同盟"正式建立，他们商量好对策，约定好发难的时间后，张孟谈潜回了晋阳。

赵无恤等到了他的家臣张孟谈。张孟谈为晋阳，为赵氏带来了生的希望。午夜已过，黎明即将到来。

赵无恤按照约定时间，杀死智氏守卫河堤的官吏，把汾河决堤的方向引向智瑶的大军，这是以其人之道，还治其人之身。可笑智瑶的人马，居然没有驻扎在高地。因为他从来就没想过会被别人攻打。

韩、魏又从两翼夹击智氏，智氏大营土崩瓦解，智瑶被杀，智氏全族被灭。

公元前453年，晋阳之战结束，韩、赵、魏三家瓜分了智氏的地盘，史称"三家灭智"。

此后，韩、赵、魏三家，对外尽力扩张，对内不断蚕食晋国公室土地，尽力抢占地盘。当晋幽公即位时，他继承的晋国仅剩下绛和曲沃两座城邑。据《史记》记载，晋幽公竟反过来朝拜韩、赵、魏的家主。昔日的霸主，沦为大夫的附庸。最后，韩、赵、魏连绛和曲沃也瓜分了。又过了很多年，在洛阳的一个小院落，晋静公被刺客杀死，晋国最后一位国君悄无声息地走了，晋国最后的痕迹被抹除。那时人们只知道韩、赵、魏"三晋"，没人在意世上还曾有过晋国。

公元前403年（周威烈王二十三年），周天子正式册封晋国大夫魏斯、赵籍、韩虔为诸侯。韩、赵、魏正式建国，魏斯、赵籍、韩虔分别为魏文侯、赵烈侯、韩景侯。因韩、赵、魏原同属于晋国，经常被合称为"三晋"。

《资治通鉴》以此为开篇，七雄争霸的时代到来，历史的车轮驶入了战国时代。

二、蹉跎岁月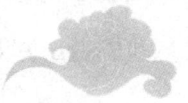

晋阳之战后，赵氏的势力强于韩、魏两家。终赵襄子之世，赵氏在三晋中的实力一直是最强的。

可是，赵襄子一世英名，毁在了继承人的选择上。

这不是一个通常的脚本，故事里没有美人、小妾，没有让人疼爱的小儿子。赵襄子的父亲赵鞅那代人，因为晋国卿族之间剑拔弩张，一不小心就是灭族之祸，当时几家的家主不约而同地选择了"立贤不立长"。

赵襄子是胡婢所生，他通过了赵鞅的考核，成为赵氏家主。赵鞅的嫡长子伯鲁（嫡长子称伯、庶长子称孟）因此失去了家主之位。赵襄子一直无法释怀，觉得愧对兄长。在晚年，赵襄子想传位给伯鲁的儿子赵周，谁料想赵周比赵襄子还先走一步。赵襄子只好立赵周的儿子赵浣为接班人。

赵浣年幼，无法掌控局面。赵襄子的儿子赵嘉已经成年，他岂能罢休。赵襄子去世后，赵嘉就把赵浣赶下了台，自己坐了上去。可是，不到一年赵嘉就呜呼哀哉了。赵氏一族的人，认为赵嘉即位不是赵襄子的本意，于是杀了赵嘉的儿子，迎赵浣（赵献侯）复位。

赵浣再次上台，他才能平平，赵氏一族的发展速度开始落后于韩、魏。

赵浣之子赵烈侯任用公仲连进行改革，赵国国力出现了一段上升期。赵烈侯去世时，他的儿子赵章年幼，国人立赵烈侯的弟弟（史未载其名）为国君（赵武侯）。赵武侯去世后，国人又立赵章为国君（赵敬侯）。赵武侯之子赵朝（一作赵朔）作乱，失败后逃到了魏国。

赵氏内乱频繁，丧失了三晋的领袖地位，排名一路下滑，赵国甚至沦落到被动挨打的地步。

公元前353年至公元前351年，赵国被魏国暴打，国都邯郸沦陷，史称"邯郸之难"。

赵国向楚国和齐国求援，齐国"围魏救赵"，在桂陵大败魏军。魏军损失十万之众，又被秦国、楚国趁火打劫，才被迫撤出了邯郸。（详见第三章）

齐国"围魏救赵"，楚国是"攻魏救赵"。他们的策略出奇的一致，先等赵国被打得半死，再出兵，赚一把渔翁之利，得一个好名声，还得让赵国感恩戴德。谁让你赵国打不过别人呢！

可惜了赵家历代宗主给赵国奠定的基础，赵国浪费了一个良好的开局。

魏军撤出邯郸的第二年，赵国第五位国君赵肃侯即位，接手的赵国国都损毁，国力受到重创，国家岌岌可危。

赵肃侯同魏、楚、秦、燕、齐等国连年恶战，才收复了部分丧失的国土。他驱逐晋君，朝拜天子，拔齐之高唐，攻魏之首垣。公元前332年（赵肃侯十八年、秦惠文王六年），齐威王、魏惠王联合反扑赵国，赵肃侯命人掘开黄河，让齐、魏两国无功而返。

赵肃侯在位二十四年，稳住了赵国的局势，保住了赵国的基业，让赵国有了中兴的可能。

"邯郸之难"让赵国开始反思。赵肃侯痛定思痛，在南部边疆修筑了长城，保护先辈的战斗成果。这也代表着赵国在中原采取战略防守姿态，准备"北上"。

公元前326年，赵肃侯去世，其子赵雍即位。

赵雍，就是赫赫有名的赵武灵王。《史记》说他即位时"少，未能听政"。他面临的是"今中山在我腹心，北有燕，东有胡，西有林胡、楼烦、秦、韩之边，而无强兵之救"（《史记·赵世家》）的严峻形势。

赵国要如何在恶劣的国际环境中生存发展？

内政上，赵武灵王重用赵肃侯留下的贵臣肥义。他还设置了博闻师三人，左、右司过三人。博闻师学问广博，负责君王的学习。司过负责指出君王的过错。知识不够，就多学习；犯了错，就改；不会做的，就咨询老臣。赵武灵王迅速成长。

外交上，赵武灵王积极寻找盟友，同韩国、魏国实现了外交关系正常化。

当时，齐、秦、楚三大强国相继称王，剩下魏、韩、赵、燕没人理会。于是，他们拉上中山国，在公元前323年（赵武灵王三年），互相承认对方的王号，史称"五国相王"。

朋友多了路好走，前提是朋友要靠谱。

公元前318年（赵武灵王八年），赵国同楚、魏、韩、燕共同出兵攻打函谷关，讨伐秦国。结果，秦军一反击"五国之师皆败走"。第二年，秦国将领樗里疾又在脩鱼（韩邑）大败三晋联军，斩首八万，俘虏韩国大将和申差，令"诸侯振恐"。

我们看一下《史记·秦本纪》中记载的后续事件：

秦惠文王更元九年（前316），秦国占领了赵国的中都、西阳。同年，秦国还灭了蜀国。

秦惠文王更元十年（前315），秦占领韩国的石章。同年，秦国还占领了义渠二十五座城池。

秦惠文王更元十一年（前314），秦樗里疾东征三晋，在岸门大败韩军，斩首一万。

秦惠文王更元十二年（前313），秦樗里疾攻占赵国的蔺，俘虏赵将庄。

秦惠文王更元十三年（前312），秦庶长章在丹阳大败楚军，俘虏楚国大将屈匄，斩首八万。接着秦军又攻打楚国的汉中，夺取了六百里土地，设置汉中郡。

秦惠文王更元十四年（前311），秦国再次伐楚，占领召陵。

……

韩国、魏国被秦国打怕了，让张仪连哄带骗地改认秦国做大哥，离开了合纵队伍。韩国送太子苍入秦国为质，魏国割地求和。这样卑躬屈膝，还是改变不了被动挨打的局面，公元前308年（秦武王三年），秦国又攻取了韩国的宜阳。

五根筷子捆在一起确实更难折断。而五个软柿子放在一起，只能变成一堆软柿子，最后还会变成一堆烂柿子。攻打秦国时，合纵的几个国家，没人愿意真出力，大家都希望别人顶上，控制住局面，自己在空隙中踹上两脚。

柿子和菜刀厮杀，受伤的只能是柿子。国家没有实力，国君就不可能有"王"的事实。"五国相王"后，赵武灵王在国内使用"君"的称号，不称王。他说："没有王的实力，怎敢用王的虚名呢？"

赵武灵王意识到谁都靠不住，唯有自身强大才是硬道理。他要让赵国成为一把利刃。

赵国东、南、西三面被中原列国包围。中原对土地的争夺已经白热化，没有实力盲目参战，会死得很惨。相对于在中原你死我活地抢地盘，北方的蛮夷部落相对好打。

因为游牧部落一般不会拼命。

游牧部落作战擅长利用骑兵搞快速突袭，抢了东西就跑。他们来也匆匆，去也匆匆。遇到强大的敌人，他们骑着马就跑了。他们不种地，对土地兴趣不大，没必要留下来拼命。

他们还有一个特点："散装"。

游牧民族内部组织很松散，遇到威胁先各自保命。

从上述角度看，北方的游牧民族甚至比当时的中原好打。

而打他们需要骑兵，一支强大的骑兵。

因为，没有骑兵，追不上他们。

游牧部落没有固定的住所，遇到危险卷起帐篷、骑着马就搬家了。他想打你时，骑着马就来了。你想反击，靠腿和战车是追不上的。这就是中原农耕民族长期受到北方游牧部落袭扰，却束手无策的重要原因。

赵国只要建立一支强大的骑兵队伍，就能解决"速度不对等"的问题。

当时，中原各国的主力部队都是步兵，骑兵主要承担辅助任务。

孙膑论述过"骑战十利"："一曰迎敌始至；二曰乘敌虚背；三曰追散乱击；四曰迎敌击后，使敌奔走；五曰遮其粮食，绝其军道；六曰败其津关，发其桥梁；七曰掩其不备，卒击其未整旅；八曰攻其懈怠，出其不意；九曰烧其积聚，虚其市里；十曰掠其田野，系累其子弟。"（《通典·兵二》）

可见，当时骑兵主要承担快速出击、追击，侧翼包抄，断敌粮道等任务。

中原骑兵无法成为主力，有非常现实的原因。

一是战马不行。

中原马相对低矮，不适合骑兵使用，更适合拉车。所以一直到汉唐，优良马匹仍需从外部引进，再精心饲养，成本非常高。

二是骑兵不易培养。

当时骑兵的装备非常简陋。没有高马鞍，也没有马镫。战士骑在马上，先得保证自己不会摔下来，难度非常高。

反观游牧民族，他们的战士在马背上长大，平时骑马打猎、放牧，战时骑马作战，不需要特殊培养。

农耕民族，没有适合作战的马，也没有培养优秀骑兵的土壤。骑兵只能利用灵活机动和速度优势，辅助作战。

赵武灵王想要早日实现"胡地，中山，吾必有之"（《史记·赵世家》），就要组建一支能打胜仗的骑兵主力部队。所以，他需要优良的战马，还需要成熟的骑兵。

他该去哪里寻找呢？

三、胡服骑射

公元前 307 年（秦武王四年、赵武灵王十九年），赵武灵王实行"胡服骑射"。

这是一个非常著名，却让人感到疑惑的改革。

很多人的印象中"胡服骑射"就是赵国士兵不再穿长袍宽袖，改穿胡服。因为胡服是"上褶下袴"，紧身窄袖方便骑射。按这个说法，"胡服骑射"改革的重点应当在于方便骑马、射箭，目的是提高军队作战能力，手段是改变军队制式服装。

让人疑惑的是当时的士卒难道都是穿着宽袍大袖在战场上厮杀吗？袍袖翻飞，兜着风，挥着戈，舞着剑，像武侠小说描写的大侠那样对战。

据《通典》记载，秦国灭赵后，获得了赵王的"惠文冠"，冠下垂着两条"貂尾"作为装饰。《后汉书》则记载了赵国还有用"双鹖（鹖，一种像雉而善斗的鸟）尾"装饰的冠。用动物尾巴、鸟类羽毛装饰和方便骑射之间明显无关。

《史记》中有赵武灵王赐胡服给贵族，贵族着胡服上朝的记录。这同样让人感到疑惑不解，如果穿胡服是为提高作战能力，那穿胡服办公是什么目的？

秦始皇陵兵马俑中的步兵、车兵、骑兵全部着窄袖短袍的戎服，各种兵俑穿着的区别在甲胄上，车士俑与步兵俑穿重甲，骑士俑穿齐腰轻甲。秦始皇生活的年代同赵武灵王相距不远，可以作为战国末期各国戎服形制的参考。而这些兵马俑非常直观地告诉我们，当时的士兵不是穿宽袍大袖。

那赵武灵王到底改了什么？

对"胡服骑射"中戎服的改革内容，大家看法不一。

在古代宽袍大袖是贵族的服装，平民一般穿窄袖短袍，农民种地、工人做工、渔民捕鱼，紧身窄袖才方便劳作。既然平民的穿衣习惯都是根据日常需要，那士兵这个关乎生死的职业却穿着宽袍大袖，显然不合常理。

在这一前提下，有些人认为改革的重点在于制作戎服的材质。

因为中原的戎服因材质问题容易被荆棘划破，所以学习胡人改用兽皮做戎服。当时士兵的披甲率不高，如果能提高戎服的防护功能，那是非常重大的进步。

有些人认为改革的重点在裤子。

华夏的服饰中，裤子很早就已经存在。通过考古发现，我们知道战国后期的裤子由裤腰、裤腿和口缘三部分组成。裤腰的前腰中缝拼接在一起，把裤子连接成了一个整体。但是这时的裤子仍为开裆裤。沈从文在《中国古代服饰研究》一书中介绍了江陵马山楚墓出土的棉袴（腿衣）形制："（棉袴）乃是一个整体，但前后裆不合拢，后腰阙断为敞口。"

穿开裆裤骑马作战，对人类的生殖部位，还有突出的尾椎骨都极不友好。所以，"胡服骑射"改为穿满裆裤。裤子有裆之后，不仅能起到保护作用，"上衣下裳"中的外裳（裙）也就可以略去不穿，非常方便。

改变材质，能提高防护能力。改穿满裆裤，不穿裳，可以方便作战。两种观点都非常合理，二者也可同时进行。但仍解释不了赵武灵王和贵族为什么穿胡服上朝。

事实上，王和贵族穿胡服可以达到两个目的。

一是起带头作用。

"胡服"是蛮夷的服饰，被华夏族鄙视，如果国君和贵族都穿胡服，可以减少赵国士兵对"胡服"的鄙视心理，起到引领作用。

二是招募骑兵。

上一节结尾我们提到，赵武灵王需要优良战马，还需要成熟的骑兵。哪里的战马好呢？北方的战马好！哪里的骑兵强呢？胡人的骑兵强。培养好的骑兵需要非常长的时间。如果能直接招募北方的胡人为赵国所用，就可以省掉培养骑兵的时间。

问题的症结在于胡人凭什么为赵国打仗。

春秋战国时期，区分华夏和夷狄，看文化不看血缘。怎么吃饭，穿什么衣服，戴什么帽子，怎么梳头发，都是判断文明与否的标准，也是判断是否属于同一文化体系的标准。赵武灵王要求贵族改穿胡服，士兵改穿胡人军装，然后"招骑射"，"以教百姓"（《史记·赵世家》）。

也就是改穿胡服，然后招募骑兵，同时教赵人学习骑射。

这是反向同化。

赵武灵王的伟大之处在于，他从华夏同化蛮夷的思维中跳脱出来，降低姿态，向蛮夷学习。穿胡人的衣服，可以消除华夷之间的心理隔阂，增强彼此的认同感，达到反向同化、合为一体的目的。在以"贵华夏，贱夷狄"为主流思想的战国，赵武灵王要突破夷夏之防，把自己塑造成部落联盟首领的形象，也要把赵国变成一个胡汉文化融合的国家。

凡是改革必有阻力。

穿胡服技术上好操作，心理关实在难过，没有人会愿意向比自己落后的文化学习。而且，招募胡人为骑兵，国家军队被掺了沙子，本来属于赵人的位置被外族人挤占。不仅"群臣皆不欲"（《史记·赵世家》），而且"国人皆不欲"（《资治通鉴》卷三），赵国从上到下都反对改革。

文化改革难，涉及利益的文化改革更难。

赵武灵王需要有人支持他，帮他破除阻力。他先找到了肥义，阐述改革的目的，也说了自己担心被国人非议。

肥义说："成就大事的人，不同一般人去讨论商量。"

肥义还鼓励赵武灵王说："愚蠢的人，事情来了都看不见；聪明的人，事情尚未成形，他就能看出萌芽。大王还有什么迟疑的呢？"

肥义辅佐了赵肃侯、赵武灵王两位国君，是两朝元老。他对赵武灵王的支持起到了至关重要的作用。

赵武灵王还需要宗室的支持，尤其是宗室代表赵成的支持。

赵成是赵肃侯的弟弟、赵武灵王的叔父，他"称疾不朝"，用不上班表示抗议，拒绝接受改革。赵武灵王亲赴赵成府邸，说服了赵成。

赵武灵王主要说了以下六点内容：

一是，只要于民有利，就可以改变服饰礼仪。

穿衣服是为了方便使用，尊礼仪是为了方便做事。圣贤制定于民有利的政策，而不统一他们使用的器物；如果对所做的事有利，礼制就可以不相同。拘泥于服饰礼仪，不利于做事，也不利于百姓。

二是，形势严峻，由不得我们不变。

赵国东面的黄河、漳河是同齐国、中山国共有的边界，我们却没有战船守御它；整个国土，东面同燕国、东胡接壤，西部同楼烦、秦国、韩国相邻，却没有骑兵部队防守。

三是，如何改革。

制造战船，招募习于水战的百姓，让他们守卫黄河、漳水；改穿胡服，招募骑兵，训练骑马射箭，防备与燕国、东胡、楼烦、秦国、韩国之间的边境。

四是，回顾历史。

有曾经的辉煌：昔日简主（赵简子）不把发展的区域局限在晋阳和上党，而襄王（赵襄子）兼并戎族，攻取代地，抵御诸胡。这是不论聪明还是愚笨的人都能明白的道理。

有近世的屈辱：中山国靠齐国的支持，侵略我国土地，掳掠囚禁我国百姓，引水围灌鄗邑，若不是社稷神灵保佑，鄗邑几乎不保。

五是，先王的愤怒。

因为仇怨至今未报，先王非常愤怒。

六是，寡人的失望。

王叔违背赵简子和赵襄子的遗愿，忘记国家曾遭受的屈辱。去沿袭中原的旧俗，而忘记鄗邑的耻辱。这不是寡人的期望啊！

赵武灵王搬出赵简子和赵襄子两位老祖宗，赵成哪还敢说反对的话，再反对就是违逆祖宗。而且能继承先祖遗志，赵成的内心也很激动，他也希望赵国强大。

于是赵成行大礼参拜谢罪："臣愚蠢，不能理解大王的主张，说了一些世俗的言论。如今大王要实现赵简子、赵襄子的遗愿，继承先王之志，臣岂敢不听命。"

说完，赵成再次大礼参拜。赵武灵王赐了赵成胡服。第二天，赵成就开始穿着胡服上朝。

赵武灵王这才正式颁布了"胡服令"。

《战国策》中还记载了赵武灵王同赵文、赵造、赵燕逐一谈话的过程。诸葛亮舌战群儒是小说家杜撰，赵武灵王舌战宗室却是真的。最终，赵武灵王说服了宗室支持他进行改革。

获得了重臣、宗室的支持，改革就可以顺利推进。接下来就可以招募骑兵了，那第一批"胡服骑射"的骑兵要怎么招募呢？

事实上，赵国国内本来就有骑兵和战马，他们在赵国北部的代地！

代地，就是赵武灵王在说服他叔叔时，提到的赵襄子攻取的代地，大致位于今山西、河北北部的桑干河流域，处于农牧混合地带，既有盆地，也有草原，还有山脉，宜耕、宜牧、宜猎。这里农耕民族与北方游牧民族交往频繁，是一个文化碰撞地带。代戎在这里建立了代国。

据《史记·赵世家》记载，赵简子曾梦到天帝送给他一只狄犬。

天帝对他说："等你的儿子长大，就把狄犬赐给他。"

为赵简子解梦的人说："狄犬是代人的先祖。主君的儿子会占有代国。"

与其说是天帝托梦，不如说是赵简子日有所思夜有所梦，连身边的人都知道他心心念念地要占领代国。也可能是赵简子在利用"天帝"托梦，神化赵氏夺取代地的行为。赵氏的封地在晋国的最北边，南边是智氏、韩氏、魏氏，很难扩张。北边的代国自然成了赵简子眼中的肥肉。

为把代国收入囊中，赵简子把女儿嫁给了代王，先把代国培养成友好邻邦，降低代王的警惕性。赵简子在世时，一直同代国保持着良好的关系。公元前476年，赵简子去世后，丧服未除的赵襄子就给姐夫安排了鸿门宴。代王毫无怀疑，欣然赴约。宴会上，厨师用铜枓（一种长柄取酒器）砸碎了代王的脑袋，杀死了代王的随行人员。随后，赵氏发兵攻占了代国。

赵襄子杀死代王后，想接回姐姐。代王夫人说："以弟慢夫，非义也；以夫怨弟，非仁也。"（《列女传·节义传》）而后磨尖了发笄，自杀身亡。

后人感念她的忠义，称她为"摩笄夫人"。人们把她葬在了"摩笄而死"的山旁，那座山因此被称为"摩笄山"。

摩笄山是代地众多山峰中的一座。因阴山山脉横亘其间，桑干河流经其地，代地山脉广布纵横、河流交错密布，水草丰美，丘陵起伏，有着丰富的自然资源可以利用。

代地还处在四通八达的交通要道上。

向南有两条主要通道：一条沿着桑干河道南下后，再向南可以抵达晋阳；另一条穿过太行山脉，可以到达河北平原的中山国。

向北也有两条主要通道：一是通过无穷之门，可以抵达贝加尔湖封狼居胥山附近；二是通过阴山，可以抵达今内蒙古呼和浩特附近。秦汉时期出塞主要就是走这两条干道。

代地的东面是燕国。

代地的西方是楼烦和林胡。

以代地为根据地，可以向北、向西、向南拓展领地。

代人不种地，不经商，"任侠为奸"（《史记·货殖列传》）。代人是游牧民族，有骑兵。

代地盛产战马，而且是优质战马，"代马"闻名列国。占据代地可以获得优质战马，还能控制当时晋国南北的马匹交易。

代地就是优质战马供应基地，优秀骑兵培养基地。代地还出名将，廉颇、李牧都是代人。我们不得不佩服赵简子、赵襄子的远见卓识。

事实上，赵襄子就使用过骑兵。赵氏受到智氏攻击，要退守晋阳时，赵襄子"乃使延陵生，将车骑先之晋阳"（《战国策·赵策一》）。

"车骑"是战车、骑兵混合编制的部队，这支打前站的车骑显然不是主力部队，人数也不会很多。而赵武灵王需要大量骑兵，需要打造一支以骑兵为主力的部队。

赵国虽然已经吞并代地多年，但是对代地的控制仍然有限。

一是赵氏通过阴谋手段占领了代国，代人有排斥逆反心理。二是文化差异导致认同感偏低。三是赵国迁都邯郸后，政治中心同代地之间悬隔疏远。因此，代地骑兵名义上隶属于赵国，却不易调动。

如今，赵武灵王通过"胡服骑射"改革，增强代人和赵人彼此间的认同感，让代人产生一种"主人翁"意识。凭借"胡服骑射"，反向同化的统战工作，代地的骑兵能更好地为赵国所用。再通过招募工作，扩充骑兵数量。

赵武灵王的"启动骑兵"原本就在军队建制中，只需增加中央对其控制力即可。"胡服骑射"改革启动当年，赵军的战斗力就得到迅速提升。

吞并中山国的战争，也在同一年展开。

中山国是一个由白狄人建立的国家，大致位于今河北保定和石家庄一带。中山国在代地的南面，邯郸的北面。

赵国的国土看似是整片的，其实被太行山脉和中山国给分割成了三大块。太行山脉把赵国分成了东西两部分，中山国又把赵国的东部地区割成了南北两部分。

新都邯郸，同重要战略基地代地、旧都晋阳之间的交通均有阻隔，内部沟通存在很大的困难。

公元前332年，齐、魏攻打赵国时，中山国趁机攻打赵国的鄗，用赵武灵王的话说"微社稷之神灵，则鄗几于不守也"（《史记·赵世家》）。

中山国是一个顽强的国家，此前曾被魏国所灭，复国后国君励精图治，国力一度强盛。中山国要图存、图强，赵国也要发展，要拔除心腹之患。

中山国和赵国是天生的敌人。

中山国如果被赵国吞并，势必会引起列国的关注。赵武灵王非常有耐心，他不是一口吃掉中山国，而是慢慢蚕食。赵国前后用时十一年（前307—前296），灭掉了这个千乘之国。从此"北地方从，代道大通"（《史记·赵世家》），赵国东部交通畅通无阻，晋阳、邯郸、代地三地形成了互为犄角的稳固联系。

与此同时，赵武灵王还开辟了广阔的西北部战场。

赵国打到了榆中地区，"辟地千里"（《战国策·赵策二》）。林胡王献马求和，表示从此臣服于赵国。赵武灵王命代相赵固监管林胡部落，收编林胡军队，补充"胡服骑射"的骑兵，赵国骑兵队伍迅速壮大。

赵国还攻占了黄河上游河宗氏和休溷诸貉之地，设置九原郡和云中郡。

攻占原阳（今内蒙古呼和浩特），在原阳设置骑邑，即骑兵训练基地。

赵武灵王巡行新得的土地，从代地出发，向西而行，遇到了楼烦王，又收编了楼烦的军队。

为顺利实现扩张目的，赵武灵王派出外交天团：楼缓入秦，仇液入韩，王贲入楚，富丁入魏，赵爵入齐，同各个国家都搞好关系。

而且，这段时间的国际形势也对赵国有利。秦国攻略韩、魏，齐、韩、魏攻打楚国，秦国也攻打楚国，还绑架了楚怀王。秦、楚、齐、韩、魏的注意力都不在北部。

就在赵国开始攻打中山国的那一年，秦武王在周举鼎而死，他没有子嗣，弟弟们都想接班，国内政局不稳，无暇东顾。赵武灵王把在燕国做人质的嬴稷（秦昭襄王）护送回秦国即位，同秦国建立友好关系，两国开始了一段难得的蜜月期。

东部的燕国也不会帮中山国，燕国发生子之之乱时，中山国趁火打劫，占领燕国土地数百里、城池几十座，两国结仇。而且，燕昭王也是由赵武灵王护送回国，才得以成为国君，复兴燕国。赵、燕关系也处于蜜月期。

赵武灵王利用难得的历史机遇和蜜月期，完成了"胡服骑射"改革，吞并中山、攻略胡地，收服林胡和楼烦二族，"攻成、名立、利附，则天下莫能害"（《战国策·秦策三》）。赵国一跃成为战国后期唯一在军事上能同秦国一较高下的国家。

"胡服骑射"改革的成果令各国瞩目，齐国、楚国都曾效仿赵国着胡服。华夷之间的壁垒被打破后，民族间的交流融合日益加深。赵武灵王同赵国贵族之间的谈话，也可视为民族融合在理论上的探讨，这对华夏大一统局面的形成非常有利。

四、沙丘之变

攻入咸阳，灭掉秦国。当你想到它即将实现时，根本无法抑制内心的激动之情，没有人能在如此伟大的计划面前放缓脚步。

秦国的门户函谷关临绝涧、接秦岭，乃是天险。秦国的东部边境在多年战争中被打造得坚不可摧。从东向西攻打秦国极为不易。赵国新占领的胡地位于秦国的北方，从那里南下攻击秦国，能避开函谷关和秦国牢固的东部防线。只有赵国有这个地理优势，也只有赵武灵王的骑兵才有实现这个计划的可能。

从云中郡、九原郡出发，由北向南，直插秦国心脏，灭亡秦国。这也是一条没人走过的路。

公元前299年（秦昭襄王八年、赵武灵王二十七年），赵武灵王乔装成使者进入秦国。他站在秦国的朝堂上，直接同秦昭襄王对话。赵武灵王要直面自己的对手，了解对手，再击败对手。他也要看看秦国的山川地势，为日后攻打秦国拿到第一手资料。

君王的气场同普通人不同，君王的洞察力也非常人可比。秦昭襄王敏锐地察觉到今天见的赵国使者"其状甚伟，非人臣之度"。会谈结束后，察觉出异样的秦昭襄王派人去追。秦人一路狂奔，追到边境时听到了一个让他们无比震惊的消息：使者是赵武灵王，已经离开秦国边关。

秦国竟然被别国元首深入国境侦察、窥探，"秦人大惊"（《史记·赵世家》）。

就在这一年，楚怀王受骗入秦，被秦国扣留。各国元首、政要都不愿入秦。

那赵武灵王为什么不怕？

因为勇气，成大事的人一定是敢于冒险的。

还因为他已经不是赵国的国君，能成就大业的人，也一定不是莽撞的人。

赵武灵王专心于军事扩张，长期不在都城邯郸，各国政要鲜少有人见过赵武灵王，包括被赵国护送回国的秦昭襄王。国君不在国都，很多政务无法及时处理。赵武灵王经常在军中，也无法保证绝对安全，一旦出了意外，对赵国来说非常危险。秦武王意外死在国外就是一个例子。若是新君已经即位，就能避免争夺继承权的斗争。因此，他立儿子赵何为国君，由赵何坐镇都城邯郸。

这桩让人震惊的政治事件背后，又是一个废长立幼的故事。

赵武灵王的第一任王后是韩国宗室女子，所生的嫡长子赵章，顺理成章被立为太子。

公元前310年（赵武灵王十六年），赵武灵王到大陵巡游时，梦到一位美少女鼓瑟歌唱："美人荧荧兮，颜若苕之荣。命乎命乎，曾无我嬴。"赵武灵王醒来后反复说起此事，非常留恋梦中的嬴姓美人。

说者无心，听者有意，大臣吴广觉得赵武灵王说的女子很像自己的女儿孟姚。孟姚又称吴娃、娃嬴。"娃"是当时对"美女"的称呼。吴广引孟姚觐见赵武灵王，赵武灵王觉得这不就是我梦里的美人吗？连唱的歌都一样。孟姚从此留在赵武灵王身边，非常得宠，生了儿子赵何。

据《列女传》记载，因孟姚多次说"后有淫意，太子无慈孝之行"，赵武灵王废掉了第一任王后和太子赵章，立孟姚为王后。可惜孟姚并不长寿，她在赵武灵王二十五年（前301）就去世了。

赵武灵王做事一向不拘一格，孟姚去世后，他决定把爱都给孟姚生的赵何。早日让赵何即位，他也能早点扶持、培养赵何。赵武灵王废掉了太子赵章，不册立太子，直接把爱子赵何立为国君。

赵何，史称赵惠文王。赵武灵王自称主父。"主父"即国主的父亲，相当于太上皇。

这不仅仅是宠爱，也有政治上的考虑。

赵惠文王即位时在10岁左右。看似年少，细想之下却是近乎完美的年龄。10岁左右，已经能够学习政务，为日后独立执政打好基础；暂时不能独自决断，需要重臣辅佐，只要重臣能贯彻赵武灵王的思想，那赵武灵王还是赵国的实际掌权者。

肥义是一位辅佐了赵肃侯、赵武灵王、赵惠文王三代国君的老臣。

赵肃侯去世时，赵武灵王年少不能理政，是肥义辅佐国君，让赵国度过那段艰难岁月。赵武灵王曾"召肥义与议天下，五日而毕"（《史记·赵世家》）。在赵武灵王想推行"胡服骑射"改革，遇到巨大阻力，踌躇彷徨之时，肥义坚定地支持赵武灵王进行改革。肥义辅佐了赵武灵王27年，君臣之间的信任和默契都达到了极致。

赵武灵王封肥义为相国，让他做赵惠文王的老师，像当初辅佐自己一样，辅佐赵惠文王。赵武灵王虽然不在邯郸，但能理解他的治国思想，坚定执行他的战略构想的肥义在邯郸。赵武灵王仍是国家的实际控制者，他可以放心地去开疆拓土，实现灭秦国的伟大构想。

爱子做国君，重臣掌政事，主父开拓疆土。

一切都如此完美。

除了赵章。

因为父亲宠爱孟姚，就夺了他母亲的王后之位，夺了本属于他的太子之位。弟弟如今坐在原本属于他的位置上，他还要屈膝跪拜，自称臣子。赵章岂能甘心，又岂会罢休？可能是出于补偿心理，公元前296年（赵惠文王三年），赵武灵王把赵章封在代地，号为安阳君，以田不礼为相。

这是一个糟糕的决策。

代地是重要军事基地，又远离邯郸，很容易发展势力。而且赵章年长，据《资治通鉴》记载，赵章"素侈，心不服其弟"。

已经有人发现了动乱的苗头。

李兑对肥义说："公子章强壮而志骄，党众而欲大，殆有私乎？田不礼之为人也，忍杀而骄。二人相得，必有谋阴贼起，一出身徼幸。"（《史记·赵世家》）

他提醒肥义："祸患不远了！如果出事，你一定首当其冲，难以逃脱。你应该称病不出，把朝政大权让给公子成（赵成）。"

肥义说："主父把大王托付给我，我不能背弃承诺。"

肥义再次选择站在少年国君的身边，做新国君的守护者。

李兑闻言，感叹地说："我只能在今年看到你了。"说完就流着眼泪离开了。此后，李兑不再劝说肥义，他转而去劝说赵成早做防备。

肥义知道危险可能随时发生，他也做了准备。

肥义嘱咐信期："公子章和田不礼如果矫令擅权，灾难就会降临。我十分忧虑，夜不能寐，饥而忘食，家里有了盗贼，出入不可不防。从今天开始，如果主父召见大王，我先去觐见。若没有变故，大王再前往。"

代地以赵章为核心，田不礼辅助。邯郸以赵惠文王为核心，辅佐的大臣分为肥义和信期、赵成和李兑两派。赵国还有最大的核心赵武灵王。

赵国国内三个核心，多股势力各自谋划，暗流汹涌。而赵武灵王掌权日久，对自己控制国家的能力非常自信，没能及时察觉危险。

公元前 295 年（赵惠文王四年），赵武灵王召集群臣到邯郸朝拜赵惠文王，他在帷幕后观察赵惠文王和群臣的表现。

突然，一张颓丧的脸，揪住了赵武灵王的心。那是赵章的脸，那是他的嫡长子，也曾是赵国的太子。现在却要跪在地上，叩拜年少的弟弟。赵武灵王产生了一个想法，封赵章为代王，后来又放弃了这个想法。

朝会后，赵武灵王、赵惠文王、赵章到沙丘（今河北广宗）游玩。父子三人分别住在不同的宫殿。赵章和田不礼准备趁机动手，除掉赵惠文王。他们矫诏称主父召见赵惠文王。肥义按照既定的"应急预案"先去见主父，结果被赵章所杀。赵章同赵惠文王在沙丘大战。

邯郸方面得到消息后，赵成、李兑"起四邑之兵"赶到沙丘，杀死了赵章和田不礼，诛灭他们的党羽，平定了叛乱。赵惠文王逃过一劫，赵成被封为相，封号安平君，李兑晋升为司寇，封号奉阳君。

一切似乎回到了正轨，除了赵武灵王。

赵章兵败时，逃到了赵武灵王居住的沙丘宫寻求庇护，赵武灵王开门接纳了儿子。赵成、李兑随后派兵包围了沙丘宫，杀死了赵章。

赵章死后，沙丘宫又被围了100多天。赵成和李兑兵围沙丘宫，杀死赵武灵王的嫡长子，赵武灵王不会放过他们。而赵武灵王也是赵惠文王的父亲，是赵国的主父，没人敢杀赵国的主父。所以，他们只能围住沙丘宫，困死赵武灵王。

100多天后，赵国的主父，一代雄主赵武灵王被活活饿死了。

太史公感叹："主父初以长子章为太子，后得吴娃，爱之，为不出者数岁，生子何，乃废太子章而立何为王。吴娃死，爱弛，怜故太子，欲两王之，犹豫未决，故乱起，以至父子俱死，为天下笑，岂不痛乎！"（《史记·赵世家》）

整个过程并不复杂，却留下了诸多疑问。叛乱的过程看似紧凑，中间却有一段留白，赵武灵王似乎"消失"了一段时间。

据《史记》记载，"公子成与李兑自国至"，也就是说他们要先得到沙丘宫发出的消息，然后从国都邯郸出发，去召集"四邑之兵"，再率军赶到沙丘。

自赵武灵王抵达沙丘宫之后,到赵成和李兑抵达沙丘的这段时间,赵武灵王做了什么、说了什么,《史记》中都没有记载。也就是说,从赵章叛乱开始,赵武灵王就"神秘消失"了。一直到赵章失败,逃到沙丘宫向他求救,他才再次出现,赵武灵王开门接纳了儿子。从开门这个动作看,两个儿子在沙丘打得你死我活,他似乎毫无反应,把宫门一关,两耳不闻窗外事。之后就是沙丘宫被围,赵章被杀,他自己也被困在沙丘宫直到饿死。

兵变发生后,赵武灵王毫无反应。被围困沙丘宫后,赵武灵王毫无还手之力。三个多月的时间,没有人营救赵武灵王。这让人感到匪夷所思。

还有一个疑点,赵章叛乱的原因合理,可目的却难以实现。

如果赵惠文王死了,国君候选人还有其他赵国"公子",赵武灵王也有重新即位、整饬乱局的可能。仅除掉赵惠文王,难以实现篡位的目的。

第三个疑点是连"胡服骑射"的骑兵也在这个事件中离奇消失,这支骑兵甚至在后来决定赵国生死存亡的长平之战中也没有露面。

联想到赵武灵王推行"胡服骑射"时,不只贵族反对,而且"国人皆不欲"。兵变的发生地离邯郸不远,在国人聚集地附近,却远离代地。赵章即使杀了赵惠文王、肥义,又怎么逃得出邯郸方面的围剿?他可真是会选地方啊!

这让人不由得怀疑沙丘之变还有内幕,有些事情发生了,但是没被记录下来。

不论真相如何,有一点是毋庸置疑的,赵武灵王同战国其他几位改革者一样没得到好下场。在秦国改革的商鞅被车裂,在楚国改革的吴起被射成了刺猬。

新旧势力碰撞,都是刀刀见血。

据史书记载,沙丘之变后,因"惠文王少,成、兑专政"。

受益者浮出了水面。

赵成，兵变后成为赵国相邦，封安平君。李兑，兵变后成为赵国司寇，赵成去世后，继任为赵国相邦，封奉阳君。赵成、李兑在"沙丘之变"后掌握了赵国的大权。赵惠文王不营救自己的父亲，很可能是因为他自己也无法做主。

兵变中被杀的赵武灵王、肥义是"胡服骑射"改革的领袖和支持者。赵章的态度不得而知，但他是代地的封君，部下应多为代地人，也就是"胡服骑射"的受益者。

如此看来，兵变之后改革派全面覆灭，反对改革的人全面掌握政权。

"胡服骑射"改革的受益者也非常特殊，他们是被征服者。

代人、楼烦人、林胡人，他们都不是土生土长的赵国人。这些游牧民族崇拜强权人物，谁拥有强大的力量，他们就跟随谁、服从谁。他们没有父死子继的规矩，为了政权不落入外人手中，经常会把首领的位置传给年长的兄弟。要统治代地、林胡、楼烦地区的游牧民族，必须有一个年长的国君，一个有着强大控制力的国君。其中归属的林胡、楼烦最难控制，需要强权人物就近震慑。

如果我们把赵国划分为三大区：农耕区、农牧混合区、游牧区，以此为前提，我们再看一下如果赵武灵王封赵章为"代王"会形成什么局面：

邯郸，年少的赵惠文王由肥义辅佐，统领旧贵族和农耕民族。

代地，成年且"强壮"的赵章，统领农牧混合地区人民。

胡地，由赵武灵王亲自统领，统领、震慑游牧民族。

赵武灵王以"主父"身份总领赵惠文王、"代王"、楼烦王、林胡王。一国三治，求同存异。让中原农耕民族和北方游牧民族在一国之内慢慢建立信任，让两种文化碰撞、融合，最终合为一体。

可能就是这个设计，让赵武灵王成了几大势力的公敌。

邯郸的旧贵族不想被分走权力，还要保护既得利益；代人想跟着赵章反客为主；后归附的楼烦、林胡不想被控制，至少是不想被严密地控制。

他们都不需要"主父"，有"主父"就没"自由"。

所以，三个多月的漫长时间里，没有人到沙丘宫营救赵武灵王。

赵武灵王应该是意识到了这种分而治之的危险性，这才放弃了封赵章为代王的想法。当他提出封赵章为代王时，邯郸的宗室贵族定然是激烈反对。赵章在得到希望后又失望，这个落差也难以接受，不能排除他在受到刺激后，铤而走险的可能。

一个想法，拿起又放下，就把两个儿子都得罪了。

沙丘宫离邯郸不远，在赵国腹地，赵武灵王去沙丘游玩，很可能不带军队，只带了近身的卫士，这又给了别人机会。

随着赵武灵王去世，赵国的改革戛然而止。那个吞灭秦国的伟大构想，随着赵武灵王一起烟消云散。国家失去了远期战略目标，没有了长远规划，赵国回到了宗室贵族手中。赵国的衰颓，已是必然。

五、将相和

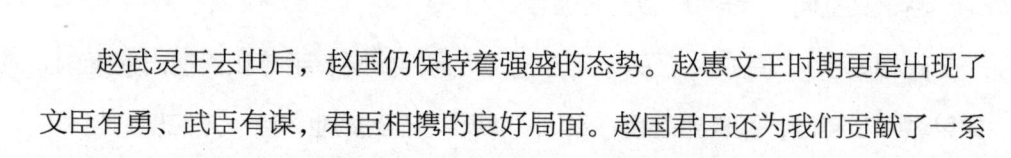

赵武灵王去世后，赵国仍保持着强盛的态势。赵惠文王时期更是出现了文臣有勇、武臣有谋，君臣相携的良好局面。赵国君臣还为我们贡献了一系列成语，完璧归赵、负荆请罪的故事都发生在这段时间。

公元前283年（秦昭襄王二十四年、赵惠文王十六年），赵国得到了楚国的和氏璧。宝贝还没焐热乎，赵惠文王就收到了秦国的来信，秦昭襄王提出用15座城池交换和氏璧。

赵国君臣很头疼，把和氏璧给秦国，怕城池很难拿到，白白被秦国把宝贝骗了去；不给和氏璧，又担心秦国出兵攻打。赵惠文王没想好如何处理，就想先选一个能去秦国交涉此事的使者，也没斟酌到合适的人选。

宦者令（管理宦官的官员）缪贤推荐了自己的门客蔺相如。

缪贤曾因犯罪准备逃往燕国。之所以选择燕国，是因为有一次赵惠文王同燕王会面时，燕王曾私下握住缪贤的手说："寡人愿意同你交个朋友。"他觉得燕王会收留他。

蔺相如知道后，阻止了缪贤。他说："赵国强，燕国弱，您深得大王宠信，燕王因此想结交您。现在您因犯罪出逃，燕国惧怕赵国，一定不敢收留您，还会把您抓起来送回赵国。您不如肉袒伏于斧质之下请罪，这样或许会得到原谅。"缪贤听从了蔺相如的建议，主动向赵惠文王请罪，得到了谅解。缪贤认为蔺相如是有勇有谋的人，派他出使秦国非常合适。

赵惠文王立即召见了蔺相如，询问他的意见。

蔺相如说："秦强赵弱，不能不答应它。"

赵惠文王说："秦国得了和氏璧，不给城池，怎么办？"

蔺相如答："秦国请求用城换和氏璧，赵国不答应，赵国理亏；赵国拿出了和氏璧，秦国不给赵国城池，秦国理亏。权衡利弊，宁可把和氏璧给秦国，让秦国理亏。"

赵惠文王问："谁可以做使者呢？"

蔺相如答："假如大王没有合适的人，蔺相如愿意手捧和氏璧出使秦国。如果城归了赵国，和氏璧就留在秦国；如果得不到城池，臣一定完璧归赵。"

于是，赵惠文王派蔺相如出使秦国。

秦昭襄王在离宫章台召见蔺相如，蔺相如手捧和氏璧觐见。秦昭襄王大喜，把和氏璧传给美人及左右观看，左右皆高呼万岁，却绝口不提15座城池的事。

蔺相如断定秦王没有用城池交换的诚意。于是走上前说："和氏璧有一处瑕疵，臣指给大王看。"

秦昭襄王想看瑕疵在哪儿，就把和氏璧交到了蔺相如手中。蔺相如拿到和氏璧，飞速向后倒退到一根柱子前。他背靠柱子，怒发冲冠地说："大王想要得到和氏璧，派人送信给赵王，赵王召群臣商议，大家都说：'秦人贪婪，倚仗强大的国力，要用空话骗取和氏璧，城池我们恐怕是得不到。'因此，讨论的结果是不给秦国和氏璧。"

接着，他话锋一转，给秦国戴上大国的高帽子，让秦国不好当面耍赖。

蔺相如说："臣以为布衣之交尚不相欺，况大国乎！因为一块玉璧得罪强大的秦国，不可取。于是赵王斋戒五日，使臣奉璧前来，拜送国书于大殿之上。这是全大国的威严，表达敬意。今臣至，大王却在离宫接见我，礼节傲慢；把和氏璧传给美人观看，戏弄臣。臣看大王没有拿城池交换的诚意。因此收回和氏璧。大王如果逼迫臣，臣的头和玉璧将会一起撞碎在柱子上。"

蔺相如手持和氏璧，看着柱子，做出要撞柱子的姿势。秦昭襄王担心和氏璧受损，连忙阻止他。又派人取来地图，指了15座城给蔺相如看。蔺相如没有立即交出和氏璧，他要再进一步，让秦王以礼相待，凸显赵国同秦国具有平等的国家地位。

蔺相如说："和氏璧是宝物，赵王斋戒了五天，大王也应该斋戒五天，在正殿安排九宾礼，举行正式的接收典礼，臣才能献出和氏璧。"

秦昭襄王是国君，不好抢使者手里的东西。而且他认为和氏璧已在秦国，多等五天也无所谓，就答应了。

蔺相如回到居住的广成传舍后，立刻派随从换上百姓的衣服，从小路把和氏璧送回了赵国。

五天后，秦昭襄王在宫廷接见蔺相如，准备接收和氏璧。

蔺相如上殿后说："秦国从秦穆公以来二十几位国君，没有一位遵守盟约的。为臣害怕受到欺骗，已经派人把和氏璧送回了赵国。秦强赵弱，大王只需派一位使者到赵国去，赵国立即就会把和氏璧送到秦国。只要秦国先把15

座城池交接给赵国，赵国不敢不奉上和氏璧。我知道欺骗大王是重罪，情愿被大王惩处。望大王仔细考虑一下。"

蔺相如这番话的影响力巨大，不亚于外交部发言人在联合国开了一场新闻发布会。他高声指责了秦国二十几位国君都没有信誉，戳破了秦国假割地、真夺璧的企图。

秦国君臣面面相觑，既惊且怒。想想被张仪欺骗多次的楚怀王，向来都是秦人骗别人，秦国哪吃过这种亏。秦昭襄王打量着蔺相如，他意识到自己小看了这个赵国人，一个初次行走在外交舞台上的外交官，竟然有如此胆量。

有人提议杀了蔺相如。秦昭襄王明白杀蔺相如没有任何好处。既得不到和氏璧，更达不到打击赵国民心士气的最初目的，只会激怒赵人，让他们更加团结，在国际上也不好看。秦昭襄王收敛了怒火，他照常款待了蔺相如，然后就放蔺相如回国了。

最后，秦国没有拿出城池，赵国也没有献出和氏璧，此事不了了之。蔺相如不辱使命，完璧归赵。

蔺相如的表现十分惊艳，他的出现弥补了当时赵国外交人才不足的短板，赵惠文王封蔺相如为上大夫，对他非常重视和信任，这也为廉颇后来的愤愤不平埋下了伏笔。

弱国无外交。秦国敢绑架楚王勒索土地，却放走了蔺相如，深层次原因在于赵国当时国力强大，军事力量雄厚。没有军事实力做后盾，外交官也就没有在国际舞台上的发挥空间。

而且，秦国这一时期的主要打击对象不是赵国，而是楚国。

公元前279年（赵惠文王二十年），白起率军攻入楚国，攻占了鄢城、邓县、西陵，推进得非常顺利，秦军主力准备继续深入楚国境内，攻打楚国都城郢。秦国担心赵国会趁机攻打秦国。为了避免陷入两线作战的不利局面，秦昭襄王约赵惠文王到渑池会面。

秦国有扣留楚怀王的前科，各国政要都怕被秦国扣留。不扣留，也可能被秦人羞辱。国君如果受辱，国人必然垂头丧气。因此，赵惠文王不想去。

廉颇、蔺相如劝赵惠文王去参会。他们认为如果不去，显得太软弱胆小。秦赵两国虽算不上友好邻邦，但也没到大动干戈的地步。现在决裂对赵国不利，对秦国同样不利。最后赵惠文王决定带蔺相如随行，廉颇率大军在边境接应。

廉颇忠诚耿直，他把赵惠文王护送到了边境，分别前说了一番别人不敢说也不会说的话："大王此行往返行程不会超过30天。如果30天后大王没有回来，臣请立太子为王，断绝秦国的妄想。"

"请立太子为王"一句，看似是舍君王、保社稷，实际上是既保君王，又保社稷，为赵王、蔺相如免除了后顾之忧。"请立太子为王"之后，如果秦国扣留赵王，廉颇会率大军即刻攻打秦国。同时，赵国国内拥立新君即位，让秦国挟制赵国的计划彻底失败，陷入两面作战的境地。秦国会丧失攻打楚国的良机。

因此，廉颇"请立太子为王"，就是让秦国不敢扣留赵惠文王。赵惠文王也表现出了非同凡响的胸襟，他没有猜忌廉颇，点头同意后启程前往渑池。接下来就是外交官的舞台了。

渑池之会的酒宴上，秦昭襄王说："寡人听说赵王喜好音乐，请鼓瑟！"

赵惠文王没多想，就鼓了瑟。

秦国的史官马上记录："某年月日，秦王与赵王会饮，令赵王鼓瑟。"

蔺相如见状上前说："赵王窃闻秦王擅长秦地乐器，请击缶，以相娱乐。"

秦昭襄王非常生气，拒绝了他。

蔺相如又向前一步，把瓦缶递到秦昭襄王面前，跪下请求秦昭襄王表演击缶。

秦昭襄王仍不肯击缶。

蔺相如说:"五步之内,相如脖颈的鲜血,可以溅到大王身上!"

这是说,他同秦王距离非常近,可以杀了秦昭襄王。秦王的侍从们想击杀蔺相如。蔺相如圆睁双目,大声呵斥。侍从们怕伤到秦昭襄王,不敢上前。

秦昭襄王只好勉强地敲了一下缶。

蔺相如立刻回头把赵国的史官唤上来,写道:"某年月日,秦王为赵王击缶。"

这一轮交锋,赵国略占上风。

秦国的大臣们提出:"请赵国献出15座城,为秦王祝寿。"

蔺相如回击说:"请秦国献出都城咸阳向赵王祝寿。"

直到宴会结束,秦昭襄王也没占到一点儿便宜。

渑池之会后,赵惠文王拜蔺相如为上卿,排在廉颇的前面。有廉颇陈兵边境,秦国才不敢轻举妄动。廉颇等将领攻城、野战,流血流汗为国家累积实力的贡献,却被忽视了。廉颇愤愤不平,性格耿直的他扬言:"我见相如,必辱之。"(《史记·廉颇蔺相如列传》)

蔺相如听说后竭力回避退让。一次蔺相如出门,看到了廉颇的车子,连忙躲了起来。蔺相如的门客觉得十分羞耻,以离开表示抗议。

蔺相如说:"秦国之所以不敢攻打赵国,是因为我和廉将军两人同在。两虎相争,无法共生,必有一伤。我之所以避让廉将军,是先国家之急,而后私仇也。"

蔺相如的话传到了廉颇那里,廉颇深受感动,他负荆谢罪,两人结为刎颈之交。

"将相和"的两个主角,廉颇为将,有谋全局的智慧;蔺相如为相,有流血捐躯的勇气,他还曾率军攻打齐国,打到了平邑。两人都是大忠大勇,文武兼备，能先公后私，以社稷为重的国士。当时，赵国的宗室平原君也非常出色，可以说赵惠文王有一个强大的辅政团队。

所以，赵国也敢同秦国玩阴谋。

公元前270年（秦昭襄王三十七年、赵惠文王二十九年），赵国主动送公子郚到秦国做人质，提出用焦、黎、牛狐交换被秦国攻占的蔺、离石和祁。秦国先把土地交接给了赵国。赵惠文王却找了一堆理由，拒不履行协议。

这真是终日打雁，反叫雁啄了眼，秦国哪吃过这种亏？

公元前269年，秦昭襄王派中更（秦爵位名）胡阳越过韩国的上党，攻打赵国的阏与（今山西和顺）。

赵惠文王问廉颇："能不能救？"

廉颇说："道远险狭，难救。"

赵惠文王问乐乘，乐乘的回答同廉颇一样。

赵惠文王又召见了赵奢。

赵奢说："虽然路远，且道路险狭，但是这就像两只老鼠在洞穴中打仗，谁勇敢，谁就能取胜。"

于是，赵惠文王派赵奢营救阏与。

赵奢领命出征，出邯郸走了30里路，就命部队就地修筑营垒。28天后，赵奢不仅不进军，还命令加固营垒。让人感觉他准备在邯郸附近坚守，他是保卫邯郸，不是去救阏与。秦军摸不着头脑，派间谍到赵军中打探消息，赵奢款待来人，让他们产生了赵奢惧怕秦军，不敢出战的错觉，降低了秦军的防备之心。

秦军间谍一离开赵军，赵奢就命令赵军脱下铠甲，轻装简从，急行军两天一夜，赶到了阏与前线。赵奢命擅长射箭的军士在距离阏与50里的地方组成军阵，严阵以待。又采纳军士许历意见，派一万人占领阵地附近的制高点北山。秦军赶到战场后，也想争夺北山。赵军居高临下，大破秦军。

阏与之战，赵军战胜秦军，赵奢成为在大规模野战中大败秦军的第一位赵国将领，一举成名。战后，赵奢因功被封为马服君，同廉颇、蔺相如平起平坐。

阏与之战后，秦国又出兵攻打几邑，廉颇率军营救，再次大败秦军。

阏与之战是秦国在兼并战争中鲜有的惨败。此后十几年，秦赵之间都没有发生大的战争。

赵惠文王在位期间，基本维持了赵国的强势。他的胆识和魄力虽不及赵武灵王，但是有识人之明，善纳忠言，从谏如流，不好猜忌。当时赵国将相和，君臣睦，国力强，有实力阻止秦国东进扩张的脚步，乃是东方六国的屏障。

赵国"尝抑强齐四十余年，而秦不能得所欲"（《战国策·赵策三》）。

迫于赵国的强盛，秦昭襄王只能把赵国放一放，先解决露出破绽的国家，比如楚国、韩国、魏国。但是，赵武灵王时期的红利迟早会被吃完。逆水行舟，不进则退，在战国"保本"的结果只能是赔个精光。

秦国的战略非常明确，灭六国，统一天下。赵国是秦国必须搬开的绊脚石，秦国积蓄力量，随时等待着合适的时机。

六、长平之战（上）：虎口夺食

冯亭在焦急地等待赵国的消息。

公元前262年（秦昭襄王四十五年、赵孝成王四年），秦军占领了韩国的野王（今河南沁阳），韩国上党郡（今山西长治）和都城新郑（今河南新郑）的联系被切断。

冯亭是韩国上党郡郡守，他把希望寄托在赵国身上。赵国和韩国都曾属于晋国，韩氏先祖还曾营救赵氏孤儿，帮助赵氏孤儿夺回地位。没有韩氏，就不会有赵氏的复兴，也就不会有赵国。韩赵两国渊源颇深，唇齿相依。只要赵国接受上党郡归附的请求，秦军的压力就会转向赵国。韩赵联合，就能抵挡秦国。

冯亭在同属下官吏商量后，派使者到邯郸请求归附："上党的官吏、平民都愿意做赵人，不愿做秦人，上党有17座城，皆愿献给赵王。"

赵国是上党军民最后的机会。冯亭望着邯郸方向，望着希望之所在。

这时赵国的国君是赵孝成王。他是赵惠文王和赵威后（《触龙说赵太后》中的太后）之子，赵国第八代君主，一位踌躇满志的年轻国君。

冯亭的请求让他很兴奋，能不费吹灰之力扩大疆域，他跃跃欲试。

赵孝成王向平阳君赵豹征求意见，出乎他的意料，赵豹坚决反对接收上党。

赵豹说："秦国蚕食韩国土地，切断道路，不让上党同新郑联系，以为必能得到上党。韩国不把上党献给秦国，是想把祸水引向赵国。接受上党会给赵国带来灾祸。"

没有得到赵豹的支持，赵孝成王又请来了平原君赵胜。

赵胜的看法和赵豹相反。

他认为："即使出动百万大军，一年也未必得到一座城池，现在坐受17座城邑，此乃大利，机不可失！"

这正是赵孝成王想听到的答案。

赵孝成王也说出了自己的担忧："接收上党，秦国必会派兵来攻打，如果武安君白起为将，谁能抵挡呢？"

平原君说："野战无人能敌武安君白起，不宜同他正面交锋，应与他相持，拖住他，等他露出破绽。老将廉颇英勇善战，野战虽不如白起，但他攻守兼备,坚守足可胜任。"

后面的事情证明,平原君说的话赵孝成王只听了一半,他只是需要有人支持接收上党。在他看来,这是建立功业,树立威信的机会。

这位年轻的国君急于证明自己。

赵孝成王重用宗室,疏远老臣,他甚至没有征求战场总指挥廉颇的意见,也没有问过一代名相蔺相如的想法。以蔺相如、廉颇的资历一旦提出反对意见,对执政时间不长的赵孝成王来说,很难应对。所以,赵孝成王不能给他们说话的机会。国君的命令一旦下达,廉颇只能执行,蔺相如也不会再说什么。

赵孝成王下令接收上党。

冯亭和上党的军民在绝境中等到了希望,他们没想到,这也是绝望的开始。

公元前260年,秦国派军队攻占了上党。

让人感到意外的是秦军的统帅不是武安君白起。秦昭襄王派左庶长(秦第十级军功爵)王龁率军攻打上党。王龁,一个籍籍无名的年轻将领。长平之战前,没有留下过任何记载。这对赵国来说是利好的消息还是巨大变数,或是一个诱饵呢?

清风拂过山岭,漫山遍野的花都盛开了,山下的少水河蜿蜒流淌。数十万秦军的脚步踏破了山谷的宁静,他们渡过少水河,向长平进发。

赵军统帅廉颇也率军抵达战场,秦军的统帅不是白起,这让廉颇颇感诧异,他决定先试探一下王龁的能力。

两军在玉溪河谷交战,赵军战败。

首战失利后,老将廉颇迅速调整战略,率军向东退到空仓岭,在岭上修筑"西垒壁"。还在空仓岭东麓的山脚下,丹河的西岸,修筑了两座堡垒——东鄣城和西鄣城,合称"二鄣城"。

秦军攻势凌厉,连连挫败赵军。六月,秦军夺取了二鄣城,俘虏了四个尉官。七月,秦军又俘虏赵军两个尉官,夺取了西垒壁。赵军空仓岭防线瓦解,廉颇向后撤到了丹朱岭至马鞍壑一线的分水岭。

战役开始,赵军节节败退,让人怀疑廉颇是不是有名无实。

《史记·廉颇蔺相如列传》记载:"赵惠文王十六年,廉颇为赵将,伐齐,大破之,取阳晋,拜为上卿,以勇气闻于诸侯。""是岁,廉颇东攻齐,破其一军。居二年,廉颇复伐齐,几拔之。""后三年,廉颇攻魏之防陵、安阳,拔之。后四年,蔺相如将而攻齐,至平邑而罢。"

《战国策》记载:"秦败于阏与,反攻魏几,廉颇救几,大败秦师。"

这仅是廉颇战绩的部分记载,可以看出廉颇的统军作战能力毋庸置疑。那问题出在哪里呢?

一是赵军和秦军的人员组成不对等。

从现有史料中,我们找不到长平之战中赵军骑兵的作战记录。一些学者推测,这时赵国精锐骑兵由李牧带领,在北方阻击匈奴。骑兵在北方抗击匈奴是"自卫",让他们到南方同秦人作战,很难调动。赵武灵王"胡服骑射"打造的那支骑兵,根本不在长平战场。

没有骑兵,很多依靠速度才能完成的战术,诸如快速包抄敌军两翼、偷袭敌军粮道等都不容易实施。如果双方都没有骑兵还好。可是,王龁率领的秦军是一支真正的车步骑混合部队。最后秦军取胜时,就是靠一支骑兵切断了赵军主力同辎重部队的联系。

二是秦军在野战中确实对其他国家有碾压性的优势。

秦国经过商鞅变法,整个国家的力量都被调动到了农业和战争上。商鞅变法推行军功爵制,士兵只要杀敌立功,就能得到田宅和爵位,作战的积极性被调动到了极高的状态。

三是廉颇是有计划地后撤。

空仓岭一线的侧方有一条从晋城盆地通往南阳盆地的通道，称为太行道。通过太行道可以绕行到赵军侧后方。太行道由丹道（丹水的一段）和羊肠坂道组成，向南延伸出去就是野王。野王在秦军手中，太行道也早被秦军控制了。

所以，如果赵军在空仓岭防守就会腹背受敌，容易被切断粮道，乃至陷入包围圈中。廉颇要坚守，必须再向后撤一步，让太行道和秦军都在他的前方，保证后方彻底安全。

鉴于上述原因，廉颇确定了坚守不出，避免野战，拖死秦军的战略。他把坚守的阵地确定在丹朱岭至马鞍壑一线的分水岭，在这里构筑了新的防御工事"百里石长城"。这一线的北面是稳固的后方，南面面对秦军，丹朱岭的南坡非常陡峭，易守难攻，对赵军极为有利。

公元前260年七月，秦、赵两军在长平战场仍僵持不下，空气都像凝结住了，四处都是焦躁不安的喘气声。

廉颇还在坚守，只要守住百里石长城，秦军就达不到作战目的。国家的军事统帅，要考虑的是达到战略目的，这一点廉颇做到了，剩下的就要靠国内的赵孝成王了。

问题恰恰出在赵孝成王身上。他坚持不住了，要求和。

赵国此时要求和，能不能说明接收上党是决策失误呢？

我们看一下上党郡的地理位置，就会发现它极为重要。

上党又被称为上党高地，它是一片位于太行、太岳、王屋山脉之间的山地，古人认为它是"天下之脊""与天为党"，因此称它为上党。

上党位于秦、赵、韩、魏四国交界地带，不仅是韩国的战略要地，也是赵国、魏国的门户。秦国占领上党，可以通过上党北上伐赵，东出伐魏，南下讨伐韩国。上党是三晋的命门，控制上党就扼住了三晋的喉咙。

上党和赵国都城邯郸之间的距离不远，上党在秦国手中，赵国就失去了战略纵深，非常危险。赵国无法坐视这种局面的形成。如果不接收上党，等秦国从上党打过来，才是真的被动。

上党当地的百姓愿意归附赵国，赵国有"人和"的优势。

上党地区有险可守，赵国有"地利"的优势。

上党和秦国都城咸阳的直线距离约为500公里，同赵国都城邯郸的距离在200公里左右，从补给线的长度来看，赵国也有优势。

从战前局势看，赵国至少不处在劣势。

所以，接收上党这一决策不能算失误。问题的重点在于接收后，怎么打赢这一仗，在于赵国有没有同秦国打决战的准备。

事实证明赵国没做好准备。

上党郡是从天上掉下来的，赵孝成王在慌乱中接住了它，他想要赢，可怎么赢，没想清楚。战前平原君给出的策略是坚守拖垮秦军，廉颇也是这样做的，如果能守住，拖到秦军退军，赵国就赢了。

但是，赵孝成王没有意识到这是一场关乎国运的决战，战争的胶着程度大大超出了他的预料。

据推测，当时赵国的总人口在300万左右。按男女各占一半计算，男性约有150万，其中青壮年男性人口在70万左右，投入长平战场的有25万赵军，赵国三分之一的青壮年，完全脱离生产，依赖国家供养，在国外长期作战。

这还没有计算在国内为军队做后勤保障的人员。他们要生产军械装备，生产被服，运输粮食草料，对伤病员进行转送和医疗救治。

更为严重的是赵国的粮食储备告急。

25万赵军错过了当年的春耕，战争打到了农历七月，眼看秋收也要错过了。

长期对峙，不仅赵国吃不消，秦国也是倾举国之力在坚持。据估计，秦军投入战场的兵力比赵军还多,赵国面临的问题,秦国同样也要面对。

两国的差距在于秦国更重视农业,赵人更擅长工商业。赵国的实体经济不如秦国。当时,上党以西黄河沿岸的城池都已被秦军攻占,秦军可以利用"水漕通粮",保证长平战场的军粮供应。所以,看似是秦国距离上党更远,运粮却未必比赵国艰难。

据《战国策》记载,"赵无以食,请粟于齐,而齐不听"。赵国国内没粮食,借粮又没借到,已经拖不起了。赵孝成王的内心近乎崩溃,频频催促廉颇出战。赵国的朝堂上已经开始讨论是否向秦国求和。

廉颇会出战吗?

求和,秦国会答应吗?

(注:因史书对长平之战前半段的记载简略,含混不清,不同史料还有矛盾之处,导致关于长平之战开始的年份众说纷纭,有公元前262年、公元前261年、公元前260年三种说法。本书采用公元前260年开始说阐述。如果战争开始的时间更早,那长平之战就是持续了三年或两年之久,秦赵两国经济遭受的损失将会更为巨大。)

七、长平之战(中):一错再错

前线的消息,严重地打击了赵孝成王对廉颇的信心,他召来大臣楼昌、虞卿,提出要亲自领兵,同秦军一战。

楼昌认为不如派身份贵重的使者去秦国议和。

虞卿说:"楼昌主张求和,乃是断定不求和我军必败。在这种情况下求和,主动权在秦国手中。"

他问赵孝成王:"大王请想,秦军来的目的仅仅是上党郡吗?"

赵孝成王答:"秦军不遗余力,必欲破赵军。"

虞卿提出了一个根本性问题,秦国的战略意图是什么?

秦昭襄王统治时期,秦国全面崛起,已经具备吞并六国的实力。长平之战一爆发,秦昭襄王就意识到了这是一场关系到秦赵两国兴亡的大决战,他要彻底击垮赵国。因此,秦国不会轻易答应求和。

虞卿提出了解决方案:"派使者带上贵重的宝物,出使楚国和魏国。楚、魏得到厚礼,一定会接纳我们的使者。赵国的使者进入楚国、魏国,秦国怀疑天下合纵抗秦,必会恐慌,那时再同秦国议和才可能成功。"

秦国虽然强大,赵、魏、楚三国联合同秦国周旋,秦国应对起来还是很困难的。但组织合纵抗秦需要时间,以当时的交通条件,使者往返一次的时间很长。

当时的车跑不快,还容易坏。

战国时,比较常用的是独辀双轮马车,它至少要使用两匹马驾驶,车厢大的可以乘三四个人,小的能乘两人,以立乘为主。这种马车在理想条件下的最高时速只有5—10公里。长途跋涉时,还要让马休息,喂食草料,喂水。在当时的路况下,独辀双轮马车每天的平均行程仅有七八十公里。

而且,战国的马车没有减震环节,车轴容易断裂。车轴两端还突出很长一块,在狭窄处很容易被卡住。两车交错时,也容易造成剐蹭事故。

在马车一路不发生任何事故的情况下,从邯郸出发到魏国都城,单程需要15天以上,到楚国都城,需要近一个月的时间。谈判后,再返回赵国,这个时间还要乘以二。再加上谈判的时间,前后至少需要一个月的时间。

最重要的是赵国无法保证同楚、魏的谈判一定会成功。如果楚、魏不愿意出兵,赵国会更加被动。

赵孝成王已经无法忍受漫长的等待了,他决定先同秦国议和。

赵孝成王让平阳君赵豹负责议和之事,派郑朱出使秦国。这一下把赵国底牌全露出来了，秦昭襄王知道赵国撑不住了。两个斗殴的人都掐住了对方的脖子，谁先松手，谁就会被对方掐死。而此时的赵国已经松手了。

赵国的使者出发后，赵孝成王再次询问虞卿的看法。

虞卿说："和谈不会成功，赵军必定被打败，各国祝贺秦国获胜的使者都在秦都等着。郑朱是显贵之臣，他进入秦国，秦王和应侯（范雎）定会大肆宣扬。楚、魏两国知道赵国向秦国求和，就不会再救援大王了。秦王知道各国不会救援赵国，大王的和谈又怎么会成功呢？"

整个过程和虞卿预料的完全一样。秦国高规格接待郑朱，扩大舆论影响，让各国驻秦代表都知道秦、赵两国在会谈，而具体谈了什么，史料中却没有记载。

最终，赵国不仅和谈不成，还被孤立了。

事情发展到现在，我们必须问一下韩国去哪里了。韩国不应该和赵国站在同一条战线上，与赵国南北夹击秦军吗？

公元前261年，秦国攻占了韩国的缑氏和纶氏，威慑韩国不要参战。

再看下其他国家的情况。

齐国实行绥靖政策，袖手旁观。燕国一直偏安一隅，谋求自保。楚国借机攻打鲁国，攻占了徐州。秦国派白起驻扎于秦楚边界，武力威慑楚国不要妄动。

魏国最为离谱，魏国的大夫们都认为秦国攻打赵国，对魏国有好处。一位魏国大夫还说："纵使秦国胜了赵国，于我魏国又有何损伤？邻国的耻辱，那是我国的福气啊！"

老奸巨猾的秦昭襄王还把垣雍许给魏国，让他不要加入合纵。难怪赵孝成王不愿意先联系魏国、楚国，他们确实不靠谱。赵孝成王的失误在于没有早点使用外交手段进行斡旋，用的时候又走错了路线。

如今，各国都认为秦赵在和谈，就更不会援助赵国了。

赵国只能靠自己了，靠廉颇死守，抗住秦军的攻击。可是赵孝成王希望快速结束战争，他频繁催促廉颇出战，廉颇仍只是坚守。

秦军则势在必得，秦相范雎派人携重金入赵行反间计，散布谣言说："廉颇容易对付，秦国惧怕的是赵奢的儿子赵括。廉颇就要投降了。"

秦国想替换廉颇容易理解，可秦国为什么选中了赵括呢？赵国又为什么相信谣言呢？

一是赵孝成王原本就不信任廉颇，不用别人挑拨。

在是否接受上党郡的问题上，赵孝成王没有征询过廉颇的意见。在长平之战开始后，他对廉颇坚守不出、损兵折将的表现非常不满。廉颇还对他催促出战的命令置若罔闻，让他大为恼火。

廉颇个性直率，有棱有角，很容易得罪人，他认为对国家有益的事情，就不会顺着别人去说。廉颇的前任老板赵惠文王、前任搭档蔺相如都大肚能容，赵孝成王显然还没历练到这个程度。

二是当时赵国除了廉颇，没有成熟的元帅人选。

同为战国四名将的李牧，当时镇守在北部，防守匈奴。李牧长期被低估，他因要求部下遇到匈奴入侵，立即收拢人马，退回营垒固守，被认为是胆小、懦弱，连匈奴都认为他胆怯。所以，他要么是被认为和廉颇一样怯战，要么是因为防守匈奴无法被抽调。（李牧事迹详见本章第 11 节）

当时名将乐毅也在赵国。乐毅曾佩五国相印讨伐齐国，把齐国打得只剩两座城池，因被燕王猜忌，投奔了赵国。可是，赵孝成王连本国两朝元老廉颇都不信任，又怎么会信任乐毅呢？

所以，不用廉颇，赵孝成王根本无帅可用。千军易得，一将难求，何况是一个大国的元帅。秦国利用这个空白，放了一个诱饵：赵括。

三是派系问题。

赵孝成王显然更信任宗室贵族。

廉颇是代地人，是官僚派的代表。他不是宗室，也不是贵族，自然就不受信任。

赵奢早年只是赵国国税局的小官员（田部吏），平原君发现了赵奢的才华，提拔重用赵奢。所以，赵奢父子属于宗室派系，赵括被起用不是偶然。

四是名望和性格因素。

赵括谈论兵法，没有对手，连他的父亲赵奢同他谈兵，都不能赢他。一个能辩论过将军们的储备干部，一定名声在外。

所以，赵国会选中他。

因为讨论兵法无人能出其右，赵括不可一世，听不进意见，容不下质疑，藐视别人，甚至藐视生命。

赵括的父亲赵奢给他的评价是："战争，是关系人生死的大事，括儿谈论的时候却如此轻松。赵国不用他则已，如果真的用了他，必会使赵军惨败。"

赵括没有对生命的敬畏，必然会轻敌，决策也会草率，不会对战场形势深思熟虑。赵奢以勇著称，赵括后来在长平之战中的表现也非常勇武。一个勇武，没有经验，骄傲自信的人，最容易轻敌冒进，而秦军需要赵军出战。

所以，秦国选中了他。

五是赵括是名将之后，容易得到起用。

赵括出身显赫，他的父亲赵奢是战国名将。

阏与之战，赵奢大败秦军。那场胜利鼓舞了赵军的士气，提振了赵国的国威。赵奢凭借阏与之战，被封为马服君，同廉颇、蔺相如平起平坐。

赵奢是明知山有虎，偏向虎山行的英雄人物，他信奉狭路相逢勇者胜。对赵国人来说，赵奢是他们能够战胜秦军的信心来源。赵奢让人们相信，秦军是可以战胜的。

因此，赵奢是一面旗帜。

在阏与之战前，赵惠文王曾先后询问过廉颇、乐乘的意见。他们都认为路途太远，地形艰险，难以救援。这留给赵孝成王一个印象：对付秦军，廉颇不如赵奢。他选择性地遗忘了，廉颇也打败过秦军。

对赵孝成王来说，不幸的是，赵奢在长平之战前已经去世。幸运的是，他有一个儿子赵括。赵括虽然没有领兵的经验，可对手看着也不强大。让熟读兵法的将门之后，去打籍籍无名的年轻将领王龁，有何不可？更为重要的是，赵孝成王需要一个听话，又有勇气同秦军一战的元帅。

赵孝成王思虑已定，用赵括取代廉颇。

秋天的邯郸没有一丝凉风，酷暑的灼热退去后，秋天的骄阳晒得人更加燥热难耐，院子里的秋蝉振动腹部的鼓膜，奋力鸣叫。邯郸城的一座府邸中，曾在渑池之会上大放异彩的蔺相如病势沉重，他的喘息越来越微弱，仿佛下一秒就会停止。

赵括为将的消息传到了蔺相如府邸，因病退休的老干部"垂死病中惊坐起"，他挣扎着写信给赵孝成王："大王因赵括的名声任用他，就像用胶粘住调弦的柱，再鼓瑟一样。赵括只会读他父亲的书籍，不懂得随机应变。"

现实中，有很多这样的例子。比如学生能轻松解出水池问题，可到实际工作中，我们却不能期待他们一上岗就解决水库泄洪、矿井渗水的问题。理论只有联系过实际，才能检验出对错。好苗子要经过实践历练才能成长为卓越人才。

连赵括的母亲都认为赵括难以担当大任。

她求见赵孝成王，直言："赵括不可为将！"

她说："赵奢为将时，他亲奉饭食奉养的有十数人，朋友数以百计。大王和宗室给的赏赐，他都分给将士，自己分文不取。得到出征的命令，就不再过问家里的事，专心备战。现在赵括为将，东向而朝，军吏无敢仰视者，大王赏赐的东西，他都藏在家里，查访合适的田地房产去采购。大王，您以为他哪里像他的父亲？"

赵母请求："父子异心，原王勿遣。"(《史记·廉颇蔺相如列传》)

赵孝成王谁的话都听不进去了，他说："这事夫人别管了，我已经决定了。"

赵母知道无可挽回，请求赵孝成王："大王一定要用赵括，如果他有不称职的地方，老身可以不受株连吗？"

赵孝成王答应了她的请求。

赵括父亲的评价，母亲的劝阻，蔺相如病中的书信，都没能阻止赵孝成王用赵括换掉老将廉颇。

公元前260年农历七月，赵括抵达长平接替廉颇。赵孝成王还加派了20万军队，援救长平。长平战场上，赵军的总兵力达到了45万。

廉颇离开了长平，他恐怕已经预料到赵军必会失败，只是他想不到，结果会比所有人预料的都惨烈百倍、千倍、万倍。他想不到，自己爱如亲子的将士们，那45万张鲜活的面孔，会在一个月后，全部变成残破的尸体。

赵括接管军队后，撤换了一大批中下层军官，更改了军规纪律。

赵括就像刚拿到驾照的新手司机，以为自己对交通规则已经烂熟于心，急着上路。他不明白那些老司机怎么就不能做到完美地"驾驶"呢？现在，他的诸多想法都可以实行，他踌躇满志，指点江山。

可他也不过是一个执行者。赵括为帅，就必须执行赵孝成王出战的命令，赵军不可能再固守"百里石长城"了。这个新赵军元帅，能决策的只是怎么出击，用什么策略打败秦军。

在赵军的帅旗从"廉"换成"赵"的同时，秦军大营中，一面绣着"白"字的大旗被层层包裹，悄然送入军营。

白起来了！

他的封号是"武安君"。

他每战必胜，每胜必屠，令天下闻风丧胆，绰号"人屠"。

伊阙之战，白起大败韩、魏联军，斩首24万。

鄢郢之战，白起攻破楚国旧都，淹死楚国军民30余万人，腐臭味弥漫在空气中数月不绝。

华阳之战，白起大破赵、魏联军，斩首13万，还把两万赵军沉入黄河。

……

据梁启超推算，战国战死的将士大概有200万人，白起一人就杀了将近100万。1945年8月6日，美国在日本广岛投掷原子弹，当天直接死于原子弹爆炸的人数不到10万人。我们甚至无法用"大规模杀伤性武器"比喻白起。

白起是灭国级别的"核武器"。

恐怖的白起来了，赵军却懵然不知。

赵括妄自做着一战成名的美梦。赵孝成王期待着赵军早日打败秦军。其他人虽不看好赵括，但也希望熟读兵书的赵括能给他们带来惊喜。

我们再回头看一下，平原君最初的设想：假想敌是白起，赵国用廉颇为元帅，据险死守。

为什么是廉颇？因为除了廉颇，赵国无人能同白起抗衡。

为什么是死守？因为以赵军的实力，廉颇也无法在野战中打败白起。

赵国只有一个不败的办法：用廉颇死守。

守住了长平战场，就守住了上党和韩、赵两国，那就是胜利。司马懿不出战，耗死诸葛亮，就是通过坚守，最终达到了战略目的。

现在的情况却是：秦军的统帅从王龁换成了白起，赵军的统帅从廉颇换成了赵括。

廉颇在赵国的地位，同白起在秦国的地位相当。赵括的情况同王龁相似，甚至不及王龁。这就相当于，秦军派出国家最高军事统帅，赵国换上了一个刚从军校毕业，论文满分，满脑子想法，毫无实战经验的新兵蛋子。

对赌国运的时刻，赵国却步步走错！

八、长平之战（下）：猎杀时刻

赵军大营，人声鼎沸，半年多了，大家憋着的气终于出了。秦军攻打赵军大营，新主帅赵括带着他们迎战，打得秦军不知所措。那些秦人，逃跑了！

这是一场久违的胜利，赵军觉得胜利在望，回家的日子不远了，每个人脸上都洋溢着笑容。他们中或许都有人悄悄议论早就该换个年轻的主帅了，廉将军年龄大了，打仗越发保守。只要足够勇敢，赵军就能打败秦军。赵军士气高涨，信心倍增。

赵括需要一场胜仗，提振全军的士气，增加自己的威望，胜利就这么来了。他越发坚信自己的能力和判断，准备执行赵孝成王早日出击的命令。

赵括要出其不意，给秦军致命打击，毕其功于一役。

公元前260年农历七月底的一天，深夜，赵军军营。

传令的军士频繁跑动，45万赵军全部集结，向西渡过丹河，整齐的军阵绵延了十几华里。

赵军，全线出击了！

几天前的一个深夜，一辆包裹严密的马车驶入秦军军营，一道命令随之下达："有敢泄武安君将者斩。"（《史记·白起王翦列传》）

秦军对白起抵达长平的消息秘而不宣，赵军连自己的对手是谁都不知道。

赵军看秦军，只看到了王龁。

这或许是秦军最初派王龁统兵出战的一个原因。王龁就是引诱赵国犯错的"诱饵",一个精心挑选的高质量"诱饵"。籍籍无名,让人对他产生轻视之心;能力不俗,同廉颇唱对手戏,能接得住。这两点结合起来,既让赵孝成王丧失了对廉颇的信心,又让他在新统帅的人选上,不那么小心。

即使不用白起,王龁也不无打败赵括的可能,他年纪轻轻就出任秦国的左庶长,绝不是泛泛之辈。但是,长平之战秦国也输不起,拖的时间再久一些,秦国也耗不起了。同廉颇对峙时,秦军自身的损失恐怕也不小。

秦昭襄王不能赌,他要一击必胜。

随着白起在夜色中进入军营,猎杀计划随之展开。

白起命一队秦军攻击赵军,然后佯装不敌,他要给赵括增加信心。如果只是打败赵括,赵括也像廉颇一样退回营垒坚守,事情就不好办了!

白起要速战速决。

白起出手,必须是歼灭战。

所以,他要先给赵括吃点甜头,给他更大的自信,自信到无所畏惧,自信到带着赵军走出营垒,全线出击,走到巨大的伏击圈中,走进白起为45万赵军准备的死亡之网。

王龁是诱饵,战败的秦军也是诱饵。他们要钓的是全部赵军,全部!

赵国年轻的国君,需要一场胜利。赵军年轻的元帅,也需要一场胜利。他们鲁莽又自信,他们渴望速战速决,却尚未理解战争的残酷。

"死生之地,存亡之道"这八个字,将在这场战役结束时,用淋漓的鲜血,写满他们的内心和长平大地。

等待赵军渡河时,白起对王龁说:"你的帅旗仍然挂在军中,虽然是假的,也要做得像真的一样。"

关键时刻,容不得一丝纰漏,万一有赵军奸细发现王龁表现异常,导致赵括撤了回去,那秦军的付出都将付诸东流。

王龁屏着呼吸等待着。

赵军终于全部渡过丹河，进入了河谷地段，一路追到秦军营垒。

《孙子兵法》说："穷寇勿迫，此用兵之法也。"就算赵括熟读各种兵书，偏偏没有读过《孙子兵法》，他至少应当留足够的兵力驻守百里石长城，再派一支军队堵住太行道出口，这样赵军进可攻，退可守，也能避免被秦军从侧翼偷袭。

在赵军渡过丹河后，白起曾刻意让到前面的"太行道"，再次成为可以威胁赵军的一支毒箭。

赵括命赵军全力冲击秦国营垒，想一战定胜负，却发现秦军的营垒根本无法攻破。

秦军的营垒建在数十米高的黄土梁上，秦军居高临下，只要弓箭手、弓弩手发动射击，赵军就无法靠近营垒。

白起派出了三路人马：

第一路，截断赵军后路。

白起派出 2.5 万人从东北沿着秦川水河床，直插仙公山，折向东南，绕到了赵军百里石长城背后，夺取故关。

第二路，切割赵军，断绝赵军粮道。

白起派出 5000 名骑兵从太行道北上，突破金门镇、泫氏，突破赵军阵地，把赵军的主力和辎重部队分割开，赵军被断为两截。主力部队有战斗力，没有粮食补给。辎重部队有粮食，没有战斗力。这路骑兵从南面突破到故关。

前两路奇兵在故关会师，百里石长城从赵军的防御阵地，变成了秦军的防御阵地。赵括同赵国之间的联系被切断。

第三路，白起派出轻兵阻击赵军的进攻。

现在，赵军的前面是秦军建在黄土梁上的营垒，后面是丹朱岭的悬崖峭壁和自己布设的百里石长城。

赵军攻打秦军营垒，攻不上去；想返回自己的营垒，也回不去；人动不了，粮食也运不进来。

秦军利用秦军壁垒、赵军百里石长城和自然阻隔，把45万赵军彻底围死在了丹河河谷。白起只要控制住附近的所有出口就可以了。

战局急转直下！

山中的气压越来越低。赵括和士兵们看到秦军的帅旗高悬空中，上面写着硕大的"白"字。

武安君来了？

原来是武安君来了！

赵括感受不到自己的心跳。他回头看着自己的士兵，仿佛有一个可怕的声音在问："这些赵军，还能活多久？"

秦军不会给他思考的时间和机会！

秦军包围了赵军，他们也押上了自己的全部兵力。45万赵军，秦军无法在一朝一夕之间吃掉。他们要有节奏地进攻和蚕食赵军，最终困死赵军。

赵括下令筑起营垒坚守，停止进攻，等待救援，择机突围。赵军虽然无法突围，但军中还有一些粮食草料，河谷地带饮水不成问题，他们有坚守的条件。只要能在粮食吃完前等到援军，45万赵军还有生还的可能。

赵孝成王此前派使者去咸阳的后遗症终于显现，各国都以为秦赵已经达成某种协议，没有人愿意帮助赵国，赵国只能靠自己了。

赵国自己有可能临时组织起一支援军吗？

还是有可能的。临时组织的军队，只要指挥得当，一样能发挥作用。因此，指挥官的选择就非常重要。

被替换下去的廉颇当时就在邯郸，可是他已经失去了国君的信任，赵孝成王认为廉颇没有能力打败秦军，也就不可能派他去救援。赵孝成王并不认为把廉颇换下来是一个错误。据史书记载，回到邯郸的廉颇"故客尽去"

(《史记·廉颇蔺相如列传》)。

元帅级别的人物被弃用,将军总还是有的。如果派一位将军率一支敢死队,帮赵军撕开一个缺口,里应外合突围,战场或许还有转机。

历史在这里给我们留了一个巨大的问号!

赵国统治集团集体沉默了!

现在传世的史书中看不到赵国君臣营救长平战场的记载。廉颇说了什么?平原君做过什么?赵孝成王有没有组织朝臣讨论?赵国有没有派出使者求援?我们已无从知晓。

或许他们试过了,没有成功。或许他们慌了,不知所措。或许,当时确实调不出军队,也选不出将军。

即使赵国组建了临时军队,也无济于事。

因为,他们无法进入战场。

秦昭襄王赶赴河内,赐民爵各一级,征调全国15岁以上的男丁,疾驰援助长平战场,拦截赵国援军和粮食,在原包围圈上,又再上了一层保险。

不会有援军了!

有,也是秦国的!

一个赵军也别想离开长平战场。赵国181年历史中,这场动用兵力最多的战役,即将以彻底失败告终。战争完结时的惨烈程度,将超过所有人的想象。

农历九月,山间的风越来越冷。

赵军被围困了46天,多次突围不成,大量死亡。那些战死的士兵是幸运的。他们至少还保有战士的尊严,至少不用被饿死,更不用经历同胞们互相残杀,人吃人的惨剧。

赵军的生理和心理承受力都达到了极限。援军还没有消息,赵括只能做最后的尝试。他把剩余的赵军分成四个部分,轮番冲击突围,尝试了四五次都失败了。秦军的包围根本无法突破，所有人就要被困死在河谷中了。

最后，赵括组织精锐部队，亲自率军突围。乱箭射中了赵括，他倒在地上，传来一声闷响。赵括再也没能起身，他死前最后一刻，看到的是秦军再次阻挡了赵军突围的脚步。

赵军身体里紧绷的弦彻底崩断。没了元帅的赵军，彻底绝望了。数十万赵军在得到白起的承诺后投降了。

一切，都该结束了吧？

战争结束，可杀戮却没有停止。

白起说："秦已拔上党，上党百姓不愿做秦人，投靠了赵国。赵人反复，如果不全部杀掉，恐怕会作乱。"

赵国降卒，全部被杀，或埋入坑中，或丢入河谷。那条河，从此被称为丹河。鲜血染红了河水，浸透了大地。

长平"流血成川，沸声若雷"（《战国策·秦策三》），"露骸千步，积血三尺"（《太平记》）。

绝望的哀号声，久久回荡在山谷间。

赵国在长平战场共失去了约 45 万条鲜活的生命。据史书记载，白起释放了年龄尚小的 240 人。征兵是有年龄限制的，参加长平之战的赵军不是临时征召而来，怎么会有 200 多名未成年的士兵呢？

长平之战开始时，上党的百姓纷纷逃往赵国，廉颇在长平接应上党百姓，可能有一些百姓留在了军中。负责运送军需物资的民夫也可能留在军中，或意外滞留战场。还可能其中有普通的平民。

秦国的军功爵制以斩首数量计算军功，一颗脑袋放在那，要如何分辨他是平民还是军人，士卒还是军官？很难分辨。

秦军有严格的军功审核制度，负责的官员需要在三天内完成审核工作，这能避免残杀同伴，冒领军功。至于敌方死的是平民还是士卒，对秦军来说没那么重要。杀士卒可以破坏敌军的战斗力，杀平民的青壮年男子可以破坏对方的国力，对秦国同样有利。

关于长平之战还有很多疑问。

首先，白起杀俘的人数史料记载不一。

《史记·白起王翦列传》记载："括军败，卒四十万人降武安君。""乃挟诈而尽阬杀之，遗其小者二百四十人归赵。前后斩首虏四十五万人。"

而《史记·廉颇蔺相如列传》记载："括军败，数十万之众遂降秦，秦悉阬之。赵前后所亡凡四十五万。"

两个列传中，赵军在战役中总的死亡人数都是45万。俘虏的人数一个记载为"四十万"，一个是"数十万"。

《战国策》中蔡泽说："（白起）诛屠四十余万之众。"

二是屠杀手段。

《史记》中说是"阬杀"，很长一段时间内都被理解为活埋。但活埋的工程量是非常大的。相对来说先杀后埋比活埋更为省力。如果是先杀后埋，就可以利用天然的沟壑，简单覆盖浮土即可，或者把尸体直接丢入丹河之中。因此，有很多学者对"活埋"一说提出了质疑。

1995年4月，位于今山西高平的永录村尸骨坑被发现，出土了大量骸骨和战国时期赵国文物，为我们揭开长平之战的疑团提供了重要的实物资料。为保护文物，考古人员仅对两个坑进行了深入发掘。

据《长平之战遗址永录1号尸骨坑发掘简报》（以下简称《简报》）公布的消息，尸骨坑内骸骨"杂乱无章纵横相叠"，"几乎没有一件完整的骨骼"，"坑内人骨皆为男性；30岁左右的最多，20岁以下者甚少，但45岁以上的士卒占有一定比例，平均身高约170厘米。根据骨骼排列和创伤观察，死者绝大部分为被杀后乱葬的，未发现大量被活埋的证据，这种现象有别于史书关于四十万降卒被阬杀的载述。"

通过《简报》我们能得到如下信息：尸骨坑中死者多数为青壮年，均是被草草掩埋，他们大部分是在被杀死后才掩埋。同时，根据在这一地区发现骸骨的频繁程度和密集程度推断，被屠杀的人数一定非常大。

《高平县志坑赵卒考记》中写道："四十万人降武安君，诱入谷尽坑之。""谷"可以是山谷，也可以是河谷。司马迁也用了"挟诈"二字，说明白起欺骗了赵军。

把文献资料和考古发现结合起来看，白起应当是把赵军诱骗到了山谷、河谷，进行大规模屠杀，就地草草掩埋或丢弃。

据统计，永录尸骨坑出土的130多具骸骨中，其中60具有头无身。这让人想起了秦国的军功爵制度，这些头颅可能是被砍下，记录军功后，再随意丢入坑中的。

蜿蜒的丹河水，通向的似乎是地狱之门，无数饿鬼扭动着身躯，不分身份地把人拖向无底的深渊。恐怖！血腥！没有词语能形容当时的情景。长平战场就是人间炼狱。死的人死了。活着的人，永远也无法忘记。那个噩梦，会跟随经历过长平之战的所有人直到死亡。

长平战败是赵国军事、外交、情报、国力、战略、战术全面失败的结果。此战之后，赵国一蹶不振，再也无力同秦国对抗，东方六国的屏障彻底被打破。

九、邯郸保卫战

长平战败的消息传回邯郸，赵国户户有丧亲之痛，赵人震惊、悲恸、毛骨悚然。当240名年幼的士兵回到赵国，长平战场沸声若雷的绝望哀号也传遍了赵国，更为恐怖的是白起正向邯郸进军。

在长平大胜后，秦军兵分三路：王龁攻占了赵国的武安、皮牢；司马梗北定太原，顺势占领了投靠赵国的韩上党地区；白起兵峰直指赵国的都城邯郸。

同时，白起派人回咸阳请求增益粮草，准备一举攻灭赵国。

如果白起成功，那赵国就是东方六国中第一个被灭掉的国家。

终于反应过来的赵国和韩国，派苏代持厚币入秦游说。

苏代对范雎说："赵国灭亡，秦王就是天下的大王。若武安君为三公，君上能安居于武安君之下吗？"

说客能说动别人，关键在于洞察人性。范雎不想屈居白起之下，而在秦国不想看白起建立不世之功的，恐怕还有秦王。

华阳之战后，白起疑似被雪藏，史书中多年没有白起领军出战的记录。白起依靠军功步步高升，被封为秦国的大良造、武安君，已经功高震主。而且，白起是由魏冉提拔，属于魏冉集团。范雎入秦后，取代魏冉成为秦相，魏冉被逐回了封地。白起作为魏冉一系，难以得到秦王信任，同范雎之间也必有矛盾。

长平之战刚开始，秦国没有派白起出战，而是起用了名不见经传的王龁，一直到最后关键时刻才让白起出马确保胜利。长平之战大胜，可以封白起为侯爵。如果白起一战灭了赵国，那秦昭襄王要用什么封赏白起呢？

就现实情况来说，长平之战秦军虽然取胜，但士卒死亡过半，"国虚民饥"（《战国策·中山策》），没法再苦一苦了。秦军历经连月苦战，都极为疲惫，也应该休整。

范雎以此为切入点，对秦昭襄王说："秦兵劳苦，请同意韩、赵割地议和的请求，让士卒休整。"

秦昭襄王不仅批准了范雎的请求，还处死了白起派到都城申请军粮的人。秦军撤回了国内，白起怨恨范雎，同秦王的关系也出现了裂痕。秦国将相君臣失和，必将遭遇挫折。

硝烟暂时散去，赵国获得了喘息的机会。

赵国没有按照约定割让城池。虞卿认为秦军疲惫回国，没有必要再送地，而且"王之地有尽而秦之求无已，以有尽之地而给无已之求，其势必无赵矣"（《史记·平原君虞卿列传》）。

赵王违约，秦昭襄王准备再次讨伐赵国。

公元前259年（秦昭襄王四十八年）九月，秦国五大夫王陵开始围攻邯郸。据《史记》记载，"是时武安君病，不任行"。没有了白起的秦军，能攻下邯郸吗？

赵人据城誓死抵抗。

次年正月，王陵战斗失利，五名校尉军官战死，损失惨重。秦昭襄王想再次起用白起，白起以生病为理由，拒绝接受任命。秦昭襄王派范雎到白起家中责备他，白起仍坚持不为将。

白起认为攻灭赵国的时机已经错过。长平之战刚结束时，赵人畏惧，趁势可以攻入邯郸。如今赵国整修武备，加固城池。赵国的国君放下架子对待臣子，赵国的大夫推心置腹以待死士。赵国的宗室以平原君为代表让自己的妻妾"补缝于行伍之间"。"臣人一心，上下同力"（《战国策·中山策》），出动再多的兵马也无法取胜。

屠杀能让人恐惧，也能让人空前团结。

从恐怖氛围中缓过神来的赵人愤怒到了极点，惨痛的教训也让赵国上下异常清醒。赵人"涕泣相哀，戮力同忧，耕田疾作，以生其财"。赵国君臣于内夙兴夜寐，加紧备战；对外"卑辞重币，四面出嫁，结亲燕、魏，连好齐、楚"（《战国策·中山策》），策划合纵抗秦。

此时的赵国不可撼动。

秦昭襄王并不这么认为，他愤怒地说："难道没有白起，寡人就不能灭赵国吗？"

秦国加派 10 万大军赶赴邯郸战场，用王龁取代王陵，继续围困邯郸。八九个月过去了，邯郸依旧岿然不动，秦军再次损失惨重。赵国还派出轻锐，多次袭击秦军后方，让秦军饱受困扰。

见战局不利，秦昭襄王亲自到白起家中，再度要求白起出山。

秦昭襄王说："武安君虽然抱恙，也请为寡人勉为其难指挥作战。有功，是寡人的心愿，将会重用于君；如果不奉命出战，寡人恨君。"

白起认为此战秦军没有取胜的可能，他说："破国不可复完，死卒不可复生。臣宁伏受重诛而死，不忍为辱军之将。愿大王察之。"(《战国策·中山策》)

秦昭襄王没有回答，转身离开了武安君的府邸，他幽深的眼底已看不出任何情绪。

几天后，白起被连降十八级，从武安君降为士伍（小卒），发配阴密。白起因病势沉重，没有启程。三个月后，各诸侯国攻打秦军，秦军连吃败仗，送战报的使者每天都从前线赶往秦国都城。秦昭襄王迁怒于白起，把白起逐出了咸阳。白起走到咸阳西门外十里的杜邮时，秦王赐死的宝剑也送到了杜邮。

白起手抚长剑，仰天长叹："我何罪于天，竟落到这个地步？"

他的脑海中突然出现了流水的声音，那是丹河水啊！河水从清澈变成了殷红，尸体堆积如山，几乎截断了河流，山谷中能找到的洼地都被填平了。赵军痛苦绝望的哀号声由远及近，在他脑中回荡。无数双手伸向他，把他拉回了"流血成川，沸声若雷"的长平战场……

良久，白起说："我固当死。长平之战，赵卒降者数十万人，我诈而尽阬之，是足以死。"(《史记·白起王翦列传》)

武安君引剑自杀。

与此同时，赵国在积极争取诸侯出兵解救邯郸。

赵胜是赵国公子，被封为平原君，位列"战国四公子"，名满天下。平原君的夫人是魏国信陵君的姐姐，她多次写信请求魏王和信陵君发兵营救。

魏王派将军晋鄙率 10 万大兵赶赴邯郸。秦王得到消息，派使者威胁魏王，魏王害怕秦国过后报复，让晋鄙留在汤阴（今河南汤阴）不进军，也没退军。魏国的信陵君窃符救赵，椎击晋鄙，率魏军赶赴邯郸。（详见第三章）

平原君准备出使楚国求救。

平原君家中有门客数千人，其中多数是纯"食客"。出使楚国，只能成功不能失败，平原君准备带 20 个门客前往。他在数千名门客中反复筛选，只选出 19 人。

这时，毛遂自荐同往。

平原君问："贤士处世，如同锥子放在囊中，锥子尖马上会露出来。先生在赵胜门下三年，左右无人称颂，赵胜未有所闻，恐怕是先生没有所长。"

毛遂说："臣请您把我装进囊中。如果能早点在囊中，臣早就脱颖而出了。"

平原君左右也再无人选，就把毛遂带上凑够了 20 个人。

到楚国后，平原君觐见楚考烈王，从清晨谈到中午还没有结果。

毛遂按剑历阶而上，对平原君说："合纵的利害，两句话就能说完，做出决定。怎么从日出说到日中还不能决定？"

楚考烈王问平原君："这是谁？"

平原君答："是赵胜的门客。"

楚考烈王闻言叱责道："快退下，寡人同你家君上说话，你进来做什么？"

毛遂手提宝剑走上前说："大王之所以叱责毛遂，是因为楚国人多势众。现在十步之内，大王没法依靠楚国人。大王的命，在毛遂的手中。

"毛遂听说商汤以七十里之地王天下，文王以百里之壤而臣诸侯，靠的不是士卒众多，而是据其势而奋其威。现在楚国的土地方圆五千里，持戟的将士有百万之众，这是足以成就霸业的资本。以楚国的疆域人口，天下不能抵挡。白起，一个竖子小儿，率数万之众，兴师伐楚，竟然一战就占领了楚国的都城，再战又火烧夷陵，三战而辱大王的先人。此百世之怨，赵国都为您感到羞愧，而大王居然不知羞耻。"

毛遂提高了声调说："大王，合纵是为楚国，不是为了赵国。"

毛遂的一番话打动了楚考烈王，他说到了根本，赵国灭亡后，秦国下一步要灭哪个国家呢？救赵国，就是救楚国。

楚考烈王说："好的好的，诚若先生之言，寡人谨奉社稷，合纵伐秦。"

毛遂问："真的决定合纵了吗？"

楚考烈王说："决定了！"

毛遂命楚王侍从取鸡狗马的血来，当场歃血为盟。

楚国确定会出兵救赵，平原君一行返回赵国，等待援军。魏国的信陵君率精兵8万在赶来的路上，但楚军、魏军抵达邯郸仍需一段时间。

可邯郸已经撑不住了。

邯郸已经被围了三年，城中的粮食早就吃光了，百姓们把能吃的东西都吃了，最后只能用人的骸骨当柴火烧，不忍心吃自己的孩子，就易子而食。

门客李谈找到平原君，直言诘责："君上不忧虑赵国会亡国吗？"

平原君说："赵国灭亡，我就要当俘虏了，怎么会不忧虑？"

李谈问："邯郸的百姓，炊骨易子而食，已经到了最危急的时候。君上的后宫以百数，婢妾都穿着华美的衣服，吃着鲜美的肉羹。百姓的粗布衣服残破不全，连用糟糠果腹，都没法吃饱。邯郸民困兵尽，将士要削尖木头制作武器。而君上使用的器物、乐器一如既往。如果秦军攻破邯郸，君上还能拥有这些吗？如果赵国能够保全，君上又何患没有宝物美人？"

思想工作做完，李谈提出一个建议："请君上把夫人以下的姬妾都编入军队，散尽家财，赏赐将士。士卒正遭受危险和苦难，他们会因此感激君上的恩德。"

平原君听从了李谈的建议，得到3000敢死之士。李谈率敢死队杀出了邯郸城，他们抱着必死的决心，抱着"杀一个够本，杀两个就是赚了"的想法冲击秦军阵营。他们的心中没有钱财、土地、军功。

他们只有一个信念：杀秦人，保邯郸！

生不同死战。秦军被迫后退了30里才站稳脚跟。李谈战死，邯郸得到喘息的机会。3000人，用血肉之躯给邯郸铺了30里生路。

邯郸坚持到了魏、楚援军抵达。援军大败秦军。邯郸保住了，赵国没有亡。

十、夕阳武士

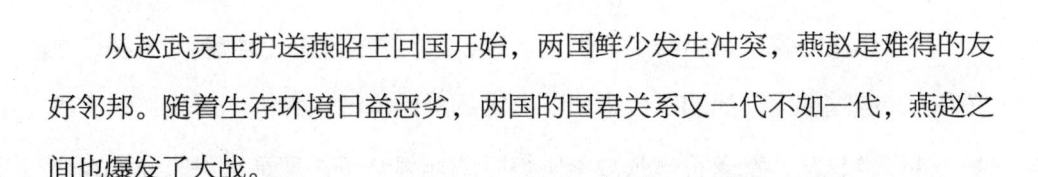

从赵武灵王护送燕昭王回国开始，两国鲜少发生冲突，燕赵是难得的友好邻邦。随着生存环境日益恶劣，两国的国君关系又一代不如一代，燕赵之间也爆发了大战。

公元前251年（秦昭襄王五十六年、赵孝成王十五年），燕王喜派相邦栗腹带着500金出使赵国，为赵孝成王置酒祝寿，两国缔结友好盟约。

栗腹到赵国后，着意窥测赵国国情，得出一个让他兴奋的结论："赵壮者皆死长平，其孤未壮，可伐也。"（《史记·燕召公世家》）

此时距长平之战（前260）11年，距邯郸之战（前257）6年，赵国确实存在青壮年人口损失严重，战争的遗孤尚未长大的问题。

但是，情报准确，不等于判断也准确。

瘦死的骆驼比马大，赵国就是一头瘦干巴的壮骆驼，燕国则是一匹本来就瘦的马。

燕王喜听了栗腹的汇报，大喜。他召昌国君乐间商议讨伐赵国之事。

乐间是乐毅的儿子，乐毅在赵国，乐间在燕国，父子二人致力于燕赵和平。因乐间是个"赵国通"，燕王喜先询问他的意见。

燕王喜满眼期待地看着乐间，想听他说讨伐赵国的良策。

乐间给燕王喜兜头一盆冷水："赵国处在四战之地，全民都熟悉战事，不可讨伐。"

简言之，没胜算。

燕王喜说："寡人出动两倍于赵军的兵力呢？"

乐间说："不可。"

燕王喜说："寡人出动五倍于赵军的兵力呢？"

乐间说："不可。"

按现在的说法，咱就别做梦了。

燕王喜勃然大怒。

这年早些时候，秦昭襄王去世了。燕王喜觉得这是时代给他的机遇，秦王去世，赵国羸弱，他的机会来了。燕国的群臣也都认为机不可失，时不再来。他们看赵国，就像看一张被秦国烙好的韭菜合子，那是真香。他们完全不顾及赵国是燕国的屏障。赵国在，燕国才能躲过秦国的直接攻击。赵国没了，燕国就离"去世"不远了。如果赵国此时衰弱到燕国都能灭掉它，秦国早就动手了。

燕王喜决定完成历史赋予自己的使命，他倾举国之力，发动60万大军，企图一举兼并赵国。燕军兵分南北两路，相邦栗腹领40万大军进攻鄗邑（今河北高邑东南），大将卿秦率20万大军攻打代地（今河北蔚县东北）。

赵孝成王派老将廉颇率8万人奔赴鄗邑，大将乐乘率5万人在代地迎战。

鄗邑战场：8万赵军对战40万燕军，1∶5。

代地战场：5万赵军对战20万燕军，1∶4。

燕王喜觉得优势在我，胜券在握，就等着捷报送到都城了。

史书没有记载战争过程，直接告诉读者结果：廉颇在鄗邑大败燕军，杀死燕相栗腹，追击燕军500多里后，包围了燕国都城；乐乘在代地大败燕军，俘虏燕将卿秦。昌国君乐间投奔赵国。

真是漂亮。

燕国求和，赵国要求燕国立将渠为相邦，两国才能和谈。因为将渠是燕国继乐间后，第二个反对伐赵的人。燕国任命将渠为相邦负责谈判工作，最后割让了5座城池，赵国才撤军。

赵孝成王封廉颇为假相国（代理相邦）、信平君。廉颇重获国君信任和重用，对赵国来说是好消息。

被激怒的赵孝成王此后连续三年讨伐燕国。

表面看，燕赵大战，赵国大胜，得了城池。

实际上，燕赵两败俱伤，燕赵大战的赢家是秦国。

赵国因同燕国连续四年大战，无法休养生息，有生力量再次被消耗。秦国借机攻占了赵国的榆次、狼孟等37座城池。

公元前247年，燕赵两国达成了互换土地的和平协议，赵国用龙兑、汾门、临乐，交换燕国的葛城、武阳、平舒。

晚了！

已经来不及了！

公元前246年（赵孝成王二十年），秦国攻占赵国旧都晋阳。赵国在太行山西部战场惨败。

次年，赵孝成王撒手人寰。赵孝成王的儿子赵偃即位，是为赵悼襄王。

赵孝成王虽不算有为君主，但他知错能改，后来对廉颇、李牧的使用都很得当。而且他在位 21 年，已经有了丰富的执政经验。他去世后，赵国国君质量断崖式下降，赵悼襄王既昏且庸。赵国的衰落更加迅速。

赵悼襄王即位后，办的第一件大事是气跑老将廉颇。

赵悼襄王派廉颇攻打魏国，老将军占领了繁阳。赵悼襄王听信谗言，派乐乘到前线顶替廉颇，廉颇暴怒，率军攻打乐乘，乐乘落荒而逃。廉颇负气出走，去了魏国。

此时，距离赵国被灭仅剩 16 年时间。

廉颇历经三朝，在对燕、对齐、对魏的战争中，没有败绩。在长平战场上，成功阻挡了虎狼之秦的进攻步伐。在赵惠文王时期，经历了渑池之会，经验老到。他资历老，功劳高，年龄大，难免骄傲。他也有骄傲的资本，他更值得尊重。

像廉颇这样忠诚于国家的老干部，只要给他足够的尊重，他是会玩命做事的。当初仅凭蔺相如一番话，廉颇就能负荆请罪，同蔺相如倾心相交。他在长平之战中被撤职，得到赵孝成王的起用后，就立刻投入战场。

廉颇负气出走后，赵国被秦军打得满地找牙。赵悼襄王想召廉颇回国，又担心廉颇已经年老，身体不知道怎么样了。于是，赵悼襄王派使者先去探视廉颇，去看看"廉颇老矣，尚能饭否"。

廉颇终于盼来了故国的召唤，老将军极其卖力地表现，"一饭斗米，肉十斤，被甲上马，以示尚可用"（《史记·廉颇蔺相如列传》）。

使者离开后，老将军满怀期待，只等国君的诏令一到，他就可以回赵国，带着赵国的子弟兵驰骋疆场了。可是，邯郸再也没派人来。老将军眼中的期待，最终化为失望。

郭开，赵国历史上著名奸臣，堪称赵国高级军事干部专职杀手。郭开的脑子里没为国尽忠的意识，肚子里全是个人利益，最擅长暗地里捅刀子。他长袖善舞，谄媚事上，特别对赵悼襄王胃口，深受信任。

因廉老将军之前得罪过郭开，郭开不想让廉颇回国，暗中贿赂了赵王的使者。使者回国后对赵王说："廉将军虽老，吃饭还很厉害；但同臣交谈，一会儿工夫，就跑了三次厕所。"

赵悼襄王不禁叹息，看来廉颇老了，不能用了。

楚国听说廉颇被赵国弃用，客居魏国，悄悄派人把廉颇接了去。廉颇在魏国不被信任，到了楚国，也没得到重用，一代名将再无用武之地。

廉颇总是念叨："我还想指挥赵人作战啊！"

"有攻城野战之大功"，"以勇气闻于诸侯"的岁月一去不复返，老将军思念着故国、故土、故人，想念赵国的子弟兵，最终忧郁成疾，在寿春（今安徽寿县西南）去世。

燕赵之间的战争还在继续，秦国也在继续蚕食赵国。

公元前240年（赵悼襄王五年），秦国攻占赵国的龙、孤、庆都。

公元前236年（赵悼襄王九年），秦国攻占赵国的阏与、安阳等九城。

公元前234年（赵王迁二年），秦将桓齮攻占赵国的平阳（今河北邯郸磁县东南）、武城（今山东省武城西），杀赵国大将扈辄，斩首10万。

公元前233年（赵王迁三年），秦国大将桓齮，从上党进军，越过太行山，进攻赵国的赤丽、宜安。

秦军一路高歌猛进，兵锋直指赵国都城邯郸。

没了廉颇的赵国，还能靠谁呢？

十一、邯郸为郡

赵国还有老祖宗留的最后一口红利可以吃：代地的将领和"胡服骑射"的骑兵。

李牧同廉颇一样都出身代地。两人同为赵国代地籍高级军事干部，廉颇在中央军，李牧在边防军。李牧长期在雁门郡驻守，抵御匈奴入侵，被司马迁称为"赵之北边良将"。李牧同白起、王翦、廉颇同为战国四名将。

李牧在北部边境防守时，一直避免同匈奴作战。

李牧严令："如遇匈奴入侵，快速撤回城池或营地做好防守。有敢同匈奴作战者，斩！"

他还每天都杀牛，让士卒们吃牛肉。

匈奴见李牧龟缩不出，认为他胆小怕事。

游牧民族打农耕民族，都是利用骑马的速度，快速劫掠，抢了吃的、用的就跑。他们不打攻城战、攻坚战。占了便宜就跑，占不到便宜就走。匈奴骑兵，相当于一大队"飞车贼"。

匈奴的套路是：来了，抢着了！跑了，不见了。

李牧的防守策略是：来了？躲了。没抢到吧！

匈奴只能干瞪眼，什么也抢不到！

李牧用最小的成本，做到了最有效的防守。不损一兵一卒，粉碎了敌人的作战目的。

但是，不出战，很容易被误解。

赵国的热血青年们，上到国君，下到李牧手下的将士，都认为李牧怯战、懦弱。赵孝成王责备李牧，"李牧如故"，坚决不改，依然是每天杀牛，绝不出战。

赵孝成王决定：换将。

李牧被免职回家，赵国换了新将领。匈奴每次来，新上任的将领都率军出战。结果赵军数次被打败，损兵折将。农民不能种地，牧民没法放牧，农业搞不成，畜牧业受影响，商业就更不用想了。真是军事没搞赢，经济又受重创，损失非常大。

匈奴不种地，也不收地，他们不会去割地里的庄稼，都是等老百姓收割完了，再去百姓手里抢。所以不同他们接触，守住防线，匈奴就没机会抢粮食。

赵孝成王再次知错就改，请李牧出山。李牧也有脾气，把门一关，"称疾"。赵孝成王再三去请李牧，态度非常真诚。李牧说："大王一定要用臣，臣还是同之前一样。"赵孝成王同意了。原来"称疾"是策略，他是为了同国君定好御敌之策。

李牧又和之前一样"日击数牛飨士"，不允许士兵出战，细心防守。

匈奴"数岁无所得"，只能贫穷度日。

将士们依然不能理解，他们认定了自己的将军就是尿，每天吃牛肉的时候，都想出去打匈奴人。因此，人人思战。

李牧有计划地"习射骑，谨烽火，多间谍"（《史记·廉颇蔺相如列传附李牧传》），这是一套修炼内功的组合拳。

"习射骑"就是大练兵。李牧通过操练士兵，演练战术，打造了一支精锐的步、骑、战车、弓弩兵混合兵团。

"谨烽火"就是建立快速反应机制。根据烽火第一时间获得敌人入侵情报，士兵们迅速就位防守，不给匈奴留空子。同时，通知百姓赶着牲畜、带着粮食，及时回城，不给匈奴留一点儿吃喝，确保彻底的坚壁清野。

"多间谍"就是打信息战。匈奴兵去了哪里，怎么训练的，粮草是否充足，首领内部有没有矛盾，都可以通过间谍掌握。

匈奴的骑兵看似强悍，但是兵种单一，只有骑兵，没有车兵和步兵。打法也单一，他们不擅长协同作战，不擅长随机应变。

李牧把匈奴研究透了，士兵技战术训练过硬了，每天杀牛犒劳士兵，也把士兵的积极性拉满了。做好准备后，他决定给匈奴致命的一击。

李牧放出诱饵，让百姓漫山遍野地放牧，吸引匈奴。匈奴派小股骑兵入侵，牧民故意留下牲畜，自己逃走。赵军也佯装不敌，故意留下了数千人。

匈奴单于上钩，率主力骑兵入侵赵国。

李牧为匈奴准备了精选战车 1300 辆，骑兵 1.3 万名，弓弩手 10 万，步兵勇士 5 万，给匈奴布了一个密不透风的军阵。

这场大战的经过，《史记》的记载极为简略："李牧多为奇陈（阵），张左右翼击之，大破杀匈奴十余万骑。"至于"奇陈"是如何布设的，没有解释。"左右翼"布设的是什么兵种，我们也不知道。

结果是振奋人心的，李牧歼灭匈奴骑兵 10 万。

真是一场漂亮的歼灭战！

此战结束后，匈奴十多年都不敢接近赵国的边境，他们真的是怕了。李牧率军"灭襜褴，破东胡，降林胡，单于奔走"（《史记·廉颇蔺相如列传附李牧传》）。

汉文帝刘恒曾感叹："如果能得到廉颇、李牧为将军，寡人就不用为匈奴忧虑了。"

赵王迁无将可用，只能把边防名将李牧调到前线。廉颇之后，李牧成了赵国的守护神，也将成为昏君奸臣毁掉的第二个"廉颇"。

为避秦军锋芒，李牧固守不出，等待战机。

秦军远征，久耗对秦军不利。于是，秦将桓齮率主力去攻打肥下，引诱李牧救援，准备围城打援。

李牧认为，敌军攻打，我去救援，敌人会占据主动，为"兵家所忌"。李牧不救肥下，而是率军攻打兵力薄弱的秦军大营。

多年来赵军连败，李牧到军中后又拒不出战，秦军普遍有了轻敌的心思，疏于戒备。秦军营垒被李牧一举攻占，辎重全部落入赵军之手。桓齮被迫回援，李牧在肥下打败了秦军，桓齮败逃。战后，李牧因功被封为武安君。这就是著名的肥之战。

一战失败，无法阻止秦军灭赵的脚步，桓齮在肥下受挫，改变进攻方向，绕道攻取了平阳、武城。

次年，番吾之战，李牧、司马尚依托漳水和赵南长城再次挫败秦军的灭赵计划。

然而，天不佑赵。

公元前231年，赵国代地发生大地震。次年，赵国又发生了大面积饥荒。民间传唱歌谣："赵为号，秦为笑。以为不信，视地之生毛。"

公元前229年，秦王嬴政认为时机成熟，再次发动灭赵之战。

王翦率上党军，羌瘣率羌兵，直下井陉，从北部进逼邯郸；杨端和率河间军，从南面进攻邯郸。

秦军南北夹击邯郸，赵国再次面临邯郸保卫战。赵王迁任命李牧为大将军，司马尚为副将，倾全国兵力，抵抗秦军的入侵。李牧再次打败秦军，斩杀了老对手桓齮。（桓齮结局有争议，此从《战国策·赵策四》记载：秦使王翦攻赵，赵使李牧、司马尚御之。李牧数破走秦军，杀秦将桓齮。）

王翦，秦国高级军事干部，战国四名将中结局最好的一位。战场上懂战术，战场外懂人心，他知道李牧难对付，开辟了"敌后战场"，派人抬着钱潜入邯郸，见到了赵王的宠臣郭开。

郭开哪管国家的兴亡，赵国亡了，还有楚国、魏国、秦国，东家可以随意换，赚大钱的机会可不多。郭开收了钱，诬陷李牧、司马尚通敌反叛，事情办得非常高效。赵王迁信以为真，派赵葱和颜聚取代李牧、司马尚。

李牧拒绝交出兵符。

赵国危在旦夕，秦军的主将是王翦，赵葱和颜聚绝无取胜的可能。李牧只要交出兵符，赵国就保不住了。现在不是愚忠的时候。

神一样的剧情来了，赵王迁把李牧秘密逮捕，杀了！

李牧被杀前哀叹："赵国就要亡了！"

李牧被杀的第二年，公元前228年（始皇帝十九年、赵王迁八年），王翦大破赵军，俘虏赵王迁。秦王嬴政把赵王迁流放到了房陵（今湖北房县）的深山中。

赵国灭亡。

同年，赵国流亡的大夫逃到代地，拥立赵嘉（赵悼襄王嫡长子、赵王迁之兄）为代王，率赵国军民继续抵抗秦军。六年后（前222），王翦攻破代地，代王嘉被俘，赵氏代国灭亡。

这就是苏洵在《六国论》中说的"洎牧以谗诛，邯郸为郡"。

"夫谁使余及此兮？乃谗言之孔张！良臣淹没兮，社稷沦亡；余听不聪兮！敢怨秦王？"这是败业之主的忏悔，赵王迁在房山中作了《山水》之歌，闻者无不伤感落泪。

晋国赵氏宗主，几乎代代有所作为，出了多位杰出的政治家。立国之后国君却多为庸主，直到赵武灵王才在一代之间强势崛起，可赵武灵王只能算半个明主，他自己都被困死沙丘宫，把好端端的"赵武王"困成了"赵武灵王"。赵武灵王去世后，赵国的国君一代不如一代。

赵国的内乱非常多。

12代赵王，竟然发生了11次兵变残杀。赵国的国君都非常任性，王位的传承没有法度，只看自己的想法、好恶。嫡长子无法继位是寻常操作，理由五花八门，原因多种多样。有为补偿嫡长子大哥的，有要实现政治抱负的，有宠爱倡优的，有太子在别国为质让别人占了先机的。

战国后期，赵国的名将，没有遇到明主，赵国的名臣，难以施展抱负。

从赵孝成王开始，平原君等宗室就受到重用。

鼎鼎大名的平原君，却有名无实。

毛遂在平原君府上三年，他都没有发现毛遂的能力。他府上门客数千，等到用人的时候，才勉强挑出来19人。他选出来的19人在出使楚国的过程中，又没见发挥任何作用。最后还是靠毛遂一个人、一张嘴、一把剑争取到了楚国的援军。原因在于平原君养门客的目的是装点门面，他明明可以建立一个人才库，却搞成了免费食堂。

平原君自身的能力也非常值得怀疑。

毛遂三言两语讲通的事情，他同楚王从清晨谈到中午也没有谈妥，不知道谈了些什么。邯郸被围了三年，百姓易子而食，平原君府上还过着锦衣玉食的生活，要等门客来给他做思想工作，才肯散出家财，招募勇士。

对比廉颇、蔺相如的智勇双全，以社稷为先，平原君显得十分小家子气。对比魏国的信陵君组织合纵攻打秦国，一直打到了函谷关，平原君显得十分平庸。

不过平心而论，平原君的思想虽不够先进，但见识还不算短浅。他也能发现人才，虚心纳谏。他发现了赵奢，使用了毛遂，也听取了李谈的建议。最重要的是，关键时刻他能坚定地维护赵国的利益。

等平原君去世后，情形就更糟糕了。奸臣郭开受到重用，廉颇出走，李牧被杀。如此赵国，岂能不亡？

赵人性情刚烈，好气任侠；赵军勇武善战，他们在长平、邯郸，在各个战场上，谱写了一曲又一曲的慷慨悲歌。秦灭六国，赵人的抵抗最为激烈。赵国灭亡后，秦统一天下已经没有悬念。

第二章

韩国：小国的悲哀

一、短暂的荣耀

谁能想到，战国的幕布拉开后，郑国就被韩国兼并了。

郑国是西周最后一个封国，处在中原腹地，于强国环伺之下，顽强地存活。郑国的第三位国君郑庄公，开启了"礼乐、征伐自诸侯出"的序幕，是春秋霸业的探索者、先行者。郑庄公去世后，走下坡路的小小郑国，只能唯大国是从。即使在如此恶劣的生存条件下，郑国还能在晋、楚两大霸主国的眼皮子底下吞并许国，甚至曾攻入晋国、楚国本土。

战国是一个更加残酷的时代，可供吞并的小国越来越少，那些夹杂在诸侯国中间的戎狄部落渐渐不见了踪迹。仅存的诸侯国间互相攻伐，谁能早点锁定对手，谁就能占得先机。

早在韩、赵、魏共灭智氏时，韩国已经把郑国视为自己的猎物。韩氏家相段规对韩康子（韩虎）说："分地一定要拿到成皋（今河南荥阳）。"韩康子说："成皋贫瘠，都是石头地，不长庄稼，要它没用。"段规说："不然，臣闻一里之地，可以牵动千里之权，是因为占据地形的优势。万人之众，而破三军者，是因为出其不意。若用臣之言，则韩必取郑国矣！"分地时，韩康子果然要了成皋。韩国灭郑，正是从成皋开始。

公元前 423 年，韩武子攻入郑国，杀死郑幽公，韩氏正式打响灭郑之战。

郑人另立了一位国君郑繻公。公元前 408 年，为躲避韩氏的攻击，郑国迁都到京邑（今河南荥阳东南）。郑繻公带领郑人巩固边防，坚持抵抗。郑繻公联合齐国讨伐卫国，占领了卫国的毋丘，反击韩国，占领了韩国的负黍（今河南登封）。

公元前 400 年，三晋联合讨伐楚国。郑繻公见韩国国内空虚，派相邦子阳大规模反攻韩国，一直攻到了韩国阳翟（河南禹州），子阳在城下大败韩军，包围了阳翟。

从这个态势看，鹿死谁手尚未可知。

不料，楚国再次攻打郑国。公元前398年，在楚人的逼迫下，郑繻公处死了立有大功的相邦子阳，国内哗然，臣子和百姓都非常寒心。两年后，子阳余党哗变，杀死郑繻公，另立国君郑康公。

公元前375年，韩国彻底吞并了郑国，迁都新郑。

这时的韩国充满了活力，不仅领土大为增加，武器制造业也很发达。棠溪、墨阳、龙泉等名剑都产自韩国，韩国的弓弩也是天下闻名，"天下之强弓、劲弩皆从韩出"（《史记·苏秦列传》）。

韩国被称为"劲韩"。

如此"劲韩"，却是战国七雄中第一个被秦国灭掉的国家。

韩国吞并了郑国，领土大大扩张，但也继承了郑国容易被围攻的"体质"。

韩国处在中原腹地，被其他国家围得密不透风。赵国南下，楚国北上，齐国向西扩张，秦国兵出函谷关，都要通过韩国。所以，战国的韩国，同春秋的郑国是一个待遇，都是夹心馅饼。

在韩、赵、魏立国之初，三晋非常团结，韩国的发展环境也较为宽松。三晋初代国君去世后，三家关系逐渐演变为随机模式，可以用变幻莫测来形容。谁同谁联合，谁与谁互殴，全看眼前利益，看谁又有了新的想法，或是谁受了鼓动、裹挟。韩国的政治地理环境日益恶劣。

更糟的是内部条件也不好。

韩国农业基础薄弱，一年收上来的粮食，不够百姓两年用度，没有抗风险能力。

韩国的交通有先天缺陷。韩国境内东西南北的干道大致组成了一个

"卅"字形。如果有人扼制住几个关键点，韩国内部的联系就会被切断。

韩国是一个农业薄弱，国防先天不利，又处在兵家必争之地的国家，面临着列国窥测、诸侯攻伐的被动局面。

如果能重新统一晋国，韩国就能变被动为主动！

公元前369年（秦献公十六年），魏武侯去世，他的两个儿子公子罃与公子缓争夺君位，魏国发生内乱。公子缓逃亡赵国，请求赵成侯出兵帮他回国争位。魏国大夫公孙颀游说韩懿侯攻打魏国。

于是，韩、赵结成联盟，一起攻打魏国。三晋在浊泽（今山西运城）大战，韩、赵联军大败魏军，趁势包围了安邑。

占据绝对优势的情况下，韩、赵开始讨论如何处理魏国。

赵成侯说："杀掉公子罃，立公子缓，让魏国割地，我二国都可以得到利益。"

韩懿侯不以为然，他说："杀魏君，是暴行；割地而退，是贪婪。不如把魏国一分为二，使魏国弱小，不强于宋国和卫国，韩赵两国也不再有魏国之患。"

韩懿侯和赵成侯发生了分歧，双方固执己见，互不相让。

戏剧化的一幕出现了，韩军在夜色之下撤出了战场。赵军势孤，也撤走了。魏罃的安邑之围，解了。战后，魏罃杀死魏缓，自立为君，史称魏惠王，也称为梁惠王。

一次瓜分魏国，韩、赵再次壮大的机会就这样被错过了。司马迁都不禁感叹："若从一家之谋，则魏必分矣。"（《史记·魏世家》）

韩国、赵国又观察了一下四周，盯上了周天子的地盘。韩懿侯和赵成侯的气也都消了，又一同去打周王室。

周王室东迁后主要靠晋国和郑国做藩篱。如今晋国分裂，郑国没了，接力照顾周天子的魏国刚处理完内乱，还在喘息，没时间管周王室。周王室只得求和。

接着周王室又爆发了内乱。韩、赵两国帮助其中一方独立,把原本就弱小的周国,分裂成了西周、东周两个小国,周王室的力量更弱了。韩懿侯和赵成侯分裂周王室的时候没闹意见分歧,可能是吸取了打魏国的教训,常常在深夜后悔:"寡人当时怎么想的呢?"

公元前362年,韩、赵、魏之间爆发大战。魏国大败韩、赵联军于浍水北岸,生擒赵国大将乐祚,攻占了赵国的皮牢。

三晋内战,秦国渔翁得利,秦献公趁机派庶长国进攻魏国的少梁,魏将公孙痤被俘。战后,魏国把都城从安邑(今山西夏县西北),迁到了大梁(今河南开封)。

魏国迁都前后积极在中原开拓土地,还主导了三晋互换土地,尽量让领土相连,以便于管理。魏国在三晋中,依然保持着强势地位。魏国强大是因为率先变法,韩国要想在恶劣的地缘环境下生存,也需要做出改变。

韩昭侯在一次危机中发现了能主持改革的人,他就是法家学派代表人物申不害。

申不害,原是郑国京邑人,曾做过郑国小吏。韩灭郑后,申不害就成了韩人,还做了韩国的基层官吏。

一次,魏国讨伐韩国,兵临城下,形势十分危急,韩国君臣却束手无策。关键时刻,申不害站了出来。他建议韩昭侯持圭拜见魏王。"圭"是臣下朝见天子时所执的一种玉器。

申不害说:"我们不是喜欢做卑微的事,而不要国家尊严。如今想解除国家危难,最好的办法就是示弱。您执圭去拜见魏王,魏王一定会心满意足。其他国家会因此对魏国不满,同情韩国。我们虽处一人之下,却能赢得万人的支持。"

韩昭侯依言拜见了魏惠王。魏惠王非常满意,果然撤兵离去。这次危机解除后，申不害进入了韩国权力中心。他将带领韩国变法图强，也将为韩国衰落埋下隐患。

二、申不害改革

公元前354年，赵人正在经历立国以来最冷的冬天。魏国大军包围了邯郸，赵国派使者向楚国、齐国求援。楚国、齐国都决定"围魏救赵"。（详见第三章）

赵国处在危急之中，他昔日的兄弟，他的近邻韩国，也在做着抉择：是救援赵国，得一份厚礼；还是帮魏国，分一杯羹汤？

韩昭侯把问题抛给了申不害。

这是一次关键的测试，申不害能否得到国君的重用，就在此一答。他要确保万无一失。

申不害说："此安危之要，国家之大事也。臣请深惟而苦思之。"（《战国策·韩策一》）

申不害修刑名之术，擅长窥视人心，谋定而动。他找了两个平时爱提意见、爱说话的大臣，对他们说："二位都是国之辩士。为人臣者，说的话不一定被采用，只是尽忠心罢了。"

两位"国之辩士"深受鼓舞，同韩昭侯说了很多想法，提了很多意见。申不害在一旁观察韩昭侯的神色变化。在之后的应答中，申不害只拣韩昭侯赞同的意见去说，韩昭侯非常高兴。

"围魏救赵"故事结尾，韩军在襄陵击退了齐、宋、卫联军，魏国也扭转了战局。

这是韩国难得的高光时刻。

灭郑之后，韩国大部分时间无所作为。

从外部来看，三晋联盟破裂后，韩、赵、魏自谋生路，韩国打不过走下坡路的魏国，也打不过走上坡路的秦国，只能趁大国都忙的空当，去打劫小小的东周，占点地盘。

从内部来看，韩国的情形也很糟糕。

一是法令混乱。据《韩非子》记载，彼时韩国"晋之故法未息，而韩之新法又生；先君之令未收，而后君之令又下"。

二是内部斗争非常激烈，甚至发生了韩相被刺杀，连带着国君也意外被刺死的极端事件。斗争中，国君想重用的臣子被迫出走，只能依靠刺客报仇，却没有寻求国君的庇护。因为，国君也无法为他做主。

韩国必须要改变。

公元前351年，韩昭侯力排众议，任命申不害为相，开始改革。

申不害是法家三大代表人物之一，同商鞅、吴起齐名。商鞅变法让秦国崛起，吴起变法后楚国短暂强盛。

韩国会因申不害的改革而强大吗？

申不害重视农业，发展经济。选贤任能，整肃吏治，限制贵族特权，实行赏功任能的官僚制度，加强中央集权。

《史记》评价申不害改革："内修政教，外应诸侯，十五年。终申子之身，国治兵强，无侵韩者。"

这是韩国的黄金时代。

但，这个黄金时代并不美丽。

申不害改革提倡"术"治。

"术"治就是用人掌控人的方法管理国家。所以，申不害改革有法治，但重点没放在树立法的权威上。他主张通过操控人心，树立君主的权威，加强中央集权。

韩昭侯全面接受了申不害的思想。他是"术"治的优秀实践者，是一个操控人心的高手。

韩昭侯的一个使者在汇报工作时，谈起自己在国都的南门外，看到了黄牛犊在吃禾苗。韩昭侯叮嘱使者，此事绝对不要向外说。

随后，韩昭侯颁布了一条法令："正值禾苗生长的季节，禁止牛马进入田地。发现牲畜在田里吃禾苗，要及时上报。报的不符合实际情况，要重罚。"大臣们陆续上报了一些事件，但没有国都南门外牛犊吃禾苗的事。

韩昭侯批示："不全面，继续查。"

大臣们又去调查，果然发现了国都南门外还有牛犊在吃禾苗。大臣们非常震惊，国君竟然连这种小事都知道。于是，"皆悚惧其所而不敢为非"（《韩非子·内储说上》）。

我们再看几件事，感受一下当时的氛围。

有一次，韩昭侯准备洗澡，发现水里有瓦砾，他非常生气。可转念一想，尚浴（主管沐浴的官员）不至于如此失职。

韩昭侯问左右："寡人想把尚浴换掉，有合适的人替代吗？"

左右推荐了一个人。

韩昭侯把那人召来，第一句话就问："你为什么在寡人的洗澡水里放瓦砾？"

那人以为韩昭侯已经知道自己做的事，跪下来全招了："尚浴被罢免，臣就能取代他，所以在洗澡水里放了瓦砾。"

另一件事，与此大致相同。就是尚浴变成了宰人，即厨师。洗澡水变成了肉羹，瓦砾换成了生肉。往肉羹里放生肉的人是宰人之次，即帮厨。帮厨把生肉放在了肉羹里，想取厨师而代之，从帮厨升级为掌勺的主厨。又被韩昭侯一眼看穿。

又有一次，韩昭侯因酒醉睡着了，典冠路过，担心国君着凉，就给韩昭侯盖了件衣服。

韩昭侯睡醒后，问左右："谁给寡人盖的衣服？"

左右答："典冠。"

韩昭侯把典冠、典衣都治罪了。

因为：典衣失职，典冠越职。

申不害为确保权力集中在国君手中，极力控制臣子的权力扩张。

他要求臣子只能做职权范围内的事，绝对不可以越职办事。对不属于自己职权范围的事情，不能去"帮忙"，甚至知情了也不能讲。不越权，群臣就不能相聚为朋党，臣子的权力自然无法扩张，也就无法威胁国君了。

所以，失职的典衣、越职的典冠都要治罪。

国君总揽大权，考察臣子是否忠诚，对工作是否尽责，工作是否有成效，言行是否一致。考察时，国君"独视""独听"。管理上，国君以权术驾驭臣子。最后，达到国君"独断"的目的。

这就是韩国的"中央集权"。

在韩国当"公务员"，就像签了对赌协议，十分刺激。一言不合就会被罢官、下狱、割鼻、砍头。这个赌局，官员只能赢，不敢输。

因为，"越官则死，不当则罪"（《韩非子·二柄》），赌输的结果，他们无法承受。

所以，人人自危。

战战兢兢的官员们，唯唯诺诺，缩手缩脚，揣摩国君的意思，试探上级的想法。功夫都用在了琢磨人心、规避风险上。君臣之间钩心斗角，官场之上尔虞我诈。

韩国阴谋盛行，权术当道。国民性格因此改变，国人的气质被重新塑造。韩氏先祖的忠勇义气荡然无存，韩国初建时的活力也不见了踪迹，朝堂上充斥着防备、怀疑、算计。

因此，韩非评价"申不害不擅其法，不一其宪令，则奸多"（《韩非子·定法篇》）。

肉羹事件，洗澡水事件，典冠、典衣事件，禾苗事件，涉及什么领域呢？国君吃饭、洗澡、睡觉！都没有涉及重农、强兵的根本问题。禾苗事件涉及农业，韩昭侯的着力点却不在农业，而在对官员的控制上。

申不害改革，短期内的确取得了整肃吏治，国富兵强的成效。但是，舍本逐末只能短暂强大，韩国的富强注定无法持续。

就像一家公司，领导们不抓市场，不抓产品研发，不研究顾客需求，把主要精力放在了考核员工上，绩效考核表反复修订，最后人手厚厚的一本《绩效考核手册》。董事长起早贪黑站在电梯口看谁迟到、早退，拿小本记下来扣工资。总经理行踪飘忽不定地盯着员工的电脑屏幕，看员工是不是偷空购物、聊天。吓得员工不敢迟到早退，上班只能专心工作，一秒也不敢懈怠。

可时间一长，大家就会只做表面文章。领导走到哪里，认真工作的员工就在哪里。因为大家会互通消息，桌面上还会出现一些反光的用具。董事长的感情生活，总经理孩子哪天补课，都会成为员工的关注点。这就是上有政策，下有对策。看着管理得很好，业绩却总是平平。因为，产品没人研发，市场没人开发，主业没人下苦功夫去做了。然后，领导经过反思，又更新了一本绩效考核手册。这就是"术"治公司。

绩效应当考核，纪律也应当管，吏治更应该狠抓，但都应当是为"主业"服务。于国家来说，就是要为富国强兵服务。

申不害改革，成功把国君培养成了术治大师，使得群臣惊惧。

国君能用权术控制臣子，臣子也能用权术来争权夺利。帮厨在肉羹中放生肉，尚浴的候选人在洗澡水中放瓦砾，就是要用"术"为自己谋前程啊！

阴暗面多了，光明磊落的人就少了。

结果，韩国一直到灭亡，都没出现一位杰出的军事家，没出现一位知名的大将。秦国有白起、王翦；赵国有廉颇、李牧、赵奢；齐国有田单、孙膑、匡章；楚国有项燕；魏国有吴起；燕国有乐毅。只有韩国将军的名字，经常同战败记录一起出现。

这说明，韩国军事不行。

后来张仪游说韩王时，直言韩国一年收的粮食，不够两年吃的。

这说明，韩国农业也不行。

秦孝公和韩昭侯是同一时期的君主，商鞅变法和申不害改革也发生在同一时期，结果却是天壤之别。韩国想通过术治走捷径，在强悍的君主和相邦去世后，改革的成果注定无法延续，韩国的衰落已经不可避免。

三、无用武之地

公元前237年，秦王政发布逐客令，驱逐从各国来的客卿，其中一个客卿接到的却是处死的诏令，他就是郑国。

关中平原气候温暖，水源丰富，适合发展农业。但关中地区的降水分布不均匀，西多东少，南多北少。战国时，降水充沛的关中西部，渭河之南大多被开发成了良田。渭北地区因经常发生旱灾，还有大片地势低洼的盐碱地，很难开发。

如果能开发好渭北农业，秦国的粮食就能大幅度增收。

公元前246年（秦王政元年），水工郑国来到秦国。他对秦国君臣说自己可以让渭北的盐碱地变成千里沃土。当郑国的手指从地图上的泾水，坚定地滑向北洛水，相国吕不韦知道一个伟大的水利工程即将诞生。

那是一个夜晚，郑国在灯光下复核着各项数据，他要复盘所有的关键点。

第一个问题：自流灌溉。

泾水自仲山（今陕西泾阳西北）流出后，进入关中平原，河床逐渐展宽，形成了一个葫芦状的大弯道，被称为"瓠口"。

在仲山起一座拦河坝，就能同两面的山体围成一个水库，再从水库向西引泾水至瓠口（即筑坝拦水、蓄水引流）。以瓠口为渠口，引泾水沿北山南麓，由西向东过三原、富平等县，过大荔东南，最后汇入北洛水。渭北的地势西北高、东南低，灌溉总渠就能实现自流。水渠在渭北二级阶地的屋脊之上，地势高于两侧，利用自然地势，再凿支渠，支渠也能自流灌溉。

第二个问题：保证水量。

水渠要保证两岸4万余顷田地的灌溉，水量不足，就会断流。

若用拦河滚水坝把沿途的冶谷水、清水、浊水、沮水拦腰截断，抬高水位（即横绝工程技术），水渠经过时就能把小河的水资源收入囊中，增加灌溉总渠的蓄水量。这样灌溉总渠、灌溉支渠，就能同泾水、洛水、渭水、冶谷水、清水、浊水、沮水等一起构成一个全自动的立体灌溉蛛网，覆盖渭北平原。

凿渠的路线敲定，郑国还在继续思考。

第三个问题：盐碱地改良。

郑国要把渭北的"泽卤之地"变为适宜耕种的良田。

泾水含沙而且富有肥效。郑国要用原木、荆条制作框架，内置大卵石、块石制成石囷（一种水工构件），投入泾水中流，修筑石囷堰，降低泾水流速，把大粒粗沙沉积下来，让利于耕种的细沙随泾水进入水渠。

开渠灌溉时，细致的河沙、肥沃的淤泥随渠水覆盖在盐碱地上，泾水冲压也能降低耕土层中的盐碱含量（即淤灌压碱法），能起到改良土壤的奇效。

如此绝妙的设计，没有人会不动心。如此浩大的工程，也真的难下决心。

史料中没有郑国入秦的细节，抉择的过程是一段历史空白。

修建如此巨大的工程，需要倾举国之力。13岁的秦王政和执政的相国吕不韦，如果两人中有一人反对，工程恐怕都无法开工。他们表现出了伟大政治家的远略，决定委任郑国为总工程师，开始凿渠。

大约10年后的一天，在工程收尾之际，秦人发现郑国竟然是韩国的间谍。他入秦是为了"疲秦"，让秦国投入巨大的人力、物力、财力修建水渠，减缓向东扩张的步伐。

郑国是一个成功的间谍。

多少秦人在渭北平原上从烈日炎炎劳作到冰雪漫天，又劳作到春花烂漫。10年之间，秦国花费了巨额钱财。水渠的设计规模异常庞大，原来竟是为了让秦国疲惫，真是可笑至极。

秦王政的愤怒可以想象。大致在此前后，他还罢免了相国吕不韦，他要把这些可恶的客卿驱逐出秦国。

郑国不在被逐之列，因为间谍要被处死。

"中作而觉，秦欲杀郑国。"（《史记·河渠书》）九个字，字字杀机。

同年，李斯上《谏逐客书》，力劝秦王政收回逐客令。秦王的思想有了转变，他重新思考了客卿同秦国的关系，也思考了水渠对秦国的价值。

在郑国引颈待戮之际，秦王政召见了他。

郑国说："始臣为间，然渠成亦秦之利也。臣为韩延数岁之命，而为秦建万世之功。"（《汉书·沟洫志》）

没错，"渠成亦秦之利也"。

秦王让间谍郑国继续主持开凿水渠的工作，让郑国为渭北的秦国百姓凿一条可利万世的水渠。

水渠终于建成了。

随着一声"开渠",泾河水流向渭北 4 万余顷土地,灌溉了 115 万亩农田,盐碱地变成了良田,土地产出翻倍增长,关中再无旱涝之忧。《史记·河渠书》评价:"于是关中为沃野,无凶年。"

秦国更加富有强大,加快了吞并列国的步伐。为铭记郑国的功劳,秦王把水渠命名为郑国渠。

郑国是一位功垂大地、造福千秋的伟大工匠。

从古至今,人们都在问:如此优秀的科技人才,韩国自己为什么不用,却主动输送给秦国?

郑国入秦前的 100 年,就是韩国被动挨打的 100 年。

《史记》中对韩昭侯、韩宣惠王在位时期有关战争的记载如下。

韩昭侯时期:

元年(前358),秦败我西山。

二年(前357),宋取我黄池。魏取朱。

六年(前353),伐东周,取陵观、邢丘。

二十四年(前335),秦来拔我宜阳。

韩宣惠王时期:

八年(前325),魏败我将韩举。

十四年(前319),秦伐败我鄢。

十六年(前317),秦败我修鱼,虏得韩将宧、申差于浊泽。

除了攻打东周那次,全是被动挨打,全是败仗。只在申不害相韩那段时间,没有挨打。《史记》郑重地记了一条:"国内以治,诸侯不来侵伐。"太史公感叹韩国终于不挨打了!申不害去世两年后,秦国就攻占了宜阳。

公元前 317 年,秦国在修鱼大败韩军,俘虏两员韩国大将。修鱼在今河南原阳,距离新郑很近,韩国君臣商议对策。

相国公仲说:"盟国都不可靠。秦国想讨伐楚国很久了,大王不如通过张仪，同秦国议和。给秦国一座名城，帮着秦国去攻打楚国。失去一座城，可以得到两个好处，既能避免秦国的继续攻打，还可以在讨伐楚国的时候得点实惠。"

韩宣惠王于是派公仲同秦国求和。

楚国得到了消息，也苦思对策。谋士陈轸建议把战车都开出来，占满道路，大造声势，扬言楚国即将出兵援助韩国。再派使者，多带车，多带钱，去拜见韩王。他说如此一来，韩王一定会感激楚国，就不会再帮助秦国攻打楚国。即使跟着秦国出兵，也必然不肯用心。

楚国使者对韩宣惠王说："楚人将以死助韩。"

韩宣惠王大为感动，而且他认为秦国才是心腹之患，能同楚国一起击败秦国，对韩国有利。

韩宣惠王决定停止同秦国议和，要同秦国决一死战。

相国公仲说："不可。真攻打我们的是秦国，以虚名救我们的是楚国。大王轻信楚国的谎言，同秦国为敌，会被天下所耻笑。"

公仲已经预料到同秦国开战的结果必然是惨败。

公仲继续劝说："楚、韩非兄弟之国，也不是旧有约定，要一起讨伐秦国。楚国是听到了要被攻打的消息，才说要救韩国，这必是陈轸之谋。而且大王已经派人送信给秦国说要求和，现在反悔，是欺骗秦国。轻信楚国，臣担心大王一定会后悔。"

韩宣惠王不听劝阻，中断了同秦国议和的进程。

秦国大怒，"益甲伐韩"（《史记·韩世家》）。

楚国满街的战车一辆都没来，楚王一兵一卒都没派。韩国以一国之力力战秦国，在岸门被秦军打得大败。韩宣惠王只得派太子仓入质秦国求和。

楚国、韩国双输。

岸门一败，韩国主昏军弱。但责任不全在韩国。韩王已经意识到秦国才是最大的敌人，可其他国家还不这么想，他们各有打算。韩国想合纵伐秦，却遭到了楚国的欺骗。韩国自身的力量又无法对抗秦国，无可奈何之下，只能去做秦国的盟国。

所以，韩国明知道帮秦国是害自己，却不得不帮秦国。韩国也知道割地会让自己变得弱小，他也不得不割地求和，割地至少还能喘口气，不割地就要一直被秦国攻打。

楚国看似机智，其实是把自己的盟友推给了秦国。公元前312年，韩国跟随秦国攻打楚国，秦军在丹阳斩杀了楚军8万。楚国力量大为削弱。

秦国又是最大的赢家。

韩宣惠王是韩昭侯之子，他即位时申不害变法的基础尚在，他都没法同秦国对抗，也无法获得其他国家的支持。他之后的国君面临的形势只会更加糟糕。

随后的韩襄王时期，韩国丢失了门户重镇宜阳（今河南省宜阳县西），被秦国名将甘茂斩首6万。之后又丢失了武遂、穰。

之后的韩釐王时期，韩魏联军24万人在伊阙被白起全歼，伊阙血流成河。之后，宛邑被占。韩国割了200里土地给秦国。

等到韩桓惠王即位时，秦国吞并六国的趋势已经明朗。

秦国断绝韩国太行道，攻占了野王（今河南沁阳）。

野王是韩国的交通要冲，失去野王，韩国新郑同上党郡17座城之间失去了联系。韩国只能把上党献给秦国。上党郡守冯亭和百姓宁死也不降秦，请求归入赵国，派使者到邯郸求援。中国古代最大的战争长平之战爆发，秦赵两国投入了巨大的兵力，最后白起大败赵军，赵国45万人死在了长平，一蹶不振。（详见第一章）

韩国战略要地尽丧，毫无还手之力，只能坐受屠戮。

无可奈何之下，韩桓惠王派水工郑国入秦为间，希望可以拖慢秦国灭韩的进度。韩国的愿望从诸侯不再打我，变成了秦国晚几年灭我。为现实所迫，一国之君的想法也只能如此卑微。

韩桓惠王必须选一个绝对优秀的人才，也必须拿出一个绝妙的施工计划，工程建成后也必须对秦国大有裨益，唯有如此，才能让秦国信服郑国。

所以，郑国是真的间谍，郑国渠也是真的惠秦工程。

这时的韩国已经沦为秦国的附属国。

韩非感叹"韩入贡职，与郡县无异也"（《韩非子·存韩》）。

韩非，法家学派代表人物，战国时期伟大的哲学家、思想家，一位才华横溢却生不逢时的韩国公子。如果他能生在韩哀侯、韩昭侯时期，韩国或许还能够多延续几十年寿命。韩非出生的时间太晚了，史书没有记载韩非是哪位韩王的儿子，只说他是"韩诸公子"。

韩非屡次上书给韩王，意见都没有被采纳，他退而著书立说。韩非写的书在列国流传，也传入了秦国。

一天，秦王政读到了《孤愤》《五蠹》，那些冷峻如刀的入骨分析，让秦王政惊叹："嗟乎，寡人得见此人与之游，死不恨矣！"（《史记·老子韩非列传》）

李斯和韩非都是荀子的学生，两人都是儒家学派教出来的法家集大成者。李斯告诉秦王，这是韩非著的书。

公元前233年（韩王安六年、始皇帝十四年），秦国再次攻打韩国，韩国派韩非出使秦国，韩非就留在了秦国，实际也是做间谍。韩非要尽力延续韩国的生命，就像医生已经下了病危通知书，可患者的家属还坚持要治疗，哪怕能延续一天的生命，家属都不想放弃。

韩非是韩国的公子，保护韩国是他的本能。

李斯因此不能容忍韩非的存在。学说各异，政见不同，都可以讨论。政治立场不同，就很难共存。如果再加上嫉妒之心，那可能还要给老同学送上一份毒药。

秦灭六国已经是箭在弦上。第一支箭瞄准的就是韩国。秦王政要灭韩国，李斯也主张先灭韩国。除了军事进攻，秦国还使用了外交战术。

当时燕、赵、吴、楚四国准备合纵攻打秦国，秦王政派姚贾携带重金，游说诸侯，成功破坏了四国合纵计划。秦王政非常高兴，赏赐姚贾一千户食邑，封为上卿。

韩非指责姚贾出使三年时间，订立的盟约却未必可靠。质疑姚贾借秦王的权势，用秦国的宝物，私自结交诸侯。接着韩非又揭了姚贾的老底，说他是"世监门子，梁之大盗，赵之逐臣"（《战国策·秦策五》），认为重赏这种人是不利于鼓励群臣的。

韩非在秦国自身难保，他应该左右逢迎，明哲保身。但是，姚贾收买各国，破坏合纵，于韩国不利，他无法置身事外。

秦王于是召见了姚贾提出疑问。

姚贾首先反驳了对他忠诚度的质疑："臣虽然忠于大王，可大王并不了解臣。假如臣不让四国归附于大王，还能让他们归附于谁呢？假如臣不忠于大王，那四国国君又怎么会信任臣呢？"

姚贾又反驳了对他出身的质疑："姜太公、管仲、百里奚、中山盗皆为低贱之人，背负广为天下所知的恶名，可是明主重用他们，知道他们能为国家建立不朽的功业。明君不计较臣子以前的身份、罪过，不听信诽谤，考察他们的才能，为自己所用。"

他指出："对于能保全社稷的人，虽然有外来的诽谤也不听；对于有高出世人的名声，对国家却没有尺寸之功的人，也不赏赐。如此，群臣就不会有不合理的虚望了。"

名声高，又没为秦国立功的人，这就是指韩非啊！

李斯、姚贾都对秦王说："韩非是韩国公子，大王要吞并诸侯，韩非只会为韩国考虑，不会为秦国考虑，这是人之常情。现在大王不能用他，久留恐成祸患，不如早点以法诛之。"

秦王认为他们说得有道理，就把韩非抓进了监狱。李斯立即派人给韩非送了毒药。韩非想面见秦王，却见不到，只好服毒自尽。后来，秦王因爱惜韩非的才华改变了主意，派人到狱中去赦免韩非，可是韩非已死。

公元前230年（始皇帝十七年），秦军攻入新郑，俘虏了韩王安，韩国灭亡。

此时距韩非去世仅有3年，距郑国渠建成也不到10年。

历史或许从未眷顾过韩国。

韩国国内常有水患，韩国的水工因此积累了丰富的治水经验，才有土壤培养出卓越的水利专家郑国。

韩国的国土主要在今山西南部和河南北部。山西省内大部分是山区，河南北部有太行山余脉，西部则是秦岭余脉。韩国想发展农业太难了。

没有粮食，也就没了底气。

郑国能帮秦国改良渭北平原的盐碱地，却没法帮韩国把山地铲成平原。

韩国想联合诸侯抗秦，诸侯却把韩国当"肉垫"。韩国诞生在四战之地，注定了四面受敌，在外交上只能左右摇摆。仅仅因信任了楚国一次，韩国就付出了惨重的代价。韩国，没有坚定的条件。

或许不是韩国选择了术治，而是术治选择了韩国。

或许韩国的命运，在立国时就已经注定。这是一个处在四战之地的小国的悲哀。

第三章

魏国：辉煌与落寞

一、河西之地

打开中国地形图，在今关中东部，黄河同北洛河之间有一个三角地带。这个地带在战国时被称为"河西之地"，一直是秦晋争夺的焦点。魏氏因据有河东之地，接力晋国同秦国展开了河西争夺战。

公元前429年，赵襄子去世，魏文侯（魏斯，时为魏氏宗主）继任为晋国正卿。10年后，魏文侯命人在黄河西岸营建少梁城（今陕西韩城市南），在河西之地钉了一颗楔子。

此时魏氏处于攻势。

公元前413年，魏军大败秦军，一直攻打到郑邑。次年，魏太子击（魏武公）攻占了繁庞城。秦军虽败，魏氏想彻底占领河西之地，却不容易，占领之后，想守住也很难。

魏氏急需一个军事人才，打得下，也守得住。

魏文侯招贤纳士的贤名，吸引了一个军事奇才——吴起。

吴起被称为"兵家亚圣"，地位仅次于孙子，在《史记》中同孙子合为一传。此时，他还是个普通人，唯一的成绩是在鲁国打了一次胜仗。

李克欲扬先抑地推荐了吴起，他说："吴起贪名而好色。但是，要论用兵，齐国的名将司马穰苴也不能同他比。"

春秋末期，齐国受到晋、燕两国攻击。因大夫晏婴举荐，齐国以司马穰苴为将。司马穰苴秉公执法，治军有方。晋军、燕军闻风而逃。司马穰苴趁势追击，一战收复了所有失地。这是不战而屈人之兵。

司马穰苴的著作《司马法》是武经七书之一。他"文能附众，武能威敌"，李克说司马穰苴不如吴起，这是极高的评价。

魏文侯于是封吴起为将，经营河西之地。

公元前 409 年和公元前 408 年，吴起连续攻占了秦国的临晋、元里（均在今陕西境内）等城。吴起长驱直入到崤函古道的西端，攻打秦国东出通道上的郑邑（今陕西渭南），占领了秦国全部河西地区。

魏国设立西河郡，以吴起为郡守。

魏国的政治核心地带同秦国之间有了战略缓冲区，还能以西河郡为基地威胁秦国。秦国军事压力大增。为了加强防守，秦国沿北洛河修筑防御工事，还新建了一座重泉城。

吴起攻打秦国的过程，《史记》的记载极为简略，《魏世家》中只用了 12 个字："西攻秦，至郑而还，筑洛阴、合阳。"《吴起列传》更简略："击秦，拔五城。"

五个字，五座城。

仅仅两年时间，吴起是怎么做到的？

吴起在河西地区进行了军事改革，打造了中国历史上第一支重装步兵——魏武卒。

据《荀子·议兵》记载，吴起要求魏武卒"衣三属之甲，操十二石之弩，负矢五十，置戈其上，冠胄带剑，赢三日之粮，日中而趋百里"。

防御上，魏武卒全部佩戴坚硬的头盔，穿戴可以保护全身的甲胄。春秋战国时，士兵的披甲率普遍不高。刘永华在《中国古代军戎服饰》中说："古代由于生产力不发达，铠甲制造一直跟不上军队的需要，秦始皇兵马俑向我们揭示了一个事实，即使强大如秦朝，军队的大多数战士仍然不能装备铠甲，只能依靠这种絮衣来防身护体，到南北朝时期，这种现象依然没有较明显的改变。""军队的官兵能普遍使用甲胄来护身，一直要到北宋才初步实现，而官兵在铠甲的质量上仍相差甚远。"

因此，史书一般会单独记录一次战役中"甲士""铠"的数量。"重甲"

的防护能力强，造价高，只能给精锐中的精锐使用。

魏武卒身披重甲，相当于穿了防弹衣。

进攻上，魏武卒配备戈、剑、12石弩和50支弩箭。

戈、戟、矛等长兵武器，常用于军阵对决；剑是短兵武器，一般用于近战防守，从秦始皇陵兵马俑出土情况推测，当时士兵的配剑率并不高；弩的优势在于威力大，射程远，防守、攻城都有广泛使用。居延汉简中记录了八种弩，以弩弦张力的强度区别为一、三、四、五、六、七、八、十二石。魏武卒配备的十二石是弩弦张力最大的"重弩"，拉力高达720公斤，需要很强的臂力、很好的技术才能灵活使用。

可以说，魏武卒是顶级配置的战国步兵。

魏武卒的考选和训练极为严苛。

吴起要求魏武卒在全副武装的情况下，携带3天的作战粮草，半天之内急行军百里（约合今41.5千米）。这个行军速度足以执行"闪电战"。

如此严苛的考核，身体素质一般和心理素质不行的人，都会被筛出去，留下的只有意志坚强的壮汉、硬汉。

吴起强调平时训练的作用，他认为"用兵之法，教戒为先"（《吴子》）。

到实战中，长途奔袭时为提高行军速度，士兵会换上轻甲，甚至脱掉铠甲，丢下不容易携带的武器、辎重，只带必要的武器装备和口粮。魏武卒训练时要求着重甲，携带全部装备，远程高速行军，到实战时的机动性将会更强。

吴起爱兵如子，深得士兵爱戴。

他睡觉不铺设床席，行军的时候不骑马乘车，自己背口粮，与地位最低的士卒吃的一样、住的一样。攻打中山时，有一个士卒生了痈疽，吴起亲自为他吸脓。士卒的母亲知道后哭着说："往年吴公为他的父亲吸吮疽疮，他父亲大战的时候拼死向前，战死了。现在吴公又为我的儿子吸吮疽疮，我不知道，他会死在哪里了。"

试想一下，一支军队可以在半天之内到达一座毫无防备的目标城池，埋伏在附近吃饱、睡好，再发动突然袭击。攻城期间还有两天的口粮储备。前后三天的时间足够后续部队、补给部队赶到战场。他们作风强悍，作战勇猛，装备精良，对主帅信任，对国家忠诚，愿意出生入死。成为他们中的一员，就代表着荣誉。

那一定是一支无往而不利的虎狼之师。

据《吴子·图国》记载，吴起"与诸侯大战七十六，全胜六十四，余则钧解。辟土四面，拓地千里，皆起之功也"。

吴起一生没有败绩。

魏武卒是一支常备军。这些青壮年不种地，不做工，完全脱离生产，不创造社会财富，由国家供养。重甲、铁剑、重弩等精良装备的造价都很高昂。

武备竞赛的基础是经济。养魏武卒的钱从哪里来？或者问：魏国为什么养得起魏武卒？

因为，魏国在战国开变法之先河，先富起来了。

魏文侯任用李悝主持变法。

李悝是战国初期法家的始祖。因记录李悝思想的《李子》已经失传，我们仅能通过传世文献，大概了解一些李悝变法中农政和刑法方面的措施。

农业上，李悝主张"尽地力之教"。

农业是立国之本。魏国地少人多，只有充分开发土地潜能，调动百姓积极性，才能提高粮食产量。

为此李悝做了三项规定。

一是同时种植稷（小米）、黍（黍子）、麦、菽（大豆）、麻（桑科，结的籽是古人重要的粮食）五种粮食作物。防备某一种粮食作物遭遇灾害，百姓无粮可吃，发生饥荒。

二是在房屋周围栽果树、桑树，菜园里要多种蔬菜，田地的空隙要多种瓜果。充分利用空闲土地，提高农副产品产量。

三是尽力促使农民努力耕作、勤于除草，加强田间管理，精耕细作提高产量。到了收获季节，就像强盗要来打劫一样，加紧抢收，确保粮食安全收获。

经济上，实行"平籴法"。

粮食的产量提升后，价格就会下降。李悝认为粮食价格太便宜，农民就会入不敷出，国家也会贫困；反之，粮食价格太贵，城市的居民也负担不起，就会流亡他乡。所以，粮价无论太贵太贱，都会导致一部分百姓的生活陷入困境。

李悝把好年成、坏年成各分为上、中、下三等。丰年，政府按等级用高于市场的价格，从百姓手中收购一定数量的余粮。灾年，政府按等级平价售出一定数量的粮食。如此做，就避免了粮食价格暴涨暴跌，"使民无伤而农益劝"，"虽遇饥馑水旱，籴（买米）不贵而民不散"（《汉书·食货志》）。

"平籴法"有利于巩固农业基础，从而富国强兵。

法制上，李悝制定了《法经》。

《法经》是我国第一部比较系统的法典，分为盗法、贼法、囚法、捕法、杂法、具法六篇，原文已经失传，十分可惜。我们只能从其他文献中努力寻找它的只言片语。《法经》保护百姓的人身安全、私有财产安全，维护社会秩序。据说后来商鞅入秦，就带着李悝的《法经》。《秦律》《汉律》都是以李悝《法经》为基础编纂而成。

当时，魏国中央设置了统领百官的相、将等官职。郡县由中央派出守、令等官员进行管理。封君在食邑内只享受衣食租税，百姓的管理权被收归中央。

魏国率先变法，成为战国第一个崛起的国家。

全部占领河西之地后，魏文侯又派乐羊、吴起攻灭了中山国，列国无不侧目。

二、百年霸主

赵无恤去世后，三晋中实力最强的赵氏发生内乱，赵氏衰落。魏文侯雄才大略，赢得了韩、赵的尊重，成为三家的新盟主。

公元前405年，齐国田氏家族内斗，引发齐国内乱。魏文侯带领魏、赵、韩三家攻打齐国，在廪丘杀死齐国大将，俘虏战车2000辆，3万齐国士卒陈尸沙场。三晋联军攻入齐国长城，俘虏了齐康公（姜姓）。三晋挟持着齐国国君，觐见天子，给周王室施压。公元前403年，三晋获得周威烈王正式册封，列为诸侯。

魏文侯在三晋联盟中发挥了主导作用。

据说，赵氏和韩氏都想为难对方，韩氏找魏氏借兵，魏文侯说："寡人和赵是兄弟，不能从命。"赵氏也同魏氏借兵，魏文侯说："寡人和韩是兄弟，不能从命。"韩、赵两家没借到兵，都很生气。后来他们得知魏文侯也没有借兵给对方，都去朝拜魏文侯，魏文侯由此确立了在三晋中的领导地位。

晋国分裂为韩、赵、魏后，丧失了超级大国的压倒性优势。如果三家内斗，韩、赵、魏的未来很难预料。如果三家团结一致，那就是"诸侯莫能与之争"（《资治通鉴》卷一）。

魏文侯是一位深谋远虑的战略家，他俯瞰全局，运筹帷幄，促成了三晋联盟，形成了强大的合力。三晋得以在中原发展势力。

魏文侯在位时，三晋处于优势地位。

但没有永远的朋友，只有永远的利益。三晋联盟迟早会出现裂痕。魏国必须壮大自己的力量。魏文侯在经济、政治、军事等领域进行了全方位的改革。改革需要大量人才，中央要有人做顶层设计，地方要有人执行新政，因地制宜地管理。军事科技的创新，手工业的发展，商业的经营都需要人才。

上古时代，在贵族和平民之间出现一个夹层：士人。

"士"原是贵族的一个等级。这些"基层"贵族在社会发展中失去了特权，地位同平民无异；同时因生产力的发展，一部分平民变得富有，他们的地位向上跃升。

先秦的贵族分为四个等级：天子、诸侯、大夫、士。秦汉的平民分为四个等级：士、农、工、商。春秋战国正是"士"从贵族的最后一个等级，向平民的最高等级滑动的时期，僵化的等级被打破，社会迸发出新的活力。

士人包括文化精英和各种技能人才，武士、谋士、策士、文士、术士、方士、侠士、技艺之士、商贾之士，他们游走于列国之间，寻找舞台施展才华，实现抱负。

魏国的李克提出"食有劳而禄有功，使有能而赏必行，罚必当"（《说苑·政理》）。通俗地讲，就是劳动才能获得收入，为国家立功才有工资赚，俸禄按劳、按功发放。通过政治改革，魏国把贵族垄断的做官的权力收归国君统一管理。

地方官员由君主任命，实行俸禄制，这为士人为官建立了通道。

魏文侯尊儒礼贤，他拜孔子的学生子夏为老师，对田子方（子贡弟子）、段干木（子夏弟子）都以师事之。魏国在西河建立学堂，子夏开坛讲学，天下士人蜂拥而至，形成了西河学派。西河学派诞生了众多的政治家、军事家。

吴起就是在这样的背景下被吸引到魏国，得到重用，建立功勋。吴起攻占河西之地后，魏文侯亲自为他布菜，文侯夫人亲自倒酒，在太庙中拜吴起为大将，镇守西河郡。

士人在魏国得到了国君尊重，功绩受到嘉奖，社会地位提高，荣誉感油然而生。任人唯贤的政治环境，吸引各国贤才到魏国效力。他们贡献才华，建立功业，获得名利。

魏国因此强大。

魏文侯去世后，魏武侯把战略重点放在了中原，四面出击，均大有斩获。

公元前391年（魏武侯五年），魏武侯率领韩、赵、魏三国联军大举进攻楚国，深入楚国腹地，攻占了楚国军事重镇大梁（今河南开封）和襄陵，楚国举朝震恐。

两年后，秦军反攻河西，吴起率领5万魏武卒，在阴晋城外大败50万秦军，威震关中。

魏武侯去世后，魏惠王即位，魏国的国力仍在上升。

据苏秦估计，魏国有"武力二十余万，苍头二十万，奋击二十万，厮徒十万"（《战国策·魏策一》）。在文侯、武侯、惠王三代，魏国的霸业非常兴盛。

危机也在悄然袭来。

魏文侯去世后，魏国的人才流失非常严重。

战国，毕竟还是贵族社会，打破身份等级偏见非一日之功。士人想得到国君的信任非常难，因为谗言和小人从不会缺席。

在乐羊攻打中山国时，中山国国君把他的儿子做成肉羹，送给乐羊。乐羊坐在营帐中喝了一杯。乐羊攻下中山国后，有人对魏文侯说："乐羊能吃儿子的肉，谁的肉不能吃？"

士人没有贵族身份庇护，一旦失去国君的信任，就再无用武之地，还可能有杀身之祸。所以，他们所侍奉的国君或者主人就至关重要。

而明主从来都是稀缺资源。

魏武侯即位后任命商文为相邦。

吴起在魏国二十几年,他自认为有能力和资历出任相邦,而且他的理想就是做相邦。

吴起问商文:"统率三军,使士卒舍生忘死,让敌国不敢图谋,您比吴起如何?"

商文答:"我不如您。"

吴起问:"治理百官,使万民亲附,充实国库,您比吴起如何?"

商文答:"我不如您。"

吴起问:"镇守西河使秦军不敢向东进犯,韩国、赵国宾服,不敢妄动,您比吴起如何?"

商文答:"我不如您。"

吴起问:"这三项您都不如吴起,地位却加于吴起之上,这是为什么?"

商文答:"国君年少,国人疑虑,大臣不服,百姓不信,当此之时,把朝政托付给你,还是托付给我呢?"

吴起默然良久,说:"托付给您。"

《史记》中说吴起这才知道自己不如商文。

吴起是改革者,商文能稳定国家,国君刚刚即位,需要稳定,不适合变革。吴起决定再等一等,等到国君不再年少,国人不再疑虑,大臣和百姓都信服宾从。他一直等到商文去世,魏武侯又选了新的相邦公叔。公叔的妻子是魏国公主。

此时,变法先驱李悝已经过世,吴起是两朝老臣,经验、资历、能力都足以胜任相邦之位。可魏武侯就是不用吴起。而且,还有人想把吴起挤对出魏国。

公叔家的仆人说:"让吴起离开魏国很容易。"

公叔问:"为什么?"

仆人说:"吴起为人简朴廉洁而且注重名声。君上如果先同国君说:'吴起是难得的贤才,而魏国是小国,又同强秦接壤,为臣常常担心吴起会离开魏国。'如果国君问:'怎么办?'君上就说:'不如把公主嫁给吴起,如果吴起愿意留在魏国,一定会接受公主;如果吴起想离开,他一定会推辞。用这个办法试一下就知道了。'君上再把吴起请到府中,请公主同君上演一出双簧,让吴起见到公主轻贱君上的样子,那吴起一定会拒绝同公主成婚。"

公叔依计而行,吴起果然上当了。

当魏武侯提出把公主许配给吴起时,吴起吓坏了。他想到公叔在家里的窝囊样,觉得魏国公主都是母老虎,国君家的女人坚决不能娶。吴起拒绝了魏武侯。魏武侯从此不再相信吴起。吴起担心再待下去会获罪,就离开魏国,去了楚国。这是《史记》记载的版本。

在《吕氏春秋》中,魏武侯听信大臣王错的谗言,召吴起离开西河郡返回国都,导致吴起离开了魏国。

不管哪个版本是真,能让吴起离开魏国的只有魏武侯。王错进谗言,国君可以不信;吴起拒绝娶公主,那就再想别的笼络之法。只要国君看重人才的价值,就不会轻易让人才流失掉。

魏武侯做太子时,有一次在都城的街道上遇到了田子方。魏文侯敬重田子方,以田子方为师,所以魏武侯在路旁避让,向田子方行礼。

田子方坐在车子上,故意不理太子。

魏武侯非常生气地说:"富贵的人可以骄傲,贫贱的人有什么傲慢的资格?"

田子方说:"正是因为贫贱才可以傲慢,富贵之人不敢傲慢。国君傲慢,就会亡国;大夫傲慢,会失去封地。贫贱之人傲慢有什么可以失去的呢?言不用,行不合,穿上鞋子就可以离开,哪里又得不到贫贱呢?"

魏武侯如同醍醐灌顶，向田子方拜谢后才离开。

田子方是要提醒太子，礼贤下士才能留住人才。国君以富贵骄人，士人就会离开魏国。春秋战国时期，人们认为整个天下是一个整体，人才在各国间流动，没有障碍。不要签证，也不用改国籍，穿上鞋子走过去就行了。

魏国的相邦多数是本国宗室，他们从未真正信任过贫贱的士人。就连魏文侯都曾放弃了平民出身的翟璜，任命弟弟魏成子为相。

公叔、王错可能都是在替国君背黑锅。

2000多年前的一天，吴起在岸门（今山西河津）停车遥望西河郡，那是他为之奋斗了20年的热土。

吴起潸然泪下。他的仆人说："我观察您的心意，知道您放弃天下如同丢弃一只鞋子。今天离开西河却哭了，这是为何？"

吴起说："你不懂。国君如果信任我，再过几年魏国定能称王天下。国君信了谗言，不信任我。西河不久就要变成秦国的土地了，魏国从此就要削弱了。"

吴起离开魏国，去了楚国帮楚悼王主持改革。几年后，楚军就打败了魏国军队。还有一个人，在离开魏国后，指挥军队大败魏军主力，让魏国由盛转衰，甚至改变了战国的格局。

他就是孙膑。

三、一蹶不振

事实上，魏国的地缘政治环境非常差。

杨宽在《战国史》中说："（魏国）领土较为分散，其主要地区为今山西省西南部的河东和今河南省北部的河内，以今山西省东南部的上党为交通孔道。四周和秦、赵、韩、郑、齐、卫接界。"

魏国同韩国一样处在"包围圈"中，而且领土分散，不利于管理。魏国东西部之间的联系要通过韩、赵之间的一个狭长地带，很容易被切断。

所以，魏国强大的时候可以四面出击，一旦露出破绽就会四面受敌。

而且，魏国的邻居们也不好惹。

秦献公即位后迁都栎阳，励精图治，反攻河西之地。韩、赵在魏武侯去世后介入魏国内战，三晋之间关系恶化，魏国东西部之间的联系随时可能被切断。

公元前 361 年，魏惠王（魏武侯之子）把都城从安邑迁到了大梁。

迁都前，魏国已经取得今河南中部地区。迁都后，魏国既能避开秦国对其政治核心的威胁，又能适应在中原扩张领土的需求。另外，在魏惠王即位之前，魏国爆发过内乱，迁都能削弱反对势力影响，巩固自身统治。

迁都前后，魏惠王通过军事、外交等手段极力在中原开拓土地。他同韩、赵互换土地，尽力把分散的土地连成一块。依靠强大的军事力量，魏惠王获得了太行山的重要通道轵道和郑鹿（白马口）。

为防备秦国进攻，魏国还在西边修筑长城。从秦筑长城防备魏国，到魏筑长城防备秦国，攻守位置已经转换。

国际形势也发生了重大变化。

这时，魏国经过李悝变法，赵国经过公仲连改革，韩国经过申不害改革，齐国经过邹忌改革，秦国经过商鞅变法，都形成了中央集权的国家。楚国的吴起变法虽然中断，但也取得了一定效果，而且楚国是老牌强国，国土辽阔，实力不容小觑。燕国也开始崭露头角。

于是，齐、楚、燕、韩、赵、魏、秦七个国家割据称雄的局面形成了。

诸侯结盟、会面、田猎，外交活动空前频繁。各国竞相争取盟友和小国的依附，以扩大势力范围。

同时，各国对土地、人口、赋税的争夺更加激烈，投入战场的兵力越来越多，战争的惨烈程度愈加强烈。

魏国人才流失的恶果也在发酵中……

孙膑和庞涓曾一起学习兵法，后来，庞涓在魏国崭露头角，得到魏惠王赏识，被拜为上将军，统领魏国军队。

庞涓有能力，也有极强的个人野心。他认为孙膑的才能在自己之上，如果为他国所用，对魏国是巨大的威胁。如果受魏王重用，对自己的地位会造成威胁。庞涓坐立难安，决定设计除掉这个"隐患"。他邀请孙膑到魏国同他一起辅佐魏王。

孙膑欣然前往，结果惨遭庞涓设计陷害，被施以黥刑和膑刑。

"黥刑"是用墨在人脸上刺字，不论走到哪里脸上都带着"政审不合格"的招牌，受刑的人不能再从事正当的职业。"膑刑"是一种挖掉人膝盖骨的残酷刑罚，孙膑受刑后再也无法行走。孙膑是"兵圣"孙武的后人，他学习兵法，志在率领军队，建功立业。如今他双腿残疾，如何再带兵打仗？

孙膑人生理想的大门，被庞涓用卑劣、恶毒、阴狠的手段关闭了。

孙膑受刑后，被囚禁在魏国，他重度残疾，无法自行逃离。他度日如年，却不甘心就这样无声地死去。一直等到齐国使者出使魏国，才把孙膑救回了齐国。

此时，齐国正值齐威王当政，国势正盛。

孙膑到齐国后，得到大将田忌的赏识，对他非常礼遇。

当时的齐国贵族很喜欢赛马，赛马的赌注很大。田忌赛马总是输，孙膑观察到田忌的马同其他人的马差别并不大。

孙膑就对田忌说："君上下一个大的赌注，臣能让君上赢。"

田忌依言下了非常大的赌注。

当时齐国赛马采用三局两胜制，参赛的马匹被分为上、中、下三等。孙膑让田忌用下等马对别人的上等马，上等马对中等马，中等马对下等马。最后田忌两胜一负，胜了齐威王，赢了"千金"。

赛后，田忌向齐威王推荐了孙膑，齐威王尊孙膑为兵法老师。

同样是一国的大将，同样都看出孙膑的军事才能，田忌选择向国君举荐贤才，庞涓却残忍地陷害同门师兄弟。国君是什么样的性格，国君信任什么人，国家就是什么气质。

公元前354年，赵国发动对卫国的战争。

卫国此时入朝魏国，属于魏国的势力范围。魏国当然不能坐视不管。魏王派庞涓率8万大军营救卫国。庞涓到达茬丘，准备围攻赵国都城邯郸。

次年，赵国派使者向齐国求援。

面对匆匆而来的赵国使者，齐国朝堂展开了激烈的讨论。如果营救赵国，可能引火烧身；如果魏国吞并了赵国，就会更加强大，对齐国造成威胁。魏国、赵国、齐国乃至其他国家，都站在了十字路口。

最后，齐威王决定出兵。

齐威王提出任命孙膑为大将。孙膑推辞说："刑余之人，不可为将。"于是，齐威王任命田忌为大将，以孙膑为军师，发8万大兵救赵。孙膑坐在车中为田忌出谋划策。

田忌想率军直奔魏军主力。孙膑认为魏军的精兵锐卒都在境外前线，留守的必是老弱残兵。如果率军直奔大梁，魏军一定会回国救都城。那么赵国之围可解，魏国之兵必败。

孙膑提议先攻打平陵。

平陵是一处战略要地，在宋国和卫国之间，齐军攻打平陵要经过市丘，粮食补给很容易被切断。孙膑让田忌派了两个不擅长作战的大夫攻打平陵，故意战败。

孙膑成功营造了一种齐军主帅不懂军事、不会打仗的假象。

孙膑让田忌派轻车直趋魏都大梁，让魏军震怒。又让出击的队伍故意走得很分散，给人以兵力单薄的感觉。孙膑围绕大梁做文章，让魏国心急，给庞涓施加了压力。而故意战败、示弱，又让魏军轻敌。

庞涓放弃辎重，率少量精锐星夜兼程，回援大梁。

孙膑在魏军的必经之地桂陵设好了埋伏。庞涓走到桂陵时，已经人困马乏。齐国大军把魏军团团围住，全歼魏军。

这就是"围魏救赵"。

与此同时，楚国也攻打魏国，营救赵国，攻占了一些土地。秦国乘机攻魏伐韩，把势力延伸到韩、魏之间的地区。

齐、秦、楚都在这次魏赵之争中获取了利益。

不过，魏国虽然战败，但实力损失并不大。魏国逐步扭转战局，攻破了赵都邯郸。魏国还把韩国拉入了战场，调用韩国军队在襄陵阻击齐、宋、卫联军。齐国请楚国从中说和，向魏国求和。后来，魏国迫使赵国在漳水结盟，并归还了邯郸。

魏国的实力仍然强劲，但魏国的霸业体系受到了严重挑战，魏武卒的精神也遭受了挫折。

庞涓回国后反复推演桂陵之战，发现没有一个办法能破解孙膑"围魏救赵"的计策，只要齐国攻打大梁，魏军的用兵走向就一定会被牵制。庞涓没想到，同样的剧情会再次上演。

公元前344年（秦孝公十八年），在商鞅的鼓动下，魏惠王自称为王。魏国召开逢泽之会，宋、卫、邹、鲁等国和秦国公子少官与会。

事实上，秦国是想化解魏国的攻秦计划，同时孤立魏国。"王"是天子的称号，魏国称王，擅居天子之位，果然导致了"齐、楚怒，诸侯奔齐"（《战国策·齐策五》）。

魏惠王对韩国非常不满。

公元前342年，魏国发兵攻打韩国。

韩国国君派使者向齐威王求救。齐威王根据田忌的建议，表明自己会救援，坚定韩国的抵抗意志。但是，齐国没有马上出兵，齐威王拖到魏、韩都筋疲力尽时，以田忌、田盼为大将，孙膑为军师，率10万大军救韩。

同桂陵之战一样，这次齐军仍是直扑魏都大梁。

公元前341年，魏惠王以太子申为上将军、以庞涓为大将，率10万大军阻击齐军。

当时就有时事评论员（公子理的客人）说："太子年少，不熟悉战场。齐国的田盼是沙场宿将，军师孙膑善于用兵，魏军战必不胜，将帅定会被擒。"

孙膑深知庞涓为人谨慎孤傲，不会轻易上当。他为庞涓量身定制了"减灶诱敌"的计策。孙膑让齐军连续三天减少行军灶的数量。第一天设10万人的行军灶，第二天设5万人的行军灶，第三天设3万人的行军灶，营造出了齐军胆怯恐慌，大量逃亡的假象。

庞涓吸取桂陵之战的教训，非常谨慎，他派斥候每天清查齐军行军灶数目。到第三天时，庞涓认为齐军确实大量逃亡，大喜。

庞涓说："我一直知道齐军怯懦，在我国境内仅三天，他们的士卒就已经逃亡过半了。"

于是，庞涓率少数精锐轻装部队追击齐军。

孙膑设"减灶法"时，分析过魏军的心理，他对田忌说："彼三晋之兵素悍勇而轻齐，齐号为怯。"（《史记·孙子吴起列传》）

这说明，齐军怯战是"天下共识"，悍勇的三晋之兵从来就没把齐军放在眼里。

当年，韩、赵、魏的诸侯之位，就是通过攻打齐国，用姜齐国君要挟周天子得来的。战国初年，魏国因任用吴起进行军事改革，魏军的战斗力在列国中处于领先地位，魏武卒在战场上叱咤风云多年。

庞涓虽然担心孙膑用计，但他对魏武卒非常自信，对齐军非常轻视。

因此，庞涓十分谨慎，但也非常冒进。

齐国也有常备军，称为"齐技击士"。孙膑为"齐技击士"选好了舞台，也为庞涓选好了葬身之地——马陵。

马陵山高林密，正是"窘处隘塞死地之中"（《孙膑兵法·陈忌问垒篇》），非常适合设伏。

孙膑在魏军追击的必经之路上挑选了一棵大树，让军士割掉树皮，在上面写下："庞涓死于此树之下。"然后传下军令："傍晚看到点燃的火把，就万弩齐发。"

庞涓为雪桂陵之战之耻，求胜心切，星夜兼程追赶齐军。这天夜晚，庞涓率魏武卒在密林中沿着道路行军，突然被一棵枯木拦住去路，前面一棵大树的树皮是白色的，特别显眼。魏军感到非常诧异，点亮火把察看。

齐军见到火把，万弩俱发，魏军死伤惨重。

齐军以逸待劳，又占据了地形优势，孙膑还布设了天罗地网。

魏武卒全力追击齐军，体力损耗严重。为了提高追击速度，庞涓率领的是"轻锐"，也就是说在马陵遭到伏击的魏武卒，是没有穿戴重甲的前锋部队。

魏武卒虽然勇武，终究无法突围。

庞涓意识到自己把魏武卒带进了死地，战局已经无可挽回，他大喊一声："遂成竖子之名！"随后拔剑自刎。

齐军歼灭了马陵的魏军后，乘胜扑向太子申指挥的魏军主力，全歼魏国10万大军，俘虏太子申。这是魏国从未有过的惨败。回想当年孙膑带着一腔热忱投奔魏国，却落得被残害的下场。冥冥之中，是魏国给自己创造了掘墓的仇人。

马陵之战后，魏国一蹶不振。

魏惠王在位52年，魏国失去了霸主地位。之后的魏襄王被孟子评价"望之不似人君"，无所作为。再之后即位的魏昭王在伊阙败给白起，韩魏联军24万人被秦国全歼，韩、魏两国门户大开，已经无力阻挡秦军东出。

四、落日余晖

公元前277年，魏安釐王即位。

此时，秦国的国君是秦昭襄王，秦国的大将是号称"人屠"的白起。

安釐王即位的第三年，秦军包围了魏都大梁，魏国割地求和。两年后的华阳之战，秦军斩杀魏、赵联军15万人，两万赵军俘虏被秦军沉入河中，魏国再次割地求和。

面对秦军的进攻，魏国毫无还手之力。但魏国还是有十多年的时间，没有遭受大的攻击。

因为，魏国出了一位信陵君。

信陵君是魏安釐王的异母弟，因爱惜贤才，名闻天下。《史记》评价："当是时，诸侯以公子贤，多客，不敢加兵谋魏十余年。"

司马迁用了很多笔墨描写信陵君礼贤下士的故事。

侯嬴是大梁城夷门监者（东门的守门小吏）。他是一位70多岁的老人，住在"蓬户空穴"，家庭贫困，地位低下。信陵君听说侯嬴是位隐士，准备了厚礼，前往拜访。

侯嬴说："臣修身洁行数十年，不能因守门贫困而接受公子的财物。"

信陵君于是置酒大会宾客。等客人都坐定后，信陵君离席而去，带着随从，空出车子左面的上位，亲自到夷门接侯嬴赴宴。侯嬴穿戴着破旧的衣服和帽子，到了车上也不谦让，大咧咧地直接坐在了上位。信陵君更加恭敬地牵着马缰绳。

路上侯嬴又让信陵君带他到市场，去见一位杀猪的朋友朱亥。侯嬴故意同朱亥交谈良久，信陵君脸上的颜色反而更加温和。

此时，信陵君府上"将相宗室宾客满堂"，魏国的权贵们都在等着信陵君开宴。而信陵君居然站在市场里，恭敬地牵着马缰绳，等一个身份低微的老头儿。信陵君的随从都在小声骂侯嬴。侯嬴观察信陵君的反应，信陵君的脸色没有变化，他这才离开市场。

回到府上，信陵君把侯嬴请到上席，向宾客们介绍侯嬴，宾客都非常惊讶。酒过三巡，信陵君又起身向侯嬴祝寿。此后，信陵君还多次去探望朱亥，朱亥也故意不回拜、不答谢。

这是一次完美的政治表演。

信陵君折节亲迎，极尽礼遇。侯嬴要考察信陵君，同时，他也在回报信陵君的礼遇。

市场是一个人员密集、鱼龙混杂的场所，也是"做广告"的最佳地点。破衣烂衫的侯嬴，同一个屠户交谈，国君的弟弟牵着缰绳，站在马车旁恭敬地等待，必然会引发关注和热议。

那个老头儿是谁？屠户是谁？信陵君为什么这么尊敬他们？

原来老头儿就是看门的小吏，屠户就是个普通杀猪卖肉的。

由此，大家得出结论：信陵君礼贤下士，爱惜人才，连看门的小吏和市井屠夫都能尊重、礼遇，可以投奔。

侯嬴非常关键，配合表演需要智慧，在满堂的将相宗室宾客面前如果演砸了，也会尽人皆知。信陵君一定已经通过可以信任的人，对侯嬴进行了深入的"背景调查"，他确信侯嬴是一匹"千里马"，才策划了这场政治表演。

对魏国的上下人等，信陵君都了如指掌。

这些门客愿意为信陵君奔走，愿意受他驱使，是因为信陵君值得信任。如果有需要，信陵君也会为他们竭尽所能。

如姬是魏安釐王最宠爱的妃子，她的父亲被人杀了，如姬一直想复仇，魏国君臣都想为如姬复仇，但均未能如愿。如姬曾对信陵君哭诉，信陵君派门客取了如姬仇人的头颅，恭敬地献给如姬。信陵君帮如姬报了杀父之仇，如姬因此愿意为信陵君效命而死。

所谓大恩不言谢，是因为愿意以死相托。

因此，信陵君的"情报人员"都非常可靠。通过他们，信陵君连外国政要的动向也了解得一清二楚。

一天，信陵君同魏安釐王正在下棋，边关突然举了烽火，传来消息："赵军入寇，已经进入我国边境。"

魏安釐王大惊，要召大臣们商议。

信陵君说："赵王是在田猎，不是来打我们的。"

说完信陵君继续下棋。魏安釐王根本没心思下棋。过了一会儿，边境又传来消息说："赵王打猎，不是入寇。"

魏安釐王大惊，问信陵君："你怎么知道的？"

信陵君说："臣有门客在赵王身边，赵王要做什么，门客都会传消息给臣，是以知道。"

从此，"魏王畏公子之贤能，不敢任公子以国政"（《史记·魏公子列传》）。

信陵君如实相告，非常坦荡，他没想到自己从此失去了哥哥的信任。

魏国不信任客卿，不信任出身低微的士人，相邦多数出自宗室。

魏国流失的人才不止有吴起、孙膑，还有商鞅、张仪、公孙衍、范雎。

商鞅因在魏国得不到重用，离开魏国到秦国主持变法，秦国崛起，成为时代的主宰。

张仪是魏国人,他担任秦国相邦,用连横之策破坏六国合纵。

公孙衍是魏国阴晋人,他被任命为秦国大良造,率领秦军攻打魏国雕阴,斩杀8万魏军,一举歼灭了魏国防守上郡、西河郡的主力,使河西之地尽归秦国所有。

范雎险些被魏国相邦魏齐打死,逃到秦国后受到重用,出任秦国相邦,提出"远交近攻"的战略。

这些顶级的政治家、战略家、军事谋略家、外交家、纵横家都因各种原因离开魏国。

这些经天纬地之才去了秦国、楚国、齐国……

如今魏国宗室终于出了位大政治家,又得不到国君的信任。

范雎为秦国献了"远交近攻"之策,秦国的近处就是"三晋",也就是韩、赵、魏三国。

公元前260年,赵国在长平之战中战败,45万赵军死在长平战场。秦国短暂休养生息后,再次起兵攻打赵国,兵围邯郸,赵国危在旦夕。

赵国向魏国求援,魏安釐王派大将晋鄙领兵10万援助赵国。秦昭襄王得到消息,派使者警告魏王:"我攻打赵国,旦暮之间就能拿下。诸侯谁敢救赵,等我拿下赵国,一定先攻打它!"魏安釐王非常恐惧,下令让晋鄙停止进军。魏军留守在邺,名为救赵,实际在观望风向。

信陵君的姐姐是赵国平原君的妻子,她多次送信回魏国求救。平原君的使者"冠盖相属"进入魏国,向魏安釐王求援。

魏国已经丢了河西,现在韩国、赵国是魏国阻挡秦国的屏障。

魏国援救赵国,就是救自己。

信陵君多次请求安釐王出兵,宾客辩士用尽办法劝说安釐王。魏安釐王畏惧秦国,始终不肯出兵。太史公在此处写了一句意味深长的话:"公子自度终不能得之于王。"

信陵君知道他终究得不到魏安釐王的信任。

救赵也是自救,这个道理魏安釐王当然知道。但是他外畏强秦,内"畏公子"(《史记·魏公子列传》)。强秦能夺魏国土地,公子能夺魏王的王位。

所以,魏安釐王绝不可能出兵。

信陵君无法坐视魏国成为下一个赵国。他心急如焚,集合了100多辆战车,带着门客奔赴邯郸战场,准备同秦军决一死战。

车队路过夷门时,信陵君特地去见了侯嬴,把事情的原委告诉了他。

侯嬴的反应非常冷淡,他只是说:"公子努力吧!老臣不能随行了。"

侯嬴没有其他表示,连句珍重都没说。

信陵君告别侯嬴,走出去数里,心里像堵着一口气。

信陵君说:"我待侯生(侯嬴)极尽礼遇,天下莫不闻。如今我就要死了,侯生竟然没有一言半语送我。难道是我哪里做得不周到吗?"

信陵君调头回去要问个究竟。

侯嬴见到信陵君就笑了。

他说:"臣知道公子一定会回来。公子喜士,名闻天下。现在有了危难,没有理清头绪,想出对策,就要同秦军拼命,如同把肉扔给饥饿的老虎,有什么用呢?若是如此,还要我们这些门客做什么呢?公子待臣情谊深厚,公子去前线,臣却不送公子。臣知道公子一定会恼恨我,回来问我的。"

侯嬴给信陵君出了一条秘策,简言之就是让如姬盗虎符报大恩,公子夺兵权救赵国。

信陵君为如姬报了杀父之仇,如姬一直想报恩却没有机会。她是魏王宠妃,能出入魏安釐王的卧室,而调兵的虎符常常被放在卧室中。只要能拿到虎符,就可以夺了晋鄙的兵权,北救赵而西却秦,成就春秋五霸的伟业。

侯嬴果然不是一般人。

信陵君依计而行，如姬果然顺利拿到虎符，交给了信陵君。

侯嬴让信陵君带上他的朋友朱亥一起去见晋鄙。

侯嬴说："将在外，主令有所不受，是为了利于国家。公子拿着虎符，如果晋鄙不交兵权，派人回都城请示魏王，事情就危险了。朱亥是力士。晋鄙交出兵权，最好；如果晋鄙不从，就让朱亥击杀他。"

信陵君闻言泪流满面。

侯嬴问："公子怕了吗？"

信陵君说："晋鄙悍勇，是我魏国的宿将。恐怕他不会听我的命令，必定是要杀了他了。我因此难过，岂畏死哉？"

信陵君于是去请朱亥同行。

朱亥说："臣就是市井屠夫，公子却能数次亲自登门拜访。此前之所以没有表示，是因为小的礼节没什么用处。现在公子有急难，这是臣效命的时候。"

临行前，信陵君去辞谢侯嬴。

侯嬴说："臣本应当跟随公子一起出征，可是臣老了，不能随行。臣会数着公子出行的日期，等公子到达晋鄙军中之日，臣即面向北自刭以送公子。"

信陵君到达邺地，手持兵符，假传王命。

晋鄙验了兵符，确认兵符没问题。但他表示怀疑。

晋鄙问信陵君："如今臣统领十万大军，屯兵边境，担着国之重任。公子单车一人，就来取代我。这是什么情况呢？"

显然，晋鄙不信信陵君。

突然，朱亥举起一个重40斤的大铁锥砸死了晋鄙，原来朱亥把大铁锥藏在了袖子里。

信陵君抵达军中时，侯嬴在大梁面向北，刎颈自杀。

信陵君顺利接管了军队。他下令："父子俱在军中的，父亲回家；兄弟俱在军中的，长兄回家；独子无兄弟的，回去奉养双亲。"信陵君放了2万士兵回国，留下了精兵8万。

信陵君出发时，楚国也派大将率军驰援。魏、楚两军会师，杀向邯郸城外的秦军，在邯郸城下大破秦军。秦军数战不利，撤军回国。秦将郑安平被困，率2万人投降。

赵孝成王和平原君到邯郸郊外迎接信陵君，平原君帮信陵君背着装满弩矢的囊袋，为信陵君引路。

赵孝成王一再拜谢："自古贤人未有及公子者也。"

信陵君盗窃兵符，击杀魏国大将，把魏安釐王得罪透了。信陵君让军中的将军把军队带回魏国，他和门客留在了赵国。赵孝成王把鄗邑封给信陵君做汤沐邑。

公元前249年（秦庄襄王元年）开始，秦国再次加快东出的步伐。

几年的时间，秦国大将蒙骜（蒙恬、蒙毅的祖父）攻占了韩国的成皋、荥阳，威逼魏都大梁城。攻打赵国，连下37座城。攻打魏国，占领了高都和汲。

秦军势如破竹，三晋面临前所未有的危机。

魏国已经到了危急存亡之秋，而且"魏师数败"，魏安釐王终于想起了信陵君，派人请信陵君回国，兄弟同心抗秦。

信陵君不肯回国，严令门下："敢为魏使者通报者死！"

信陵君的门客毛公、薛公对信陵君说："公子之所以在诸侯中有威望，是因为有魏国在。现在魏国危急，而公子不救，一旦秦人攻克大梁，毁坏先王宗庙，公子还有何面目立于天下？"

二人话还没说完，信陵君脸色已经变了。是呀，魏国没了，自己又算什么？信陵君即刻启程返回魏国。

毛公和薛公都是赵人，毛公混迹于赌徒之中，薛公则藏在酒肆之中。信陵君原来在大梁时，"常闻此两人贤"。到了邯郸后，信陵君徒步去拜访，倾心结交。关键时刻，毛公、薛公直言点醒信陵君，促成了信陵君回国。

信陵君回国见到魏安釐王，兄弟相拥而泣，魏安釐王拜信陵君为上将军。

信陵君立即派遣使者出使各国，诸侯们得知信陵君复出，统领魏国军队，都派军队救援魏国。

公元前247年（秦庄襄王三年），信陵君统率魏、韩、赵、楚、燕五国联军在河外大破秦军，蒙骜不敌败走。信陵君乘胜追击秦军到函谷关，秦人不敢出关。这是崤山以东各国最成功的一次合纵，秦国统一六国的步伐因此停滞。

信陵君"威振天下"。

怀疑猜忌也随之而来。

"窃符救赵"时，晋鄙执行国君命令，却无辜被杀，晋鄙的家人和门客最恨信陵君。秦国"行金万斤"（《史记·魏公子列传》）收买晋鄙的门客，诽谤信陵君。

他们对魏王说："公子流亡在外十年，如今为将，诸侯的心意都归属于公子。诸侯只知道魏公子，不知道魏王。公子想南面称王。诸侯们畏惧公子的威势，都想拥立公子为王。"

三人成虎，秦国不断收买人在魏王跟前进谗言。

南面称王，信陵君确实有这个能力。"诸侯徒闻魏公子，不闻魏王"确实是事实。何止是魏国国内，信陵君的名声已经在战国七雄各国国君之上，他"名冠诸侯"（《史记·魏公子列传》），是东方各国的精神领袖。

秦国还派使者到魏国祝贺信陵君做了魏王。

太史公说："魏王日闻其毁，不能不信。"

最终，魏安釐王还是夺了信陵君的兵权，让别人代替信陵君为将。

第三章　魏国：辉煌与落寞

　　信陵君能在市井中，在别国都城的酒肆、赌场里，为国家延揽人才，他自己是千里马，他也是伯乐。信陵君能给素未谋面的"岩穴隐者"创造舞台，却无法赢得至亲兄长的信任。人伦亲情，却没能抵过小人的一张利嘴。

　　信陵君心灰意冷，他饮醇酒、近妇女，日夜为乐。四年后（前243），因饮酒过度去世。同年，魏安釐王去世。

　　信陵君被弃用后，秦国再次兵出函谷关，重启统一六国的战争。

　　信陵君去世18年后，公元前225年，秦国大将王贲攻打魏国，秦军引黄河、大沟之水，水淹大梁城三个月。大梁城城墙损毁，无力抵抗，魏王假出城投降，魏国灭亡。

　　对比战国四公子，赵国平原君沽名钓誉，目光短浅，府上的毛遂、李谈都是通过自我推荐，才青史留名；楚国的春申君，门客给他送女人，也让他送了性命，导致楚国内乱；齐国的孟尝君勾结别的国家，攻打自己的国家；信陵君是战国四公子中最富有才华的政治家、军事谋略家，而且人品极佳，声望最高。

　　信陵君窃符救赵是因为他有能力击退秦军。他有救赵存魏的战略眼光，舍生忘死的忠义和战必胜、攻必克的能力。魏国从来不缺人才。任何时代、任何国家，都有贤士，有能人。魏国的顶级人才流失国外，敦厚儒敏的宗室公子被弃用。国君能力不足，短视，猜忌。

　　如此魏国，岂能不亡？

　　到信陵君生活的时代，任何个人的努力都显得徒劳和枉然，秦国统一列国，已是大势所趋。信陵君竭忠尽智，不过是为魏国博万一之变。

　　士为知己者死，信陵君的知己又在哪里呢？

　　国君位置上坐着的是他的哥哥。可哥哥不知弟弟，君主不了解臣子，信陵君的努力带着太多的悲壮，他是魏国落寞谢幕前最后的辉煌。

　　大梁城被围的三个月里，魏国人同样竭尽所能，奋起抵抗。

多年后，当司马迁站在大梁城的废墟上，抚今思昔，追问夷门何在时，信陵君的事迹还在影响着世人。萧萧落木，汤汤河水，魏国安在？公子又魂归何处？

第四章

楚国：没落的贵族

一、蚍蜉撼树

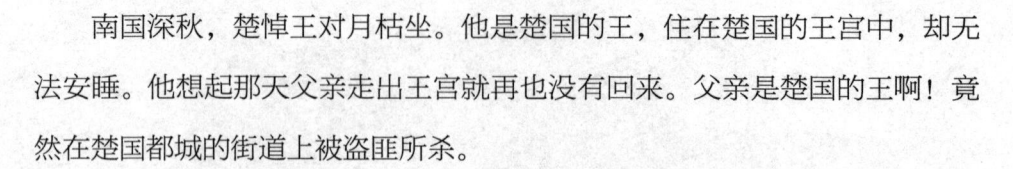

南国深秋，楚悼王对月枯坐。他是楚国的王，住在楚国的王宫中，却无法安睡。他想起那天父亲走出王宫就再也没有回来。父亲是楚国的王啊！竟然在楚国都城的街道上被盗匪所杀。

楚国有着 800 年的历史。楚人的祖先鬻熊曾辅佐周文王。在西周初期楚人首领熊绎被封为子爵，建立楚国。楚国立国时非常贫弱，只有丹阳的弹丸之地，祭祀时国内连一头牛都找不出来，只好去鄀国盗牛祭祀。楚国国君不是周天子的近亲，也不是功臣，子爵在诸侯中地位最低。诸侯举行会盟时，楚国国君只能同鲜卑人一起去守火燎。

楚国的封地远离中原腹地，不受中原文化拘束，远离中原政治纷争。楚人在丛林和草莽间，开辟了广阔的国土，经过几百年的发展，在南方悍然崛起。楚武王自封为王，震惊诸侯。楚庄王观兵周疆，问鼎中原，位列春秋五霸。春秋后期，楚国郢都被吴国攻破，被迫迁都，一度衰落。后经楚昭王励精图治，楚国中兴。

但是，楚国王权交替经常处于失序状态，贵族作乱很常见。这些冲突都不是偶然事件。

西周实行分封制，天子建国，诸侯立家。诸侯在"国"拥有高度自治权，大夫在"家"也拥有高度的自治权。他们有行政机构、私人军队、赋税收入，对境内百姓拥有司法权和行政权。

如此运行了几百年后，从天下来看，诸侯国的力量越来越大。在诸侯国内，大夫的实力也都非常强大。天子实力削弱，因此失势。国君的实力也在削弱，所以国君对国家的控制力也被削弱。各诸侯国内的权力交替经常出现军事冲突，政治地震时有发生。

贵族势力庞大，盘根错节，他们的心中家族利益在前，国家利益靠后。楚国的贵族同晋国大夫一样，在蚕食国君的权力，试图架空国君。韩、赵、魏三家能分晋，屈、景、昭三户也能分楚。

公元前403年，周威烈王命韩、赵、魏为诸侯。无礼的晋国大夫就这样鸠占鹊巢，瓜分了晋国。

次年，楚声王为"盗"所杀，其子熊疑即位，史称楚悼王。

史书言之凿凿说"道杀声王"，可是没有任何细节，没有命案背后的真相，什么样的盗贼会猖獗到在国都中截杀国君？这不禁让人怀疑所谓"盗杀"，其实是刺杀，幕后黑手就是那些蠢蠢欲动的贵族。

可以想象楚悼王心中的怀疑和惊恐。

与此同时，楚国的外部环境也在恶化。

三家分晋后，韩、赵、魏埋头开拓领土，他们向南扩张，而楚国是向北扩张，冲突不可避免。

楚悼王即位的第三年（前400），魏文侯组织三晋联军在桑丘大败楚军，楚国被迫归还了此前占领的榆关。榆关原是郑国土地，位于南北要道之上，是兵家必争之地。公元前391年，三晋联军再次大举进攻楚国，攻占了楚国的大梁和襄陵。

楚国接连战败。

楚国要在对外战争中取胜，就需要集中全国的财力、物力、人力。只有把权力集中到国君手中，才能完成统筹分配。

所以，不论是为了确保国君个人安全，还是为了保证国家安全，都需要削弱楚国贵族的权力。

魏文侯用李悝变法，使魏国强大。楚国如果也实行变法，削弱贵族的权力，把权力集中在楚王手中，那楚国也会强大。

楚悼王萌生了变法的想法。

他需要一个人帮他主持变法，而这个人不好选。

变法一定会触及贵族的利益，楚国的大夫们本身都是贵族，变法就是革他们自己的命。所以，主持变法的人最好不是贵族。

如果主持者在楚国有亲朋故旧、姻亲关系，就会有利益瓜葛，就会被牵绊。所以，这个主持者最好也不是楚国人。

他要有能力，也要有野心。

而他的野心，在国君能掌控的范围内。

公元前390年左右，一个这样的人来到了楚国。他就是原魏国的西河郡守吴起。（吴起入楚的时间，史书没有明确记载，此从杨宽《战国史》）

吴起是卫国人，史书没有记载他的家世。如果是贵族一般会有说明，由此推断吴起不是贵族。吴起家中有千金的财富，他因此有机会读书学习，外出游历。吴起应当属于富有起来的平民上升为"士"的典型案例。

吴起一心外出求官，花光了家里的钱，遭到同乡的嘲笑。他怒杀三十几人，向东出了卫国的郭门。离开卫国前，吴起同母亲诀别。

他咬着胳膊发誓："起不为卿相，不复入卫。"（《史记·孙子吴起列传》）

吴起离开卫国后，拜曾子为师，学习儒学。不久后，吴起的母亲去世了，他没有回家奔丧。曾子认为吴起不孝，把他逐出了师门。吴起到鲁国转学兵家，侍奉鲁国国君。

鲁国经常被齐国攻打，《曹刿论战》中的"齐师伐我"经常发生。吴起入鲁后，又遇到了"齐人攻鲁"，鲁国国君想用吴起为将。据说，因吴起的妻子是齐国女子，鲁国国君犹豫不决。于是，吴起杀了妻子，表明同齐国划清界限的决心，鲁国才任命吴起为将。吴起攻打齐军，"大破之"（《史记·孙子吴起列传》）。从曹刿之后，鲁国恐怕再没赢得如此痛快。

吴起打了大胜仗，鲁国人反而忧心忡忡。

鲁国是小国，齐国是大国，鲁人只想赶走齐国人，不想闹出太大动静。如果引起诸侯的注意，就会被群起而攻之，鲁国必须努力保持低调。

这时就有鲁人诽谤吴起，说他怒杀同乡，十分凶残；母丧不归，非常不孝；杀妻求将，残忍不仁。而且鲁国胜了，诸侯们要来打；使用吴起，卫国也要同鲁国断交。

所以，不能用吴起。

鲁国国君深以为是，谢绝了吴起。吴起只好离开鲁国，去了魏国。

吴起因母丧不归、杀妻求将两件事，历来为后人所诟病。

母丧不归，实属不孝，但此事事出有因。

吴起在离家时，曾对母亲发誓，不做卿相，就不回卫国。他若回卫国奔丧，就是违背对母亲的承诺，也是不孝。吴起在曾子门下学习儒学，应当知道儒家最重孝道。所以，不回家奔丧会有什么后果，吴起也应当知道。

或许在他心中，对母亲守信，比天下人如何看他重要。

吴起杀妻求将一事存在诸多疑点。

首先，鲁国国君的态度不符合鲁国国情。

鲁、齐两国确实经常发生战争，但两国毗邻，不可能断绝民间交往，鲁、齐百姓间通婚应当是寻常事。

鲁国是周公的后代，是"姬"姓。因"同姓不婚"的古训，鲁国同晋国、燕国等"姬"姓诸侯国都不能通婚。历史上，鲁国国君娶姜姓的齐女，齐国大夫娶鲁女都是寻常事。这种情况下，鲁国国君又怎么会因吴起娶齐国女子而怀疑他？

其次，"杀妻"同吴起提倡的"德"治思想相悖。

《史记》记载了一次吴起同魏武侯在河上的对话。

魏武侯看着壮美的山河感叹："美哉乎，山河险固，这是魏国之宝呀！"

吴起说："在德不在险。如果国君不修文德，舟中的人都将成为敌国的人。"

吴起是一位军事家,他竟能说出"在德不在险",提倡修德政,这极为难得。

魏国相邦公叔的仆人曾说"吴起为人节廉而自喜名也",这是说吴起很重名声。

一个提倡"德"又重视名声的人,怎么会杀妻求将呢?

再次,先秦文献中没有吴起杀妻的记载。

《史记》记载了吴起杀妻,但比《史记》成书更早的《韩非子》则说吴起是休妻。

《韩非子》记载了吴起休妻的两种说法。

一则故事说吴起的妻子织了一条围巾,比吴起要求的宽度窄。吴起让妻子按自己的要求重新织,吴妻织得还是不符合要求。

吴起大怒,说:"我的要求不能更改。"然后就把妻子休了。

吴妻想同吴起复合,她的哥哥说:"吴子,为法者也。他要行法治,又要以此法致万乘之功,一定会先在家中实行。"

吴起妻子的弟弟通过卫国国君请吴起收回休妻的决定,吴起因此离开卫国。

另一个故事则说,吴起拿了一条围巾,让他的妻子织一条一样的。吴妻照着编织,织得比原来那条更好。

吴起说:"让你织一条一样的,没让你织得更好。"

吴妻说:"用的材料都一样,我只是更用心织而已。"

吴起说:"这不是我要求的。"因此休了妻子。

吴起的岳父来说和。吴起却说:"起家无虚言。"

两则故事都是为了证明吴起确定的要求不可更改。如果擅自更改,就要受到惩罚。

所以，吴起休妻的原因是要"依法治家"。

《韩非子》记载这两个故事是为了阐述"术"无法推行，是有原因的。为了推行"术"，也就是推行治国的方法，就不能法外容情。吴起休妻，虽然违背常情，但有利于"术"的推行。而《史记》中的鲁人说吴起杀妻，是为了证明吴起残忍不可用。

鲁人和韩非子的目的都不单纯。

根据《韩非子》和《史记》的记载推测有四种可能。

一是吴起休妻，没有杀妻。

二是吴起杀妻，没有休妻。

三是吴起休妻，又杀妻。

四是吴起既没有休妻，又没有杀妻。

真相如何，我们无法确定。但可以看出鲁人和韩非子有一个共识，那就是吴起想建功立业。他要"以与万乘致功"（《韩非子·外储说右上》），他要成为卿相。

所以，吴起是有个人野心的。

而他想成为卿相的野心，在楚王能掌控的范围内。

吴起在魏国治理西河郡，让秦人不敢向东而望。这段"工作经历"证明他有治军的能力。

如今，吴起被谗言离间了君臣关系，离魏入楚。楚悼王大为惊喜，任命他为"宛守"。宛，位于楚国北部边疆，宛守的主要任务是治理地方，防御韩国、魏国的入侵。

经过一年的试用期，吴起通过了楚悼王的考核，被任命为令尹，主持变法。楚国令尹是百官之首，总揽军政大权。

吴起认为楚国的病根在于"大臣太重，封君太众"（《韩非子·和氏》），贵族们上威逼国君，下盘剥百姓，导致国贫兵弱。所以，必须削弱大臣和封君的权力，加强国君的权力。

贵族的权力大，获得的利益多，所以要剥夺一些旧贵族的权益，"损有余、补不足"（《说苑·指武篇》）。

吴起主要实施了三项举措。

一是改革封君世袭制。

对原来世袭的封君，其子孙"三世而收爵禄"（《韩非子·和氏篇》）。为了继续保持地位，封君的子孙就要去打仗，去立功，就不能再躺在先人的功劳簿上尸位素餐。

二是精简机构。

对"无能""无用""不急之官"都进行裁汰，留下的官吏，减削禄秩。节省出来的财政支出，用来供养国家的军队，补充军政开支的"不足"，增强军事力量。

三是迁豪入边。

楚国土地广阔，很多区域荒无人烟，有地无产。一些地区因距离太远，名义上属于楚国，却无法有效控制。所以，楚国土地虽然是连续的，实际也是"散装"。楚人桀骜不驯，性格不喜约束。这也是楚国虽然大却不团结的原因。

吴起下令"贵人往实广虚之地"（《吕氏春秋·贵卒篇》），即把一部分贵族下放到荒凉地区，补当时人口之不足，开垦土地，守卫边疆。这项措施既打击了贵族的势力，又开发了荒凉的土地，充盈了国库，增强了国君的实力，加强了边地的守卫力量。

吴起变法的成效非常显著。

楚国的国土向南拓展到了今江西南部和湖南、广西间的苍梧，向北则收复了陈国、蔡国的旧地。

公元前383年，赵国攻打卫国。卫国向魏国求救。次年，魏军救卫，大败赵军，卫国反攻，夺了刚平城，随后进攻赵国中牟，攻占了赵国河东地。又一年，赵国派使者向楚国求救。楚王派出军队攻打魏国，营救赵国。

楚军深入魏国腹地，同魏军在州西大战，随后出梁门（大梁西北的关塞），在林中驻军，饮马黄河，切断了魏国国都安邑同河内地区的联系，重创魏国。赵国借此势反攻魏国，攻占了棘蒲、黄城，取得大胜。

当时，楚国威震天下，"诸侯患楚之强"（《史记·孙子吴起列传》）。

变法成效显著，可楚国的贵族并不高兴。

变法是一次权力的重新分配，使得权力向楚王集中。效果越显著，旧贵族的利益受到的损害越大，楚国的贵族"皆甚苦之"（《吕氏春秋·贵卒》）。

楚国贵族屈宜臼大骂吴起为"祸人"，指责楚悼王用吴起变法是"逆天道"。

同贵族对抗，颠覆原有的政治格局，需要国君的支持。吴起在魏国改革军事，有魏文侯支持，在楚国变法，有楚悼王支持。

可是，他的背后只有国君。

一旦国君离世，吴起就无所依傍。

魏文侯去世后，吴起在魏国郁郁不得志。就在吴起大败魏军这一年，楚悼王去世了，吴起再次失去依托。

吴起到楚悼王的治丧处所吊唁，楚国的贵族们群起而攻之。

吴起说："今天让你们看看我是如何用兵法的。"

说完，吴起就趴在了楚悼王的尸体上，大喊："群臣乱王。"（《吕氏春秋·贵卒》）

贵族们恨极了吴起，完全不顾及楚王的尸体，乱箭射死了吴起，其中很多箭射中了楚悼王的尸体。楚国律法规定"丽兵于王尸者，尽加重罪，逮三族"。新即位的楚肃王据此诛灭了70余家贵族。吴起的尸体也被处以车裂之刑。

令尹吴起没有因为让楚国强大，而得到新楚王的一丝尊重。

《史记》说："楚之贵戚尽欲害吴起。"

或许他是大意了，没想到贵族们会在楚王的灵堂动手。

或许吴起知道难免一死，他就是要用自己的死，带走那些阻碍王权的贵族，报答楚悼王的知遇之恩。

吴起是幸运的，他先后遇到两位伯乐，施展抱负，实践理想，天下闻名。吴起在魏国改革军事，魏国强大，秦人不敢东向。他入楚主持变法，楚国"兵震天下，威服诸侯"（《史记·范雎蔡泽列传》）。

楚国也是幸运的，能得到吴起这位战国初期顶级的兵家、政治家、改革家、军事谋略家。吴起变法时间虽短，仍让楚国的政治制度有所改变，经济也有所发展。最重要的是封君势力受到打击，封邑面积缩小，使楚国的中央集权有所加强，保有了强国的地位。吴起"迁豪入边"的政策在战国中期仍在延续，起到了非常好的效果。

秦国大夫顿弱曾说："横成，则秦帝。纵成，则楚王。"（《战国策·秦策四》）

可惜，楚悼王去世得太过突然，继任的楚肃王没有采取有效措施巩固变法成果，楚国的贵族依然高度自治，长期掌握着楚国的军政大权。

但，此时商鞅还没有入秦，历史给楚国留了时间，也留了机会。

二、不合时宜

楚国称霸江汉数百年，家底雄厚，疆域广阔。吴起变法虽然终止，楚国还是因此获益，边疆得到开发，经济得到发展，王权也得到巩固。楚悼王去世后，楚宣王休养生息，楚威王在江东开辟了大片国土。

公元前 329 年，楚怀王即位。他继承的是先辈留下的丰厚遗产——一个富有而庞大的楚国。

这时，春秋时代的秩序已经瓦解，新的秩序还未完全建立，王道和霸道正在进行转换，两种思想在社会上并存。

楚怀王正是在国际秩序的交替中登上了王位。

这时各国都想运用外交手段争取同盟，占据优势地位。这给擅长外交的士人提供了广阔的舞台，纵横家应运而生。

楚怀王即位的第二年，秦惠文王任命张仪为相邦。张仪想"以秦、韩与魏之势伐齐、楚"。当时齐、楚都很强大，均能制衡秦国。

公元前 318 年，魏、赵、韩、燕、楚五国合纵伐秦，以楚怀王为纵约长，声势浩大。

联军攻打函谷关，没有取得实际成效，于是五国罢兵。次年，秦国派樗里疾（秦惠文王异母弟）乘胜追击，在修鱼大败三晋联军，斩首 8.2 万人。

第一次五国伐秦以惨败收场。

此时的秦国虽强大，但若五国同心协力，完全可以抗衡秦国。

据杨宽《战国史》记载："实际出兵和秦交战的，只魏、赵、韩三国。"那燕国和楚国去了哪里？因史料记载得较为简略，我们尝试分析当时的形势，做出推断。

燕国相对弱小，而且同秦国中间隔着赵国，没有感受到现实的威胁，也就没有积极伐秦的动力。所以，燕国最有可能抱着坐山观虎斗的心态，出工不出力，"挂名"合纵。

楚国同韩、魏之间互相攻伐是常态，难以建立起互信的盟友关系。韩、魏很难放心让楚国大军入境。所以，楚国出兵应当是走武关道与秦交战，攻击目标是商於之地。根据《秦诅楚文》中"述取我边城新隍，及於、长亲"的记载，楚军取得了一些战果。

另据《秦本纪》记载齐国也出兵了，算上齐国，应当是六国合纵。那为什么都说是五国伐秦，不算齐国呢？《楚世家》中给出了原因："齐独后。"齐国确实也出兵了，但是态度不积极，属于"象征性"出兵。第二年，秦国反攻的时候，齐国还联合宋国攻打魏国的观泽。因此，齐国被刨出去了。

所以，实际在函谷关外同秦军力战的只有韩、赵、魏。

反倒是义渠被公孙衍策动，趁机攻打秦国，在李帛大败秦军。

最后，魏国意图求和，楚国则想单独同秦国议和。

据《战国策·楚策三》记载，魏国派惠施入楚，提出同秦国议和。楚国居然想抛弃盟国，独自派使者去秦国议和。楚怀王身为纵约长，没有起到应有的领袖作用，这也是伐秦失败的重要原因。

楚怀王摇摆不定的态度，说明他没有意识到秦国崛起对楚国的危害，没有意识到天下的形势已经从春秋时期的尊王攘夷，争做霸主，变成了发动兼并战争，统一天下。

这次合纵攻秦失败，也为楚国的败亡埋下了伏笔。

公元前313年（楚怀王十六年），秦国在中原已经占有两个重要的桥头堡和一条"暗道"。

一是从三晋手中夺取的曲沃。曲沃位于今山西省中南部，在函谷关东北方向。

二是从楚国夺取的商於之地。商於之地在今河南淅川西南和河南西峡县东，位于武关以东，秦楚交界之处。商於原属于楚国，后被秦国攻占。

三是秦国攻占了巴蜀。掌握了从巴蜀进入楚国的水道。

这时，楚国三大夫包围了曲沃和於中。并在齐国的帮助下攻占了曲沃，下一步就要夺回商於之地。齐、楚两强结盟，局势对秦国非常不利。

如果秦国失去曲沃和商於之地，就失去了进攻中原的两条通道。为了离间齐、楚的同盟关系，秦国派张仪出使楚国，承诺归还楚国的"商於之地六百里"，条件是楚国同齐国断绝外交关系。

张仪对楚怀王说："秦王最推崇的就是楚王您；张仪最尊崇的也是楚王您。秦王最恨的是齐国；张仪最恨的也是齐国。偏僻小国秦想要讨伐齐国，但是齐国同大国楚国结盟。是以秦王不便尊崇楚王。如果楚国能同齐国绝交，那张仪就能让秦王献出商於之地，方六百里。如此一来，齐国必弱，而听从大王的役使。楚国北可以削弱齐国，西能交好于秦国，还能得到商於之地的利益。这是用一计，而能得到三个好处。"

楚怀王被说动，准备接受张仪的提议，楚国群臣称贺，只有陈轸不贺。

楚怀王说："不出一兵，不伤一人，就能得到商於之地六百里，寡人自以为明智！诸士大夫皆贺，子独不贺，是什么原因呢？"

陈轸说："臣认为商於之地不可得，且祸患将至，故而不敢妄贺。"

楚怀王问："为什么这么说呢？"

陈轸答："秦国之所以看重大王，是因为大王同齐国交好。现在没有拿到土地，就同齐国绝交，楚国孤立，秦国又怎么会重视孤立的楚国？若让秦国先移交土地，秦国一定会拒绝；如果先同齐国绝交，必被张仪欺骗。到时候西生秦患，北绝齐交，齐、秦两国都会攻打楚国。"

楚怀王不听劝阻，坚决同齐国绝交。然后派使者到秦国接受所谓的"商於之地六百里"，张仪却说当时答应的是六里。楚怀王大怒，发兵攻打秦国和韩国。

一切都如陈轸所料。

此时，秦国已经做好同楚国大战的准备，而楚国失去了齐国这一强大外援。楚怀王还没有意识到，这是一场关乎秦、楚两国兴衰的大决战。

公元前312年初，秦楚大战爆发。

楚国兵分两路，一路由将军屈丐率领，进攻商於之地；一路由上柱国景翠率领，围攻韩国的雍氏。

秦国以相邦张仪主持战事，大将樗里疾、甘茂、魏章统军作战。

秦军兵分三路反击楚军。

东路由秦惠文王之弟，名将樗里疾统率，向东进军出函谷关，助韩国抵挡攻打雍氏的楚上柱国景翠；

中路由庶长魏章统率，从蓝田（今陕西蓝田西）出发，反击进攻商於之地的屈匄。魏章率秦军在丹阳（今河南西峡丹水以北地区）大败楚军。秦军如同虎狼，砍瓜剁菜一般地砍了楚军甲士8万颗脑袋。俘虏了楚军统帅屈匄、逢侯丑等70多名将领。魏章在取得丹阳大胜后，继续向西进军。

西路，秦国派大将甘茂攻入楚国汉水流域，与魏章合兵一处，攻占了楚国的汉中之地600里，设置汉中郡。

楚怀王不仅没有得到600里的商於之地，还失去了600里的汉中。

齐宣王则表现得颇为睿智，他没有因楚国背信弃义而坐山观虎斗，齐国联合宋国出兵围攻魏国的煮枣（今山东东明东），魏国因此被牵制，不能同秦国联合行动。秦军胜利后，樗里疾继续东进，在濮水一带打败了齐军，杀死齐将声子，齐将匡章兵败逃走。樗里疾一路向东，打到了魏国的东北边境。

楚怀王因为愤怒失去了理智，倾举国之兵攻打秦国。楚军深入秦境，打到了蓝田。

蓝田之战，楚军再次大败，楚怀王只能收兵回国。

楚国疆域辽阔，边境线很长。北部同秦、韩、魏、齐都毗邻，东南部还有一个附庸国越国。楚怀王把精锐全部投入对秦战场，必然导致国内空虚，这给了其他国家机会。

韩、魏两国趁机南下，攻占了召陵，直逼邓邑（今湖北襄阳北）。秦将魏章还联合韩军攻占了楚国的上蔡。越王给魏国送了300艘船和500万支箭做礼物。

种种迹象表明，楚国本土也遭受了威胁。

秦国得到汉中后，秦国腹地同巴蜀地区之间交通再无阻隔。秦国同楚国之间的"武关道"也被打通。秦国占据了进可攻，退可守的有利地势。秦军本来还能取得更大的战果，因秦惠文王于公元前311年去世，樗里疾只好收兵回国。

丹阳、蓝田之战，楚国外交上失策、军事上失利，损兵折将，实力严重受损，由盛转衰。而且因为失去了汉中，在以后的对秦战争中，楚国将会非常被动。

公元前307年，秦武王意外去世，秦武王异母弟公子稷成功即位，是为秦昭襄王。

秦昭襄王即位初期，内部不稳，需要营造良好的外部环境，先解决内部问题。秦昭襄王的母亲宣太后是楚国人，宣太后母家亲戚向寿被任命为秦相。秦昭襄王还迎娶了楚女为王后，以改善秦楚关系，拉拢楚国。

公元前304年，楚怀王同秦昭襄王在黄棘会盟，秦归还了楚国的上庸。

秦楚结盟后，秦军的刀锋指向了魏国和韩国。秦国攻占了韩国的武遂，还有魏国黄河上的三个重要渡口。韩、魏两国倒向齐国寻求援助，在齐国孟尝君的谋划下，齐、韩、魏三国以"楚负其纵亲而合于秦"为理由，联合讨伐楚国。

楚国为得到秦国援助，送太子横入秦国为质。秦国出兵援助楚国，齐、韩、魏三国退兵。不料，太子横在秦国杀死了一位秦国大夫，潜逃回国，秦、楚关系破裂。

公元前301年，齐国孟尝君再次组织齐、韩、魏三国联军攻打楚国。齐将匡章、魏将公孙喜、韩将暴鸢在沘水旁的垂沙大败楚军。楚将唐眜被杀，宛、叶以北的土地被韩国和魏国占领。同年，秦国攻楚，斩首2万。次年，秦国攻占楚国新城，斩首3万，杀楚将景缺。

楚怀王只好把从秦国逃回来的太子横又送去齐国做人质，向齐国求和。

楚国就像是墙头草，在齐国和秦国之间摇摆不定。

这时，秦国却突然约楚怀王到武关会盟。

昭睢对楚怀王说："大王不要去，应该发兵自守。秦国是虎狼，有并吞诸侯之心，不可信。"

屈原也说："秦是虎狼之国，不可信。"

公元前299年，楚怀王听了幼子子兰的话，应邀赶赴武关同秦国结盟。秦国绑架了楚怀王，要求楚怀王割让土地，像藩臣一样到咸阳朝拜，遭到楚怀王的严词拒绝。

国君被扣留，楚国群臣为了不受秦国要挟，决定迎回太子横即位。因担心齐国不放太子横，楚国送讣告到齐国，假称楚怀王已经去世，来接太子回楚国即位。太子横答应献东地500里给齐国，才被放回国。太子横即位，是为楚顷襄王。

楚顷襄王采用几位楚臣的计谋，派人先到齐国献地，又派人驻守东地，再派人到秦国求援。因秦国出兵，齐国撤军，楚国没有丧失东地。

楚怀王被扣留后，曾寻到机会，逃了出来。秦人发现楚怀王逃走，封闭了和楚国之间的道路，楚怀王从小路进入了赵国，当时赵王在代地，赵人不敢做主。楚怀王只好逃去魏国，在路上被秦人追上抓了回去。

公元前296年（楚顷襄王三年），楚怀王在秦国咸阳去世，灵柩被送回楚国，楚国人都很哀伤，像失去亲戚一样悲痛。

屈原的命运也随着楚国的国运在起伏。

据《史记》记载，屈原担任左徒一职，很受楚怀王信任，"入则与王图议国事，以出号令；出则接遇宾客，应对诸侯"。

屈原在内制定法令，推行法治实行改革；在外联齐抗秦，是楚国贵族中少有的改革派。而且在外部关系上，屈原率先意识到秦国是虎狼不可相信，因此主张合纵抗秦。

屈原出使齐国，一手促成齐楚联盟。谁能料到，楚怀王竟然被张仪欺骗，同齐国断交，联齐抗秦的计划流产。

随后，楚军在丹阳战败，一战损失楚军8万多人，包括屈丐在内的70多名将领被俘，楚国有统帅战败即自杀的传统，屈氏家族人才遭受巨大损失，威望扫地，势力受到重创。这导致屈原失去了强大的家族支持。

因屈原主张联齐抗秦，楚国同齐国结盟时，屈原就受重用；当楚国同秦国结盟时，屈原就会被排斥。

秦国为破坏齐楚联盟，派人贿赂楚国贵臣诽谤屈原。楚国的贵族因利益受到变法的触动，本就想排挤屈原。所以，上官大夫和公子子兰等人寻找机会，在楚怀王面前屡进谗言，致使屈原失去了楚怀王的信任，而被疏远。

楚国的改革又一次终止。

历史给楚国留了时间，也留了机会，但是都被浪费了。

楚国在丹阳、蓝田之战大败后，楚怀王再次派屈原出使齐国，修复齐楚关系。谁能料到，后来楚怀王又遭秦国诓骗，被扣留在了秦国。

屈原清醒地意识到联合齐国对楚国有利，他两次出使齐国，都成功建立了齐楚联盟。可两次都被秦国破坏。屈原越清醒，就越痛苦、越绝望，他绝望地看着楚国走向必将衰落的明天。

楚顷襄王即位后，同屈原政见不同的公子子兰被任命为令尹。屈原被免职，流放江南。

屈原就像一个风向标，他离楚国政治中心越远，说明楚国政治越腐败，国势越衰弱。

屈原被流放了十几年后，秦国在挑选猎物的时候，又选中了楚国。

公元前280年，秦将司马错攻取了楚国的黔中，楚国割让上庸和汉北之地求和。此时赵国强大，为了免除后顾之忧，秦昭襄王没有冒进，而是先确保后方稳固。第二年，秦昭襄王同赵惠文王在渑池会盟后，才派白起再次攻打楚国。

白起先攻占了邓，然后沿汉水南下攻打楚国别都鄢城（今湖北宜城东南）。白起筑坝凿渠，引水灌入鄢城。鄢城成了一片泽国，数十万楚国军民惨死，尸臭熏天。

而后白起继续南下，次年（前278）楚国郢都也被秦军占领。

白起兵分三路继续进军。

东路，攻占了竟陵（今湖北潜江东北）、安陵（今湖北云梦）、西陵（今湖北新洲西）。

南路，攻打到洞庭、五渚、江南。

西路，攻打到夷陵（今湖北宜昌东南），焚毁了楚国宗庙和先王的陵墓。

据说就是在这一年，屈原跳进了汨罗江。

两年时间，楚国郢都周围几百里的富庶之地，尽归秦国所有，楚国被迫迁都到陈（今河南淮阳），陈此后也被称为郢或郢陈。

以楚国疆域之广阔，国家之富有，军事之强盛，如果能君臣一心，励精图治，采取正确的外交手段，在楚怀王时代，楚国极有可能阻挡住秦国东进的步伐，在兼并战争中占据主动地位。

楚武王曾说："我蛮夷也，不与中国之号谥。"（《史记·楚世家》）楚成王曾在会盟时扣留讲究仁义、信用的宋襄公。几百年后，"蛮夷"的后代楚怀王，却因信任大国的使者而屡屡被骗，又在参加盟会时，被秦国绑架。楚人曾经不遵礼制自称楚王，却因遵守礼制而屡遭蒙骗。历史是何其吊诡！

楚怀王在遵循春秋时代的争霸秩序，遵守大国君主应该有的道义。

春秋时，各国之间连去攻打对方，都会提前告知时间、地点、原因。在战场上，敌方逃跑的战车出现故障，还会帮着出主意，修理战车。敌方战士重伤时，绝对不会补刀。年老的俘虏，会被放回国去安养晚年。

可时代变了，靠人头计算军功的制度，让秦军都变成了虎狼。楚人的脑袋在秦军眼中是一级又一级的爵位。残酷的兼并战争中，道义已经成为奢侈品。

楚怀王在国内，还是很得民心，他的尸体被送回国时，"楚人皆怜之，如悲亲戚"。公元前208年（秦二世二年），项梁"从民之望"，立楚怀王之孙熊心为王，也称为楚怀王。

楚人怀念楚怀王。

楚怀王有着贵族的高傲和坚持，如果他生在春秋时代，或许也是一代雄主。如果他生在和平年代，或许也是一位有作为的国君。然而楚怀王生错了时代，他生在了残酷的战国。

三、腐败的政治

楚国迁都到陈后，不再是秦国的首要攻击目标，得以偏安数十年。其间，楚顷襄王送太子熊完入秦国为质，左徒黄歇跟随太子一同入秦。

公元前263年，楚顷襄王病重，秦国不放熊完回国。黄歇把熊完装扮成楚国使者的车夫，送回了楚国。他自己留在住所，闭门谢客，等到熊完安全离开秦国，才向秦王禀报。秦王要杀黄歇，范雎认为放黄歇回国，对秦国更有利。黄歇逃过一劫，被放回了楚国。

楚顷襄王去世后，熊完即位，是为楚考烈王。

楚考烈王任命黄歇为令尹，封为春申君。春申君在政治上主张亲附秦国，秦国实行远交近攻战略，重点攻打三晋。秦、楚关系相对和缓。

楚国获得喘息之机，有了中兴的气象。

秦赵长平之战的时候，楚国借机谋取鲁国，到公元前256年，春申君率军吞并了鲁国；赵国邯郸之难时，楚王派春申君领兵援助，同魏信陵君一起击退了秦军；春申君还邀请荀子到楚国任兰陵县令。

太史公评价："当是时，楚复强。"（《史记·春申君列传》）

现在江南一带，还流传着春申君治理疏通黄浦江河道，抑制水患的故事。据说，上海的简称"申"、黄浦江的"黄"字，都是源于春申君黄歇。

春申君名声显赫。

当时贵族养门客之风盛行。门客能帮主君出谋划策，治理国家。还能装点门面，作为地位和财富的象征。所以，各国贵族给门客的待遇都非常优厚。

春申君同齐国孟尝君、赵国平原君、魏国信陵君被并称为"战国四公子"。他们都广招贤士，为自己所用。春申君门下养有门客3000人。

有一年，赵国的平原君派门客到楚国拜访春申君。春申君盛情接待，给赵国使者安排在高级宾馆（上舍）居住，派府上的门客做接待工作。

平原君的门客有意炫富，他们戴着玳瑁做的簪子，用名贵的珠玉装饰宝剑。春申君的门客穿着宝珠点缀的鞋子。平原君的门客因此"大惭"，不敢轻视春申君。

门客的行为反映了主君的思想。平原君和春申君都认为炫耀财富，就是显示实力，就能凸显地位。门客"炫富"没比过别人，就心生惭愧。这种对财富的狂热追求，体现出两国政治上的奢靡腐败。楚国腐朽的贵族政治，决定了其必将覆灭的结局。

所谓中兴，不过是回光返照罢了。

楚国偏安一隅，三晋不断败退，危险离楚国越来越近，崤山以东的各国都意识到了危险。遏制住秦国东进的势头成为列国共识。

公元前241年，赵、楚、魏、燕、韩五国联合讨伐秦国，以楚考烈王为纵约长，春申君主持合纵行动，赵将庞煖为联军主帅。

五国联军攻打到函谷关，秦国出兵反击，五国联军败退。

同年，楚国把都城迁到了寿春（今安徽寿县），也称为郢。楚国的政治中心迁移到了距秦国更远的东部。

值得注意的是，这次合纵齐国没有参加。秦国"远交近攻"的战略非常奏效，秦国同齐国交好，齐国采取了绥靖政策，对中原各国的存亡不闻不问。五国从秦国撤军后，折回头来攻打齐国，在饶安得胜后才收兵回国。

楚考烈王认为伐秦失败春申君负有责任，对春申君日渐疏远。

春申君不甘寂寞，他又有了新的计划。获得权力不一定要通过战场和朝堂，还可以从后宫入手。

楚考烈王没有子嗣，春申君送了很多容易怀孕生子的女子进王宫，可这些女子都没生儿子。

赵人李园想把自己的妹妹李环献给楚王，他听说楚王不宜子嗣，担心妹妹入宫得不到宠幸。于是转变了思路，决定先把妹妹献给春申君，再通过春申君献给楚王。要搞政治投机，就得敢想敢做。（《史记》《战国策》没有记载李园妹妹的名字，此从《越绝书》。）

李园先到春申君府上做了舍人，不久后故意请假回家探亲，又故意逾期不归。等他返回时，春申君问他迟归的原因。

李园答："齐王派使者求娶我的妹妹，因此失期。"

春申君顿时来了兴趣，他问："聘礼送来了吗？"

李园答："没有。"

春申君提议："我能见见吗？"

李园把李环带来见了春申君，李环自然就留在了春申君府上，不久后李环就怀孕了。

计划的第二步需要迅速进行。

李环对春申君说："楚王信任您，连大王的兄弟都不能同君上相比。如今您担任楚相已经 20 余年，而大王至今无子。百岁之后，只能立兄弟为王。新君即位后，就会让自己的亲信担任显贵之位，君上又怎么获得长久的宠信呢？不仅如此，君上执掌国政多年，对大王的兄弟有很多失礼的地方。如果大王的兄弟真的继承王位，恐怕祸患就要落到君上身上了，又怎么保全相位和封地呢？

"如今妾已经知道自己怀有身孕，而别人不知道。妾得幸于君上的时间不长，如果君上凭借着尊贵的地位，把妾进献给楚王，大王必会宠幸妾；如果上天保佑，有幸生下儿子，那君上的儿子就会成为未来的楚王，整个楚国都是君上的。这同遭遇不测之祸，哪个更好呢？"

春申君"大然之"，立刻安排李环入宫。李环得到楚王宠幸后，生了一个男孩熊悍，被立为楚国太子，李环也被封为王后，李园凭借裙带关系得到楚王重用。

李园此计真是又无耻，又高明。

楚王不育，春申君有生育能力，李园安排妹妹先怀上春申君的孩子再入宫。因为有了春申君的推荐，李环得到额外的重视，入宫就得到宠幸。李环生的孩子是后宫唯一的男孩，自然会被立为太子。而这个孩子是春申君的儿子，春申君当然会为这个孩子扫除障碍，也会因为这个孩子同李园兄妹结为坚定的同盟。李环被立为王后，李园被重用提拔，春申君都会鼎力相助。

春申君因为儿子被立为太子，做着权势熏天的美梦。殊不知自己作为知情人，已经成为李园灭口的对象。

公元前 238 年，楚考烈王病重。春申君的门客朱英突然说起了怪话。

朱英说："世有毋望之福，又有毋望之祸。今君处毋望之世，事毋望之主，安可以无毋望之人乎？"

"毋望"即不期而至。

春申君问："什么是毋望之福？"

朱英答："君上相楚二十余年。名为相国，实为楚王。如今楚王病重，危在旦夕。君为相，新王年少。君上应代掌朝政，如同伊尹、周公。等新王成年再归还朝政，不就是南面称孤而有楚国？此所谓毋望之福也。"

春申君问："何谓毋望之祸？"

朱英答："李园不掌握国家权柄，却能跟您平起平坐。他不管理军队，却豢养死士很久了。楚王去世，李园一定会杀了君上灭口。此所谓毋望之祸也。"

春申君又问："何谓毋望之人？"

朱英答："君上让臣做郎中，楚王去世，李园一定会抢先入宫，臣为君上杀李园。此所谓毋望之人也。"

春申君不以为然地说："放弃这个想法吧！李园，软弱之人也。他在我府上时，我善待于他，何至于此？"

朱英知道春申君不会采纳自己的谏言，担心祸患殃及自身，就逃走了。

十几天后，楚考烈王去世。李园果然抢先入宫，在棘门之内埋伏死士，截杀了入宫的春申君。死士砍下春申君的头颅，丢出棘门。李园随后灭了春申君一家。

熊悍被立为楚王，是为楚幽王。

十年后（前228），楚幽王去世。他的同母弟楚哀王（熊犹）即位。两个多月后，楚哀王庶兄公子负刍杀死楚哀王和他的母亲李环，李园被满门抄斩。公子负刍自立为王，是为楚王负刍。

就在负刍即位这年，秦国俘虏了赵王迁，灭了赵国。秦国的统一战争已经到了收网阶段。灭楚也被提上了议事日程。一天，秦国君臣讨论攻打楚国需要多少兵力。

秦王嬴政问李信："攻取荆楚，将军认为需要多少将士？"

李信答："20万人。"

嬴政又问老将王翦。

王翦答："非60万人不可。"

嬴政摇头道："王将军老矣，为何如此胆怯！还是李将军壮勇。"

在攻打燕国时，李信曾带着数千人追击燕太子丹。嬴政认为他年少勇武，可以担当大任。这次对话，再次证明了嬴政的想法。

公元前225年（始皇帝二十二年），嬴政派李信、蒙武领兵20万，南下伐楚。

秦军入楚后，蒙武攻占了寝，李信占领平舆，而后两路兵马要在城父（今安徽亳州）会师。

楚军这时虽然丢了几座城池，但实力没有大的损失。楚国大将项燕（项羽祖父）率楚军跟踪李信军队，连续三日三夜不休息，大败秦军，攻入两座营垒，斩杀秦军七个都尉。秦军大败逃回秦国。

这是秦灭六国期间少有的败绩。

秦王嬴政得到消息，大怒。嬴政没有因为愤怒而失去理智，他立即驱车亲赴频阳，去请告老还乡的王翦。

嬴政诚恳地道歉："寡人不用将军之计，李信果然使秦军受辱。如今听说楚军向西进军，将军虽然患病，还请不要抛弃寡人。"

王翦推辞道："臣老了，又病了，还请大王另选贤将。"

嬴政说："就这么决定了，将军不要再说了。"

王翦提出要求："大王如果一定要用老臣，非60万大军不可。"

嬴政应允。王翦率60万大军准备启程，嬴政亲自到灞上送大军出征。

王翦如果灭楚，就如同当年的白起，功高震主。白起被赐死，王翦不想步白起的后尘。他故意"请美田宅园池甚众"（《史记·白起王翦列传》）。君王不怕臣子贪图良田、美宅、美人、美酒，君王就怕没有欲望的臣子。人没有缺点，就难于掌控。王翦贪财，反而能保他平安。

嬴政说:"将军出发吧!难道还担心缺钱花吗?"

王翦说:"做大王的将军,不能裂土封侯。因此臣要在大王还用得到我时,多置点财产,给子孙留份家业。"

嬴政听后大笑。这一笑,王翦安全了一半。

王翦领军出发,出关之前,连续五次请求赐美田。

王翦的部下担心如此频繁催促秦王,不太妥当。

王翦说:"大王多疑,如今倾举国之兵,委任于我。我不为子孙多要点田宅,岂不是让大王怀疑我拥兵自重吗?"

秦国60万大军浩浩荡荡进入楚国境内,楚王负刍也倾举国之兵抵抗,楚军绷紧神经,准备同秦军决一死战。王翦却坚守不出。不论楚军如何挑战,王翦都严令秦军不得出战。王翦还让秦军洗澡休息,吃好睡好。

一年后,秦军的将士们都在玩扔石头。秦军休养生息,攒足了精神和锐气。

楚军的锐气却消磨殆尽。楚国见秦军一年没有任何军事行动,放松了警惕,开始调动兵力。

王翦果断追击,大破楚军,乘胜攻城略地。

公元前223年(始皇帝二十四年),秦军占领楚都寿春,俘虏楚王负刍,设置楚郡。

负刍被俘后,项燕在淮南拥立昌平君为楚王,继续反秦。王翦、蒙武在淮南再次大败楚军,昌平君战死,项燕自杀(一说被杀),楚国灭亡。

回想汨罗江畔,容颜憔悴、形容枯槁的屈原,还有灵堂上浑身插满箭矢的吴起和楚悼王。如果楚悼王能多活20年,如果屈原能一直被信任,历史或许会被改写。

相较于狭小的韩国、偏远的燕国,楚国得天独厚。同处于四战之地的韩国、魏国比,楚国又有地缘优势。同齐国、秦国比,楚国国土辽阔,资源丰富。

但是，国土辽阔也导致楚国防御力量分散。楚国难以撼动的贵族政治，让楚国日益腐朽没落。楚王的不明大势、短视天真又断送了楚国强盛的机会。

楚王的宫殿，春申君繁盛的宫室楼台，最终尽归秦王所有。

（注：关于楚幽王、楚哀王、楚王负刍的身份尚存争议。笔者采信《史记》中楚幽王为春申君之子，楚哀王是楚幽王同母弟，楚王负刍是楚哀王庶兄的说法。至于楚考烈王是否有生育能力，笔者认为男子即使患有不育症，也有可能生育后代。一种情况是该男子患有继发性男性不育症。即有过生育史，而后不能生育。这种情况下，患者此前就应当有过子嗣。另一种情况是患者性功能正常，一直没能诞育子嗣。患者在调整了心理、饮食、居住环境后，或经过治疗，恢复了生育能力，从而育有子嗣。所以，不能通过一个男子几年或十几年内没能育有后代，就断定他在此之前，或之后，都没有孩子。）

第五章

齐国和燕国：命运共同体

一、盛衰有凭

公元前 386 年，周天子册封田和为齐侯，姜姓吕氏的齐国被妫姓田氏取代，史称"田氏代齐"。整件事中，周天子的作用不过是帮窃国者成为合法的诸侯。

而在西周初年，周天子分封诸侯的目的是稳固统治，让宗室、功臣拱卫王室，防止殷商旧势力反叛，防御戎狄民族侵扰。那些被分封的诸侯在立国之初就走上了不同的发展道路。

齐、晋两国建国时，为了尽快稳定局面，稳固边疆，都采取了相对和缓的治国方针。

姜太公（吕尚）治理齐国，"修政，因其俗，简其礼通，通商工之业，便鱼盐之利"（《史记·齐太公世家》）。

晋国位于夏人故地，与戎狄为邻。因此，"启以夏政，疆以戎索"（《左传·定公四年》）。

为了争取民心，齐、晋两国在推行周礼时，都尊重和保留了当地百姓的习俗。这种融合让齐国、晋国拥有了更持久的活力。春秋时，齐、晋两国都奉行"尊王攘夷"的战略，都是尊周礼，而不囿于周礼。

它们先后崛起，有其历史的必然性。

同齐、晋两国形成明显对比的是鲁国。

鲁公伯禽"变其俗，革其礼"，深入彻底地推行周礼，前后用了三年时间完成同化工作，然后才"回京述职"。

周公听了伯禽的汇报后，预言："呜呼，鲁后世其北面事齐矣！"（《史记·鲁周公世家》）

鲁国严格执行周礼，强有力地改变了当地百姓的习俗。因此，鲁国对周礼的保存最为完整。

但"周礼尽在鲁矣"也成为束缚鲁国发展的桎梏。鲁国要严守周礼，就很难吸收其他文化的长处，也不利于引进别国的人才。鲁国政权斗争多发生在公族内部，政权不容易被外姓掌握。在鲁国长期专政的"三桓"是鲁桓公的后代，都是鲁国公族。

在国家运转了几百年后，鲁国明显后劲不足。

春秋时，齐桓公称霸，果然出现了鲁国"北面事齐"的局面。到战国时，鲁国被齐国攻打，连"还手"都不敢太用力，还为此赶走了吴起。

同鲁国不同，齐、晋两国都有"尊贤尚功"的传统。辅佐齐桓公的管仲，辅佐晋文公的狐偃、先轸、赵衰，都不是公族。这给了异姓卿族发展空间，发展的结果是齐、晋两国先后崛起，而后韩、赵、魏分裂了姬姓的晋国，田氏取代了姜姓的齐国。

所以，齐、晋两国先后被异姓卿族偷梁换柱有其必然性。

但齐国被田氏取代，源自一个偶然事件。

田氏的祖先来自陈国。

陈国是妫姓陈氏，国君是帝舜之后，被封为公爵，很受周王室重视。陈国位于今河南淮阳，同蔡、楚、宋等国毗邻，国土面积不大。

公元前672年，陈国政局动荡，公子陈完避祸出走，投奔了齐桓公。齐桓公收留陈完，还要任命他为齐国的卿。

陈完说："羁旅之臣幸得庇护，君上仁爱，陈完感激不尽，不敢担当高位。"

齐桓公于是任命陈完为工正，管理齐国的百工。陈完从此在齐国定居，改陈氏为田氏。田氏后代世袭工正之职。

齐景公时，田氏家族"以大斗出贷，以小斗收"，收买人心。

齐景公早年勤政，善于纳谏，能使用晏婴治国。但齐景公"好治宫室，聚狗马，奢侈，厚赋重刑"（《史记·齐太公世家》），喜欢阿谀奉承的小人，对百姓重征暴敛，而且刑罚严酷。晏婴屡次进谏，齐景公都无动于衷，使得百姓苦怨，诅咒国君。

国君无道，田氏厚施于民，民心自然如流水一样归向田氏，田氏势力强大起来。

晏婴感叹："齐国之政，最终要归田氏了。"

齐景公临终前立宠姬生的幼子荼为太子。齐景公去世后，高氏、国氏拥立太子荼即位。景公之子阳生逃到了鲁国。

田氏领袖田乞（田釐子）同阳生交好，不满荼做国君，于是联合了鲍氏，击败国氏、高氏，接回公子阳生，拥立为国君，是为齐悼公。

田乞升任国相，田氏开始掌握齐国实权。

国氏、高氏世代为齐国上卿，根基深厚，田氏不能独掌政权。这时，南方崛起的吴国帮了田氏的大忙。公元前484年，吴王夫差北上争霸攻打齐国，在艾陵大败齐军，缴获战车800乘、甲首3000，俘虏了齐中军元帅国书和一批高级将领，国氏、高氏和齐国公室的势力大受打击，国君丧失了通过其他卿族制衡田氏的能力。

后来齐悼公被鲍子所杀，继任的齐简公想驱逐田氏，反被田常（田乞之子，田成子）所杀。田氏立齐简公之弟骜为国君，是为齐平公。

田常自任国相，独揽齐国大权。

为快速扩张田氏的势力，田常采取了两个方法。

一是常规操作：诛锄异己和扩大封邑。

田常"尽诛鲍、晏、监止及公族之强者"（《史记·田敬仲完世家》），还把安平以东到琅琊的土地都划为田氏封邑，田氏的封邑甚至超过了齐国国君的食邑。

二是非常规操作：多生孩子。

田常选齐国七尺以上的女子充实"后宫"，姬妾数量高达"百数"。但他不是自己到后宫去"耕耘"。田常不约束宾客、舍人进入"后宫"。到田常去世时，他已经有了 70 多个"儿子"。

田常去世后，他的儿子田盘（田襄子）继续担任齐相。田盘"使其兄弟宗人尽为齐都邑大夫"。田盘的兄弟，就是那些"田常的儿子们"都被派往齐国各地做大夫。

如此，田氏的势力迅速"覆盖"了齐国。

公元前 387 年，田和（田完九世孙）同魏武侯在浊泽相会，请魏武侯向周天子请求承认齐相田和为诸侯。次年（前 386），周天子立田和为齐侯，田和即齐太公。

末代姜齐国君齐康公，则在 6 年前就被流放到了海岛，仅保留一城的食邑。齐康公去世后，食邑被田氏所占，姜太公绝祀。姜齐被取代固然是因田氏精于谋划，而根源还在于姜齐颓败腐朽，丧失了民心，让田氏有可乘之机。这正是盛衰有凭。

二、东方大国

田齐建立时，历史的车轮已经驶入战国。

局势紧张，可齐威王（田齐第四代国君）即位后却沉湎于酒色，把国政交给卿大夫治理，导致"百官荒乱，诸侯并侵，国且危亡，在于旦暮"（《史记·滑稽列传》）。

左右的人都不敢劝谏，大夫淳于髡决定用隐语劝谏齐威王。

淳于髡说："国中有大鸟，栖息于王庭，三年不飞又不鸣，不知是为什么？"

齐威王答："此鸟不飞则已，一飞冲天；不鸣则已，一鸣惊人。"

"一鸣惊人"的故事有两个版本，另一个版本中被劝谏的是楚庄王。不论故事的主角是楚庄王，还是齐威王，他们确实都做到了"一鸣惊人"。

齐威王没有因被讽刺而生气，开始励精图治，他召集"诸县令长七十二人，赏一人，诛一人，奋兵而出"（《史记·滑稽列传》）。

赏的是即墨大夫。

齐威王对即墨大夫说："自大夫到即墨，每天都有诋毁你的人。然而寡人派人巡视即墨，荒地都被开垦，百姓丰衣足食，官府没有积压的公务，东方因此安定。寡人左右的人诋毁你，是因为你没有贿赂他们。"

于是，齐威王赏赐即墨大夫万家之邑。

诛的是阿城大夫。

齐威王对阿城大夫说："自从你到阿城，每天都有人赞美你。然而寡人派人巡视阿城，田野无人开垦，百姓贫苦不堪。昔日赵国攻打甄城，你不能救援，卫国攻取薛陵，你不闻不问。寡人的左右赞誉你，是因为你用重金贿赂了他们。"

当天，齐威王烹杀了阿城大夫以及左右赞誉过阿城大夫的人。

齐威王率军向西攻打赵国和卫国，在浊泽大败魏军，围困魏惠王。魏国献地求和，赵国归还了齐国的长城。

于是，"齐国震惧"，再没人敢文过饰非，都竭诚尽力地治理地方，齐国因此大治。

"诸侯闻之，莫敢致兵于齐二十余年。"（《史记·田敬仲完世家》）

齐威王擅于纳谏，也擅于招纳、使用人才。齐威王使用人才不计较出身。

据《史记》记载，淳于髡的身份是赘婿，身高不到七尺。通过他的名字推测，淳于髡应当受过"髡刑"。淳于髡出身卑微，其貌不扬，又受过刑罚，仍能得到齐威王信任。

淳于髡是一位优秀的外交官。他多次出使诸侯，都不辱使命。而且他是一位极具才华的学者，为齐国的发展出谋划策。淳于髡弟子众多，也为齐国的人才培养作出了贡献。这些都有利于齐国政权的巩固和发展。

淳于髡还向齐威王推荐了邹忌。邹忌是布衣出身，也得到了重用。

因邹忌善于鼓琴，齐威王让他留在王宫的右室。片刻之后，齐威王鼓琴，邹忌推门走进来，径直说："善哉鼓琴！"

齐威王特别不高兴，放下琴，按着剑说："邹子刚被留下，根本没有观察过寡人鼓琴，如何知道寡人琴鼓得好呢？"

邹忌说："大弦浑厚而温暖，君也；小弦清亮而明晰，相也；时而紧张，时而舒缓，政令也；声音和谐，大小相益，回旋曲折、互不干扰，四时也。我因此知道大王琴鼓得好。"

齐威王说："邹子确实精通音律啊！"

邹忌说："为什么只说音律呢？治国安民的道理同鼓琴相通。"

齐威王又特别不高兴："谈论五音，寡人相信没有人能比得上邹子。可治国安民，又同琴音有什么关系呢？"

邹忌说："大弦如国君，小弦如国相，手指用力张弛有秩如政令，声音和鸣如四时。回旋往复而不紊乱是政治清明；高低能够相通是国祚延续不亡；琴音调而天下治。治理国家，安定人民，都在国君的琴音中。"

齐威王非常高兴，赞叹道："讲得好。"

不久后，邹忌被任命为齐相。

《邹忌讽齐王纳谏》的故事更是广为流传，还被选入了教材。故事中邹忌借自己的生活体验、人生感悟，提出"纳谏"的理政方针。齐威王听取建议，颁布政令："群臣吏民能当面刺寡人之过者，受上赏；能上书谏寡人者，受中赏；能谤讥于市朝，闻寡人之耳者，受下赏。"

于是，群臣进谏，国君纳谏。广开言路让齐威王可以吸收众家所长，齐国内政修明，燕、赵、韩、魏都入朝于齐国。

而且，齐国有强大的实力。

齐威王信任将军田忌，拜孙膑为兵法老师。齐国在桂陵之战、马陵之战中大败魏武卒，威震天下。（详见第三章）

公元前 320 年，齐威王去世后，其子田辟彊即位，是为齐宣王。

六年后，燕国爆发子之之乱，齐宣王发兵攻打燕国，仅用 50 天就攻占了燕国的国都蓟（今北京），一度灭亡了燕国。

不到两个月，灭亡一个大国，齐国的强盛为天下畏惧，齐国的国君也有争霸天下的雄心。

当时，齐国的文化也领先于诸侯。

齐国都城临淄城南为山区，北部是平原，城西有一条系水，向北蜿蜒而去。在系水和城墙之间有一个近 4 万平方米的建筑群，护城的城壕把建筑群圈护在内。

这座气势恢宏的建筑是我国历史上创办最早、规模最大的高等学府，也是世界上第一所由官方举办、私家主持的高等学府——稷下学宫。

稷下学宫大约建于田齐桓公田午（田齐第三位君主，齐威王之父）时期。田齐国君对学宫的建设不遗余力，提供了丰厚的待遇，吸引天下贤士云集于此。到齐宣王时，稷下学宫发展到鼎盛，学宫中有师生数万人。稷下学宫开放包容，学术生态自由，政治生态良好。儒家、墨家、道家、法家、兵家、刑家、阴阳家、农家、杂家等各种学术流派在这里交流发展。

稷下学宫呈现诸子"百家争鸣"的盛况。

齐宣王曾一次封稷下学者 76 人为上大夫，让他们不用处理政务。稷下学者们因此可以毫无负担地专注于教学研讨，著书立说。

稷下学者议论朝政，为齐国治理建言献策。学宫还承担着教育、培养人才的重任，实现了人才的可持续发展。

可以说稷下学宫是齐国的人才培养基地、国家智库、社会科学院。

齐国成为屹立于东方的大国。

齐国东临大海，西接内陆，气候宜人，土地资源丰富，海洋资源丰富，可谓得天独厚，不想富都难。

而且，齐国的统治者们很擅长发展经济。

西周初年，姜太公"通商工之业，便鱼盐之利"。春秋时期，管仲实行经济改革"通货积财，富国强兵"。田齐家族在齐国长期担任工正一职，对百工之业的管理更为得心应手。

齐国非常富庶。

富裕的齐人，崇尚奢华，安于享乐。

齐景公用黄金和珠宝做鞋子，齐康公"食必粱肉，衣必文绣"，齐宣王喜欢听300人一起吹竽，这才有了滥竽充数的东郭先生。齐国的韶乐雄浑、深厚，让孔子三月不知肉味，孔子还特地到齐国学习过韶乐。

齐国的赌博业非常兴盛，公室贵族都热衷赌博。

宽松开明的齐国，没有严格的礼教精神。齐国公室甚至经营着当时最大的国营妓院。齐国女子色艺双全，能歌善舞。鲁国君主和季桓子就因迷恋齐国女子而怠于政事。

齐国城市的基础设施建设非常先进，都城有规划合理的排水通道，稷下学宫中的墙体中预先埋设了排水管道。在稷下学宫的广场上还铺有地砖。

可以想象学宫中的学生们蹴鞠游戏的热闹景象。

从宫廷到市井，"钟鼓竽瑟之音不绝"（《战国策·齐策五》），齐人的生活丰富多彩。

齐国人占尽天时地利人和，没有生存压力，没有竞争压力。所以"齐俗奢侈，好末技，不田作"（《汉书》）。

富足的生活消磨了人的斗志。

而且，齐军不合理的奖励措施导致军队没有战斗力。

齐国士卒们斩首能得到"锱金"的奖励。奖励还有附加条件：如果战败，即使斩得敌军首级也得不到奖赏；如果打了胜仗，没有斩得敌军首级，还是得不到奖赏。

齐人富有，简单的金钱奖励对他们没有多大吸引力。一个没有吸引力，又不容易获得的奖励，怎么会起到激励作用呢？

所以，齐军装备精良，却最喜欢逃跑。活着才能享受生活啊！

齐国富庶、强大，却不适合战国时代。

三、灭燕树敌

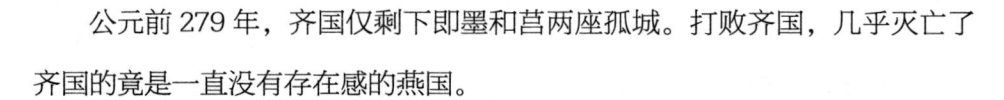

公元前279年，齐国仅剩下即墨和莒两座孤城。打败齐国，几乎灭亡了齐国的竟是一直没有存在感的燕国。

西周初年，召公姬奭受封于燕国，封地位于今北京市房山区琉璃河一带。

召公奭在周王室地位尊崇，同周公一起辅佐周武王灭商，又辅佐周成王、周康王，开创了"刑错四十余年不用"（《史记·周本纪》）的成康之治。为辅佐周天子，召公奭留在镐京，长子姬克赴燕地就封。

同齐国、鲁国等诸侯国相比，燕国的发展极为缓慢，数代燕王无名无谥，或有谥无名。《史记》记载："燕（外）迫蛮貊，内措齐、晋，崎岖强国之间，最为弱小，几灭者数矣。"

但燕国仍顽强地在当地立足，还吞并了蓟国，迁都到蓟（今北京市），疆域扩张到了冀北、辽西一带。

春秋时王室衰颓，戎狄强盛，燕国受到山戎的攻击向齐国求救。齐桓公（姜姓）亲自率军北上，一路追击山戎到了孤竹国境内。大军春天出发，冬天要返回时迷失了方向。管仲说："老马之智可用也。"齐军让老马走在前面带路，才找到了返回的路径。

燕庄公为感谢齐桓公，亲自送齐桓公回国，一直送到了齐国境内。按照周礼，诸侯之间相送不能越过国境，齐桓公就把燕庄公所到之地，尽数送给了燕国。

在齐国的帮助下，燕国终于巩固了边疆。后来晋国称霸时北逐戎狄，燕国再次受益。依靠齐、晋两国"尊王攘夷"，燕国摆脱了戎狄侵扰，获得了发展的良机。

到战国时，燕国"地方二千余里，带甲数十万，车七百乘，骑六千匹，粟支十年。南有碣石、雁门之饶，北有枣粟之利，民虽不由田作，枣粟之实，足食于民矣。此所谓天府也"（《战国策·燕策一》）。

燕国跻身强国行列，同齐、楚、韩、赵、魏、秦并称"战国七雄"。

公元前323年，燕易王参加"五国相王"。两年后燕易王去世，其子燕王哙即位，成为燕国第三十八任国君。公元前318年，公孙衍策动合纵伐秦，燕王哙也随楚国和三晋出兵。合纵未能取胜，五国各自退兵。

"诸夏亲昵，不可弃也"（《左传·闵公元年》）已经成为过去时。昔日的盟友，都变成了虎视眈眈的敌人。列国变法图强，燕国也在探寻发展的方向。

燕王哙不喜打猎，不喜女色，不喜音乐，只喜欢亲自种田。他把国政交给国相子之处理。

鹿毛寿等人利用燕王哙喜仁义、爱贤名的心理，大讲远古圣贤禅让的故事，导演了一出禅让的大戏。他们让燕王哙把燕国禅让给了国相子之，还把

300石以上高官的玺印全部交给子之。燕王哙一一照办。

子之治理燕国三年，燕国大乱。

将军市被与太子平商议攻打子之。

齐王也派人鼓动太子平说："寡人的国家虽小，却愿意做太子的后盾，愿意听从太子的号令。"

太子平是禅让事件最大的受害者。

如果燕王哙没有禅让，他就是燕国未来的国君。若能把子之赶下王位，燕国就能回到原来的轨道。太子平得到齐国的许诺和市被的支持后，纠集党徒，命市被攻打子之。市被攻打子之没有成功，反过来和百姓们攻打太子平。

燕国遭受了数月的祸难，"死者数万，众人恫恐，百姓离去"（《史记·燕召公世家》）。

燕国百姓对统治者失望透顶，孟轲对齐王说："如今讨伐燕国，如同周文王、周武王讨伐殷商。不可失去机会。"

公元前314年，齐王派大将匡章出兵讨伐燕国。燕人"士卒不战，城门不闭"，几乎是夹道欢迎齐军。齐国仅用50天就攻占了燕国都城，占领了燕国大部分领土。燕王哙、子之及太子平均死于这场禅让闹剧引发的战乱。

中山国也趁机占领了燕国数百里土地，数十座城池。中山国郑重谴责燕国"上逆于天，下不顺于人"（《中山王厝方壶铭》），他们"身蒙甲胄，以诛不顺"，以千乘小国的兵力攻打万乘之国燕。

中山国依仗的是齐国。

因为齐国不准备撤军，齐王要彻底吞并燕国。

齐宣王问孟子是否可以占领燕国。

孟子答："如果燕国百姓高兴，就可以取之；如果燕国百姓不高兴，就不能取。"

孟子的判断标准是民意。

伐燕之前，孟子支持齐王伐燕也是因为民意。子之不是圣贤，燕王私自把王位禅让给子之，这是私相授受，没有得到百姓的支持。

燕王哙之前，尧舜禅让是传说。同温情脉脉传说一起流传的还有"舜逼尧，禹逼舜，汤放桀，武王伐纣，此四王者，人臣弑其君也"（《韩非子·说疑》）的无情揭露。

燕王哙之后，再也没有一位国君主动禅让。各国君主都在加强中央集权，而短视、天真、幼稚的燕王哙却试图复刻远古传说，妄想成为"圣人"。他的表演式争霸、象征性的努力，把燕国百姓送进了苦难的深渊。

占领燕国的齐军很快露出了狰狞的面目，匡章对齐军不加约束，齐军从解放者变成了侵略者，燕国宗庙被毁，礼器被洗劫，齐人残暴的恶行激起了燕人激烈的反抗。

两年后，齐国只好撤离燕国。

公元前311年，赵武灵王派乐池护送在韩国做人质的燕公子职（燕王哙庶出子）回国即位，是为燕昭王。燕国复国，还得到了赵国的支持，局势暂时稳定。

国乱则思良相，在国难中即位的燕昭王立志复仇，他急需贤才。

燕昭王向郭隗请教："齐国乘我国内乱，攻破燕国。孤深知燕国弱小，力量不足以报仇。如果能得到贤士共商国是，雪先王之耻，这是孤的愿望。请教先生，孤要报国仇，该怎么得到贤才呢？"

郭隗没有直接回答，他给燕昭王讲了一个故事。

古代有一位国君想用千金求购千里马，三年都没得到。

一个小臣子自告奋勇地说："我去买。"

国君同意了，三个月后小臣带回来一具千里马的尸骨。为买这具马骨，小臣花掉了五百金。

国君大怒说:"我要的是活马,你却用五百金买了一匹死马回来。"

小臣说:"买死马都花了五百金,何况是活着的千里马。天下必然认为大王愿意为千里马付出高价,千里马马上就能得到了。"

不到一年时间,那个国君就得到了三匹千里马。

讲完故事,郭隗对燕昭王说:"大王如果真要求取贤士,请从郭隗开始。如果连郭隗都能被大王厚待,那些比郭隗贤明的人才,就都会到燕国来投奔大王。"

燕昭王采纳了郭隗的建议,为郭隗营建住所,尊郭隗为师,还在易水之旁筑黄金台,广招四方贤才能臣。于是"乐毅自魏往,邹衍自齐往,剧辛自赵往"(《史记·燕召公世家》),贤士争相投奔燕国。

燕昭王吊死问孤,与百姓同甘共苦,燕国逐渐殷富,由弱变强。

可齐国还是那么富庶强大。仅凭燕国一国之力,难以达到报仇的目的。

燕昭王招贤纳士,吸引了一个洛阳人苏秦。

苏秦是著名的纵横家,传说中他佩戴六国相印。《史记》中苏秦单独占一篇列传,可见苏秦的重要性。关于苏秦的史料非常丰富,在《战国策》《战国纵横家书》《淮南子》《论衡》《说苑》等书中均有关于苏秦的记载。但史料既有重合的部分,也有互相抵牾之处,给苏秦的研究带来了很大困难。

在《史记》《战国策》中,苏秦活跃于燕文公、齐威王时期。而在《战国纵横家书》中苏秦活跃于燕昭王、齐湣王时代。本书以《战国纵横家书》为基础,结合《史记》《战国策》等史料和前人的研究成果尝试揭开苏秦的真面目。

苏秦是周初司寇苏忿生的后裔,出生在东周洛阳,师从鬼谷先生,学习纵横之术,同张仪师出同门。苏秦和四个哥哥苏代、苏厉、苏辟、苏鹄都是游说之士。

苏秦早年外出游说,四处碰壁,被家人嫌弃。苏秦曾感叹"妻不以我为夫,嫂不以我为叔,父母不以我为子"。于是苏秦潜心研究《太公阴符之谋》,看书困倦时"引锥自刺其股,血流至足"(《战国策·秦策一》),学习其中的阴谋奇计。

苏秦胸怀大志,寻找可以效忠的贤主,他听到燕昭王求贤的消息后,赶赴燕国,得到燕昭王的礼遇,深受信任。苏秦提出要让齐国"西劳于宋,南罢于楚"(《战国策·燕策一》),破坏齐国同赵国的关系,最终攻破齐国。

苏秦将以燕国使者的身份到齐国去,为燕国行反间计。

苏秦名为特使,实为间谍。

苏秦是间谍中的"死间"。

谍战是兵家的必修课。《孙子兵法·用间篇》记载了五种间谍:因间、内间、反间、死间、生间。死间因一旦被对方发现,会被立即处死而得名。死间必须忠心,性格坚韧,谋略过人,思维敏捷,确保不会暴露,保证谋划的顺利实施。

苏秦对燕昭王保证,自己会"信如尾生,廉如伯夷,孝如曾参"(《战国策·燕策一》)。

尾生是一个痴情的男子,他同情人相约在桥下约会,情人还没到,却忽然发了大水,尾生为守信,抱着桥下的柱子不肯离开而被淹死。

苏秦不是燕国人,他同齐国没有国仇家恨。苏秦做间谍是为了实现抱负,也是为了报答燕昭王的知遇之恩。苏秦就是燕昭王的尾生,他按照同燕昭王的约定行事,直到生命最后一刻。

齐宣王执政时期,齐国发展迅速,他光大稷下学宫,笼络天下人才。齐宣王老谋深算,成熟稳健,很难对付。燕国需要休养生息,苏秦的谋划需要时间布局,燕军也需要时间锤炼士卒。时机尚未成熟,燕国君臣耐心等待着时机到来。

公元前301年,齐宣王去世,其子齐湣王田地即位。六年后,燕昭王认为时机成熟，派苏秦出使齐国，实施灭齐计划。

苏秦的任务是让齐国成为众矢之的。

这个任务可以分解为两部分。

一是怂恿齐国灭宋，造成齐国独大，列国震恐的局面。

此时，七雄的夹缝中已经没有多少土地可供争夺了，而宋国顽强地坚持到了战国晚期。一旦齐国吞并宋国，诸侯们不会坐视齐国一家独大，有了共同的利益和共同的敌人，大家就能合作。

二是离间齐国同各国的关系，使齐国孤立。

至于如何离间齐国同各国的关系，需要苏秦见机行事。

获得齐湣王的信任是最关键的一环。为此，燕昭王封苏秦为武安君，任命苏秦为燕国相邦，出动车150乘送苏秦出使齐国，以抬高苏秦地位。

这一来，苏秦获得了齐湣王的重视。齐湣王以诸侯之礼迎接苏秦入齐。

燕国表现出极大的诚意，派出两万燕军，自备军粮入齐，准备帮齐国讨伐宋国。

第二步，苏秦获得了齐湣王的信任，使"齐之信燕也，至于虚北地行其兵"（《战国策·燕策二》）。

可事情还是出了岔子，燕军进入齐国境内后，发生了矛盾，领兵的燕军将领张魁被齐国所杀。燕昭王和苏秦只能暂时忍受屈辱，由苏秦到齐国请罪，继续"谍战生涯"。

公元前288年（秦昭襄王十九年），秦昭襄王自称西帝，派魏冉出使齐国，尊齐湣王为东帝。

"徐州相王"和"五国相王"后，大家都自称为王，王不值钱了。上古时期有五帝，"帝"是主宰天地万物之神。"称帝"比"称王"更有雄视天下的霸气。"称帝"就是将要凌驾于诸侯之上，取代周天子成为新的天下共主。

不过，现在还不是秦国一家独大的时候，拉齐国下水一起称帝更为稳妥。

当时，赵国正同魏、韩组织合纵。秦国拉拢齐国，能破坏赵国主导的合纵，同齐国一东、一西构成连横之势，夹击、瓜分赵国。

秦国此举是为一举三得：得帝号、得盟友、分赵国。

赵国是燕国的拉拢对象。如果齐、秦联合分了赵国，赵国变弱，齐、秦更为强大，形势会对燕国十分不利。

燕国要如何破局呢？

四、燕之尾声

苏秦不仅打破了不利形势，还借机"捧杀"了齐湣王。

第一步，苏秦劝齐湣王暂缓称帝，先观察形势。

苏秦说："让秦国先称帝，如果天下不反对，大王再称帝。先称帝和后称帝，帝的名号没有区别；若秦国先称帝，被天下反对，大王就不要称帝，以收天下之心，这对齐国大有益处。"

第二步，苏秦劝齐湣王攻打宋国，占得实际利益。

苏秦指出齐国跟着秦国称帝，天下更为尊重秦国；秦国称帝，齐国不称帝，天下会因此尊重齐国，憎恨秦国。同秦国一起讨伐赵国，需要分享胜利果实；如果齐国讨伐宋国，可以独吞胜利果实。

苏秦说："放弃称帝，讨伐宋国。可使齐国重而名尊，燕国、楚国都会臣服于齐国，天下会因此不敢不听齐国号令。"

齐湣王被说服，废除了帝号。

齐湣王约赵王在东阿会盟，约定"攻秦去帝"（《战国纵横家书》）。

赵国本来处在危险之下，依靠苏秦说服齐湣王解除了危机。齐国认为苏秦的建议让他们去了虚名，得到实际利益。苏秦得到了赵、齐两国信任，被赵国、齐国封为武安君，委任为相邦，发动五国合纵攻秦。

至此，苏秦配齐、赵、燕三国相印，为三国武安君，声势显赫。

齐国主导了一次"未遂"的合纵伐秦。

齐国的使者在各国奔走，苏秦受命到魏国、赵国游说，最后组成了齐、赵、韩、魏、燕五国联军。大军进军到成皋、荥阳后，迟迟没有发动进攻。

因为，联军内部没有信任。

当时齐、楚两国国君要会面，赵国奉阳君怀疑他们要同秦国讲和。

还有目的不单纯的燕国。

燕国这次又派了两万军队，还是自备粮食随齐军出发。暗中却在联络赵国、魏国内部"反齐势力"，随时准备对齐国发动攻击。

同时，还有矛盾。

齐国、赵国、魏国都看中了宋国这块肥肉。

苏秦为让齐国顺利攻打宋国，向齐王建议把宋国的陶邑送给赵相奉阳君，把宋国的平陵许给魏相孟尝君作为封邑。

"伐秦"的五国，齐国在攻打宋国，魏国也同齐国争夺宋地，还阻挠了五国联军继续前进。

苏秦表现得极为真诚，他从齐国角度考虑，对齐王说："大王想要得到平陵（宋邑），天下之兵都要同齐国争宋地，这会带来祸患。"魏国和赵国确实已在谋划改"合纵伐秦"为"合纵攻齐"。

齐湣王迫于形势，在攻占平陵后，仓促结束对宋国的作战。

秦昭襄王也在"伐秦"的声势下宣布取消帝号，归还了部分之前占领的赵国、魏国土地。

五国联军帮齐国挡住了秦国。齐国没有按照约定帮助赵国攻打秦国，得罪了赵国。组织五国伐秦得罪了秦国。联合各国，最后却没有行动，韩、魏也不满意。秦国虽然"吐出来"一些土地，可实力没有受到损害。齐国连丢"政治分"，很快就会成为"孤家寡国"了。

就在这年，赵将赵梁攻齐，预告了齐国即将成为众矢之的。齐湣王对苏秦的意图也有所怀疑。

计划进行到这里，我们必须回答以下三个问题。

第一个问题：苏秦为什么设计灭宋，灭其他国家行不行？

宋国是商朝后裔，被周天子封为公爵。原本周天子给商代后裔武庚的封地在殷商的王畿之地，周天子安排管叔、蔡叔、霍叔监视武庚。周武王去世后，武庚联合这三位监视他的"叔叔"叛乱。周公平定叛乱后，改封商纣王的兄长微子启在商丘。

宋国的位置是经过精心挑选的。

首先，商丘是商的旧都，符合"兴灭继绝"的传统。

其次，宋国处在各国交通的要塞之上。宋国位于淮水和泗水之间，附近有很多小国，外围有齐国、楚国、晋国、卫国等国，把宋国围得密不透风。

所以，宋国从春秋时就是霸主争夺的焦点，备受关注。

如果齐国兼并宋国，就会对楚国、赵国、魏国构成威胁。秦国虽然不在宋国附近，但是秦国有兼并天下的野心，谁家的土地在秦王看来都是自家的地，宋国特殊的地理位置也必然引起秦国的关切。

宋国是一条鱼饵，它能牵动各国。

第二个问题：齐国齐湣王为什么会"咬鱼钩"？他既然有所察觉，为什么不杀了苏秦，彻底放弃灭宋的计划？

一是齐宋毗邻，宋国就在齐国的"嘴边"；二是宋国位于冲积平原上，几乎无险可守；三是宋国富庶。宋国土地肥沃，在北纬三十几度附近，发展农业有天时地利，殷商擅长经商，宋国商业极为繁荣。"且夫宋中国膏腴之地，邻民之所处也。与其得百里于燕，不如得十里于宋。"（《战国策·燕策

二》）

即使齐国君臣看出苏秦的意图，也很难不被灭宋的巨大利益所诱惑。

伐宋还有借口。宋国的国君无道，苏秦称宋国为"桀宋"。

讨伐"桀宋"，符合天道。

第三个问题：苏秦同燕昭王定的策略是"西劳于宋，南罢于楚"，为什么没看到齐国大举攻打楚国？

在苏秦的计划中，宋是要被灭的，楚只是被攻打。

楚国国土广阔，灭楚不容易实现。留着楚国，还能制衡齐国和秦国。因此，只能打楚国，不能灭楚国。

齐楚毗邻，攻打楚国，能让齐军陷在齐楚边境，使齐军疲惫。此前，齐国也把楚国作为蚕食目标，鼓动齐国攻打楚国，能让楚国看到现实利益，不容易被怀疑。

但国际形势发生了变化，使齐国改攻楚为攻秦。

公元前299年，秦国绑架了楚怀王，引起了齐国的警觉。如果齐、楚继续交恶，对秦国有利，于齐国则不利。所以，齐国在敲诈楚国太子横后，就放回了太子横，让他回国即位。

随后，孟尝君又险些在秦国被杀。

孟尝君的父亲是靖郭君田婴，祖父是齐威王，在齐国权势煊赫。他是"战国四公子"之一，门下有食客三千，以贤能名闻诸侯。

这时，为缓和齐、秦关系，秦国送泾阳君（秦昭襄王之弟）到齐国做人质。因秦昭襄王想让孟尝君辅佐自己，泾阳君极力说服孟尝君去秦国。孟尝君受到鼓动，准备启程前往秦国。孟尝君的门客都劝他不要去，孟尝君不为所动。

苏秦对孟尝君说："如今秦国是四塞之国，如同虎口，君上如果入秦，臣不知道君上要怎么出来。"

孟尝君这才打消了去秦国的念头。

同年，齐湣王要送泾阳君回国，指派孟尝君护送。可能此时齐湣王猜忌孟尝君，故意让他离开齐国。也可能孟尝君入秦是为了窥探秦国虚实，为日后伐秦做准备。

孟尝君入秦后，被秦昭襄王任命为相。

秦国有人说："孟尝君是齐国公族，为秦相，必会先考虑齐国，后考虑秦国。秦国危矣。"于是秦昭襄王囚禁了孟尝君，还准备杀掉他。

秦国果然是虎口。

孟尝君靠"鸡鸣狗盗"的门客逃出了秦国，回到齐国后，被齐湣王任命为相邦。

从公元前298年开始，孟尝君联合韩国、魏国连续三年攻打秦国，秦国归还了此前占领的部分韩、魏土地。此前孟尝君主导联军伐楚也取得丰硕成果。

孟尝君功高盖主，势力严重威胁国君，以致天下只知道齐国有孟尝君，而不知道有齐王。后来，齐国发生"田甲劫王"的事件。孟尝君被怀疑与田甲同谋，逃回封地薛后，出走到了魏国，被魏王任命为相邦。

孟尝君出走后，变成了坚定的反齐势力。

当时的国家形势非常复杂。

孟尝君在魏国主张合纵攻齐。

赵国内部，赵相奉阳君主张攻打秦国，赵将韩徐为主张攻打齐国。

齐国内部，有人主张齐、秦联合，有人主张齐、魏联合。

秦国的态度也在变化中。秦国原本反对齐国攻打宋国，后来秦国想攻取魏国的旧都安邑，又允许齐国讨伐宋国。

各国内部都有不同派系，这为纵横家提供了舞台。苏秦在其中找寻机会，先促成各国支持齐国伐宋，再联络各国伐齐。

苏秦还利用了齐湣王的弱点：骄傲和轻视。

齐国在桂陵之战、马陵之战大败魏军，在垂沙之战大败楚军，在函谷关外大败秦军，还曾用50天攻破燕国国都，灭了燕国两年。哪个国家取得如此成就，能不骄傲？

燕国低调了700多年，春秋时要依靠霸主的保护，战国时又被齐国灭国。如果齐国先把其他国家收拾了，回手再灭燕国，岂不是轻而易举？

因此，齐湣王轻视燕国，他觉得一切都在自己的掌握之中。

齐湣王认为燕国的顺从、苏秦的忠心，都在情理之中。弱国就是会臣服于强国。

齐湣王非常信任苏秦。

五国合纵伐秦时，赵国已经联合魏国准备伐齐，他们邀请燕国加入伐齐的队伍。

齐湣王得到消息后，派人去赵国，承诺把蒙邑送给奉阳君，缓和同赵国的关系。同时派苏秦回燕国打探燕国的虚实。

这真是所托非人啊！

苏秦给齐湣王写信，担保燕国不会攻打齐国，列国不敢伐齐，稳住了齐湣王。随后，苏秦赶赴赵国，联络伐齐之事。

苏秦的间谍行为，被奉阳君发觉。奉阳君扣留苏秦，通报齐湣王苏秦"欲谋齐"（《战国纵横家书》），苏秦命悬一线。

燕昭王得到消息，立即展开营救计划。他派使者到赵国面见奉阳君，让奉阳君改变了主意。苏秦有惊无险，离开了赵国。

苏秦返回齐国后，阻止齐湣王献蒙邑给奉阳君，让齐、赵两国反目。

齐湣王并不愚蠢，他为了避免陷入孤立，决定送蒙邑给奉阳君。如今，齐湣王敢同赵国撕破脸，是因为他得到了秦国的支持。

在苏秦的怂恿下，齐湣王召回韩珉为相，以获得秦国的支持。

苏秦派人对秦王说:"齐国攻打宋国,楚国、魏国都会恐慌,他们必会因此而西面事秦。齐国同秦国联合,可共图三晋和楚国。"秦昭襄王洞若观火,他只需要对齐国表达友好,其他什么也不用做,就能使齐国陷入被动。

有了秦国的支持,齐湣王十分放心地发动灭宋之战。

公元前286年,齐国在多次进攻后,终于灭了宋国。宋王偃逃到魏国,最后死在了温邑。

齐国"南割楚之淮北,西侵三晋,欲以并周室,为天子。泗上诸侯邹鲁之君皆称臣,诸侯恐惧"(《史记·田敬仲完世家》)。

齐湣王想做天下共主,导致诸侯恐惧,齐国已经危机四伏。

苏秦之计即将成功!

各国的使者开始往来奔走,其中最积极的除燕国的使者外,还有魏相孟尝君,这位齐国公子将成为覆灭国家的黑手。

秦相魏冉想得到宋国的陶邑。孟尝君田文就对魏冉说:"齐破,文请以所得封君。"(《战国策·秦策三》)

五国伐齐联盟顺利建立。

秦国推燕国上将军乐毅为燕、赵共相,统率秦、韩、赵、魏、燕五国联军讨伐齐国。

乐毅是魏国将领乐羊的后代,出生在中山国境内,赵灭中山,乐毅就成了赵人。燕国被齐国攻灭时,乐毅向赵武灵王献策,联合楚国、魏国,讨伐齐国,保存燕国。赵武灵王采纳了乐毅的建议,派人护送燕昭王回国。赵武灵王死在沙丘宫后,乐毅离开赵国去了魏国。后来,燕昭王招纳贤士,乐毅又去了燕国。所以乐毅同赵国、魏国、燕国都有渊源。

在燕军入齐时,苏秦的间谍身份也就暴露了。

对于苏秦的下场,史书有不同记载。

一说苏秦被人刺杀。在去世前,苏秦对齐湣王说:"请大王车裂苏秦,对外宣布苏秦是燕国的间谍，这样杀苏秦的人自会现身。"齐湣王按照约定车裂苏秦，引出了刺杀苏秦的人。

一说齐湣王发现苏秦是间谍，恼羞成怒，把苏秦车裂于市。

两种说法中，苏秦都死了。

苏秦游说各国，被齐国、赵国，甚至是燕昭王怀疑。

他可能被齐国处死，齐湣王诛杀了燕将张魁就是震慑苏秦；他可能被燕国放弃，燕国大夫对苏秦的指责和怀疑从未中断；他可能在别国遭遇不测，奉阳君就把苏秦囚禁在了赵国，魏王也曾拘留苏秦。

他要让齐湣王信任自己，还要安抚燕昭王。要暗中联络反齐的势力，表面上还要为齐国奔走。苏秦一生几乎都是在刀锋上行走。

或许我们永远无法破解苏秦之死的谜团，也无法真正了解苏秦的一生。但从乐毅率五国联军攻入齐国那刻起，他就完成了燕昭王托付的使命。苏秦九死一生，凭借惊艳卓绝的智谋得配三国相印，确实是间谍的巅峰。苏秦用生命完成了对燕昭王的承诺，他确实是燕国的尾生。

五国联军攻入齐国，势不可当。

齐湣王任命触子为将，倾举国之兵在济上阻击五国联军。触子欲避敌锋芒，准备坚守不出，想等联军士气衰落时，再伺机出战。

齐湣王催促触子出战："如不出战，就灭你宗族，挖你祖坟。"

触子只能硬着头皮出战，然后故意在交战时鸣金收兵，齐军被五国联军打得大败，触子从此失踪。

齐湣王又任命达子为将，率领齐军在临淄附近的秦周抵御五国联军。达子请求多发赏金，鼓励士兵，被齐湣王拒绝。齐军毫无斗志，达子战败被杀。

联军大胜，取得了丰硕的成果。远离本土作战的秦军、韩军撤离了战场，剩下的三国军队各取所需，魏国攻打原来宋国的土地，赵国攻打河间地区，乐毅攻打临淄。

乐毅攻占了齐国都城临淄，把齐国的财物、祭器运回了燕国。燕昭王到济上劳军，封乐毅为昌国君，食邑在昌国（今山东淄川东）。

乐毅伐齐初期有复仇性质，推进非常迅速。攻占临淄后，燕国大仇得报。通常来说，燕军应该逼迫齐王割地，然后撤出齐国。但燕国没有撤军，燕昭王要兼并齐国，把齐国变成燕国的一部分。

燕昭王也不急于彻底占领齐国。攻城为下，攻心为上，他要把齐国百姓都变成燕国的百姓。

五、攻心为上

乐毅攻打齐国用的是攻心计。

他颁布命令：严禁燕军侵掠百姓。在齐境内遍访贤士，委任官职，以礼相待。减轻赋税，废除齐湣王暴政。齐人得到燕国食邑的有20多人，得到燕国官职的有100多人。乐毅还在临淄城郊举行大典，祭祀齐桓公和管仲。

乐毅安抚百姓、礼贤下士、怀柔齐人的政策，得到了齐国百姓的认可，使"齐民喜悦"（《资治通鉴》卷四）。

乐毅乘胜长驱直入，连下齐国70多座城池。齐军望风奔溃，仅剩下即墨和莒两座孤城还在坚守。

乐毅伐齐，同齐宣王伐燕有相似之处。

燕国当时有内乱，百姓深受其害，因此无心抵抗。

齐湣王不仁，对宗室、百姓都很残暴。齐国"君臣不亲，百姓离心"（《战国策·燕策二》）。外敌入侵，齐湣王舍不得给将士奖赏，还试图遥控指挥瞬息万变的战场，将士们个个寒心，不愿意为齐王作战。

二者也有不同。

齐国占领燕国过于急迫，而且是想独占燕国，引发了列国的应激反应。齐将不能约束士卒，齐王更无仁爱之心，他们对占领区的燕国百姓实行了残暴的统治，遭遇激烈反抗，被迫撤离了燕国。

乐毅入燕时是五国联军，各国均能获得利益。齐国强大，燕国弱小，各国乐见一个大国陷入战争泥潭被弱化。因此，韩、赵、魏、秦四国不会阻止燕军。

连没有参加伐齐的楚国，也有所斩获。

齐国都城丢失后，齐湣王逃到了卫国，卫国国君向齐湣王称臣，让出王宫给齐湣王居住，提供生活用具。齐湣王傲慢无礼，导致被卫人侵扰。齐湣王离开卫国，又去了邹国、鲁国，他还是不改"傲慢本色"，邹、鲁的国君都不收留他。齐湣王只好绕回了齐国境内的莒城。

楚王想趁机夺回淮北之地，就派淖齿打着救齐的名义进入齐国。齐湣王任命淖齿为相。淖齿想同燕国瓜分齐国的土地，控制齐国政权，就抓了齐湣王。

淖齿质问齐湣王："千乘、博昌之间数百里，天降血雨，大王知道吗？"

齐湣王："知道。"

淖齿："嬴、博之间，大地震动，泉水涌出，大王知道吗？"

齐湣王："知道。"

淖齿："有人在宫阙外哭泣，去寻找，却找不到人，离开就能听到哭声，大王知道吗？"

齐湣王："知道。"

淖齿："天降血雨，是上天在示警；地裂出泉水，是大地在示警；宫阙外有人哭泣，是人民在示警；天、地、人都在警告大王，而大王却不知悔改！"

淖齿杀死了齐湣王，夺回了淮北之地，他也被齐王孙贾所杀。

乐毅攻打齐国，受伤的只有齐国，不会有人营救齐国。

齐国要想复国只能靠自己。

齐湣王惨死，他的儿子田法章流落民间。为隐藏身份，田法章到莒城太史敫家中做了佣人。太史敫的女儿发现他气质不俗，认为他绝非常人，经常给田法章送衣服、食物，对他非常照顾。田法章也如实相告，两人生了情愫，私订终身。

齐国大夫和莒城百姓四处寻找田法章，想要拥立他为国君。田法章不敢轻易暴露身份，潜伏观察了一段时间，确定了这些人是真心拥戴，才敢出来申明身份。

莒人拥立田法章为君，田法章是为齐襄王。齐襄王即位后，立太史敫的女儿为王后，史称君王后。

齐襄王通告全国："齐国新王已立，在莒城。"

莒城原为齐五都之一，物资充足，也有常备军驻守。燕军也没准备赶尽杀绝，莒城尚可坚持。即墨城则在田单的带领下发起了反攻。

田单出身于田齐国君的远支宗族，战前在齐都临淄做市掾，是一个小吏。齐国被攻破，田单同家人逃到了安平（今山东临淄东北）。战乱中，百姓都在逃命。战国时期的车子没有减震设计，受不了颠簸，本来就跑不快，而且在车轮外有突出的车轴头，很容易发生剐蹭事故，导致抛锚。

田单发现这个问题，就让家人用特制的铁笼把车轴头包住，田单家族安全地逃到了即墨。即墨大夫战死后，田单被推为将军，继续守卫即墨。

乐毅的攻心计很有效，即墨坚守尚可，反攻很难组织。

公元前279年，燕昭王去世，其子燕惠王即位。

燕昭王在危难中即位，接手的是一个深受屈辱、百废待兴的国家。他在位33年，让燕国国富兵强，战胜了富强的齐国。乐毅在齐国实行仁政，减免赋税，这说明燕昭王连齐国的百姓都能善待。燕国同齐国有国仇家恨，燕昭王忍辱负重组织"五国伐齐"。在战胜齐国后，他又能放下仇恨，善待"敌国"百姓，这非常不容易。人最容易被胜利冲昏头脑，也最容易被仇恨蒙蔽双眼。

据《史记·匈奴列传》记载，燕国还曾派间谍秦开打入东胡内部，掌握了东胡内部情况后，"袭破走东胡，东胡却千余里"，把领土拓展到辽东地区，设置了上谷、渔阳、右北平、辽西、辽东五个郡。据一些学者推测，此事也是发生在燕昭王时期。

燕昭王的功业和他的人格魅力交相辉映，得到了后世很多人的称赞。

"南登碣石馆，遥望黄金台。丘陵尽乔木，昭王安在哉？"燕昭王在世时，重用苏秦、乐毅等贤臣，能为他们阻挡伤人的利剑。苏秦去了，燕昭王走了，乐毅也要离开燕国了。

对古代谥号有了解的朋友都知道，谥号为"惠"的国君多数不慧。燕惠王继承了丰厚的遗产，但没继承燕昭王的智慧和仁德。

燕惠王做太子的时候，就同乐毅不睦，他猜忌乐毅，担心乐毅会造反。田单利用燕惠王的心理派人入燕行反间计。燕惠王派骑劫为将取代乐毅。

乐毅担心回国会遭遇不测，交出兵权后逃回了赵国，被封为望诸君。

孔子说："君使臣以礼，臣事君以忠。"（《论语·八佾》）

君臣之间的义和忠相辅相成，君臣是互相成就的关系。越没有能力的君主，越喜欢怀疑臣子，尤其是怀疑有能力的臣子。无能的君主喜欢用更加无能的臣子，凸显自己的能力。

骑劫的段位同乐毅比，不是差了一星半点，可以说是天壤之别。田单给他埋什么坑，他都踩，还要在坑里抠土洗澡。

乐毅被骑劫取代后，燕国将士"愤惋不和"（《资治通鉴》卷四）。

田单利用人们的迷信心理，通过造神运动，让大家相信一名普通军士是

"神师"。

田单还散布谣言说:"齐人不害怕燕军,因为即使被俘也会被善待,毫无损伤。如果燕军把齐国俘虏的鼻子割掉,让他们站在军阵之前,齐人就会恐惧,意志崩溃,即墨城就会投降了。"

骑劫以为得到了诀窍,马上付诸行动,切掉齐国俘虏的鼻子,让他们站在队伍的最前面,意图震慑齐人。

即墨城的百姓看到失去鼻子的齐人,"皆怒",打起所有精神坚守城池,唯恐被燕军捉去。

田单又散布消息:"我太担心燕人挖咱城外的祖坟了,那会让齐军将士寒心,意志崩溃,即墨定然不保。"

骑劫又得了"诀窍",立刻派燕军把即墨城外的祖坟全挖了,还把齐人先祖的尸体焚烧干净。

齐人在城墙上看到祖坟被挖,亲人的尸骨被烧毁,"皆涕泣,共欲出战,怒自十倍"(《资治通鉴》卷四)。

即墨的齐人愤怒到了极点,即墨城的守军和百姓都要同燕军决一死战。

乐毅围城三年,城内还能坚守,因为乐毅是儒将,他攻打即墨和莒不成功后,退后九里筑造营垒。

乐毅颁布命令:"城中百姓出逃者,不要捕捉,困难的要予以赈济,让他们从事以前做过的工作,安抚齐国百姓。"

一战灭国,占领容易,统治难。乐毅围孤城三年,没有强攻,燕昭王也支持乐毅。因为人心若不归附,即使占领了土地,迟早也会失去。齐国灭燕两年被迫撤军,燕国得以复国,就是最好的"前车之鉴"。

燕昭王和乐毅三年之功,被燕惠王和骑劫毁于一旦。

田单让强壮的带甲军士都藏起来,把家中姬妾编入守城的队伍,派老、弱、女子守城,降低骑劫的防备心理。

田单在城中集资得到了黄金千镒，他把黄金交给城中富豪，让富豪出城诈降，把黄金送给燕军。

即墨富豪诚恳地说："我们正在准备投降，只有一个要求，请将军不要掳掠我的族人。"

骑劫大喜，坐等即墨富豪献城。燕军都以为马上就能得胜回国了，放松了警惕。

田单把即墨城中能找到的牛都集合在一起，得到了1000多头。他给牛披上画着五彩龙纹的缯衣，在牛角上绑上兵刃，牛尾巴上拴上灌了油脂的芦苇。然后命人在城墙对着燕军的位置凿了几十个洞。到了晚上，田单命人点燃牛尾上的芦苇，出动5000壮士驱赶"火牛"冲杀燕军。

燕军听到了万牛奔腾的声音，看到五彩的龙扑向自己，碰到了就会死。他们惊悚万分，四处逃散。田单率军乘胜收复了70余城，因功被封为安平君。

田单到莒城迎齐襄王回临淄，齐国恢复了对国土的统治，但国力受损过重，再也无法同秦国抗衡。除了赵国，当时已经没有哪个国家可以制衡秦国了。后来，赵国在长平之战被秦国打败，山东六国被灭，只是时间问题了。

在长平之战、邯郸之战中，我们都没有看到齐国的身影。因为"五国伐齐"后，齐国撤出了中原战场，不再参与列国争斗，执行绥靖政策。

"五国伐齐"导致齐国从此仇视各国，坐视他们被秦国攻打、蚕食，而不出手营救；齐国在东方，中间隔着三晋和楚国，是秦"远交近攻"战略的受益者，没有切肤之痛；齐国之地富庶，齐人富有，没有争夺土地的进取心。

从燕惠王开始，燕国国君都非常平庸，燕国也无所作为。公元前255年，燕惠王曾孙燕王喜即位。

燕王喜即位四年后，发现了可以建立功业的"良机"。

燕国的强邻赵国在长平之战战败，损失45万青壮年，之后又经历了邯郸保卫战，急需休养生息。燕王喜发60万大军挑起了对赵国的战争。赵国大将廉颇、乐乘率军反击，在南、北两个战场大败燕军。廉颇追了燕军500多里，包围了燕国都城，燕王喜只能割地求和。（详见第一章第10节"夕阳武士"）

燕王喜实在没想到，他连养伤的赵国都打不过。

燕王喜对自身实力有非常大的误解，他还派了一位将领攻占了齐国的聊城。

齐国确实是采取了绥靖政策，但齐国有大将田单，有谋略家鲁仲连，君王后也不是等闲之辈。反观燕国自燕昭王去世后，人才凋零，毫无作为。

那位攻占聊城的燕国将领，被谣言中伤。国内有人说他想在聊城割据，他只好困守聊城。在被田单围了一年后，他收到了鲁仲连劝降的信。这位没有留下姓名的燕国将领不想背弃国家，选择了自杀，齐国收复聊城。

燕王喜没想到，绥靖的齐国，他也打不进去。

因燕、赵连年大战，赵国错过了休养生息的机会。公元前228年，赵国灭亡，燕国失去屏障。赵国贵族代王嘉在代地继续抗秦。

这时，燕王喜终于同代王嘉联手了。

晚了！

水都被秦国抽干了，两条干鱼互相吐唾沫又能活几天呢？

六、悲情太子

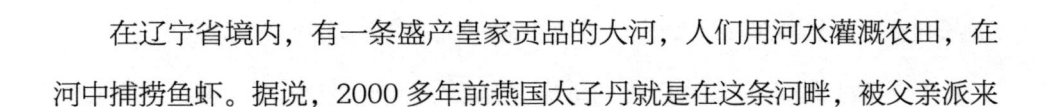

在辽宁省境内，有一条盛产皇家贡品的大河，人们用河水灌溉农田，在河中捕捞鱼虾。据说，2000多年前燕国太子丹就是在这条河畔，被父亲派来

的追兵杀死，人头被献给了秦王，这条河因此被称为太子河。

太子丹是燕王喜之子，曾在赵国做人质。秦王嬴政也是出生在赵国。两人少年相识，关系很好。后来，嬴政回国做了秦王。再后来，太子丹被燕王喜送往秦国做人质。

故人重逢，两人的身份已是天壤之别。

秦国是天下最强大的国家，嬴政是强大秦国的王。而太子丹是弱小燕国的太子，是燕国送到秦国的人质。嬴政坐在王位上，如冉冉升起的太阳；太子丹的人生却如此黯淡。

据史书记载，太子丹因为嬴政对他无礼，逃离秦国，回了燕国，开始策划刺杀嬴政，导演了一出荆轲刺秦王的大戏。

荆轲带着用毒药淬炼过的徐夫人匕首、督亢地图、秦国叛将樊於期的人头，以请求举国归降的名义，面见秦王。

秦王嬴政身着朝服，设九宾之礼，在咸阳宫大殿接见燕国使者。荆轲在嬴政面前，展开督亢地图，"图穷而匕首见"，荆轲抓住嬴政的袖子，拿着匕首刺向嬴政。嬴政向后躲避，扯断了袖子，躲开了这致命一击。嬴政背上有一把剑，因为太长拔不出来。荆轲手持匕首追逐嬴政，嬴政只能绕着柱子躲避。

秦国法令森严，携带武器的卫士都在殿下，没有诏令不得上殿。事出紧急，已经来不及召唤卫士。殿上的人没有兵器，只能徒手去抓荆轲。这时，侍医夏无且投掷药囊阻止荆轲。荆轲被药囊击中，迟缓了一下，同嬴政拉开了距离。

秦国大夫大喊："王负剑！"

嬴政把剑背到身后，拔了出来，挥剑斩断了荆轲左腿。荆轲把匕首当飞镖掷向秦王，匕首刺中了铜柱。愤怒的嬴政连刺荆轲八剑。

荆轲倚柱笑骂："之所以没有成事，是想生擒你，得到秦国退还各国土地的契约，以报太子。"

嬴政左右上前杀了荆轲。

公元前227年，嬴政派大将王翦、辛胜攻打燕国。燕国发兵抵抗，代王嘉也派兵援助。王翦在易水以西击败燕、代联军。次年，秦军攻占燕国都城蓟。燕王喜迁都辽东郡，秦将李信率军继续追击燕王。

代王嘉写信给燕王说："秦国急于灭燕，是因太子丹行刺秦王。大王只要杀了太子丹，献给秦王，秦国必定撤军，燕国的宗庙社稷就能保存了。"

燕王喜身为燕国国君，太子丹的亲生父亲，居然真的杀了燕国的太子，他自己的儿子！他把太子丹的头颅献给了秦王。

这年是公元前226年，已经是战国晚期了！燕王喜竟然还想通过送质子、杀儿子来保王位，这已经不能用天真概括了，只能说是愚蠢。

太子丹死后四年，公元前222年，秦王嬴政派大将王贲攻打燕国的辽东，俘虏燕王喜，灭亡了燕国，设立辽东郡。回手又俘虏了出馊主意的代王嘉，建立了代郡。

燕王喜认为是太子丹刺杀秦国，导致了秦国的报复。秦统一六国是既定国策。即使没有荆轲刺秦，秦国也会灭掉燕国。秦统一天下的战车已经上路，荆轲即使刺杀成功，就如同杀了驭手，又有什么用呢？秦国的王室贵族马上就会有人接过缰绳。

太子丹是不是太幼稚了？

我们能想到的，太子丹也能想到。国家到了最后危急存亡的一刻，他刺杀秦王就是谋一个变数。万一嬴政一死，秦国为了争夺王位发生内乱，中原各国一定会趁机反攻，收复失地。天下会重新洗牌，燕国就能得到一线生机。

可是刺杀失败了，最后一点儿渺茫的希望也破灭了。

刺杀失败或许才是太子丹应该负责的部分。

荆轲入秦，太子丹给荆轲选了一个助手秦舞阳。据说秦舞阳13岁就能杀人，别人都不敢同他对视。刺杀当天，秦舞阳捧着督亢之图，"色变振恐"（《史记·刺客列传》），引起了秦人的警觉。荆轲只能接过地图，独自上殿行刺。安排两个人，一定是有两个人的分工。秦舞阳的怯懦，直接导致荆轲失败，而秦舞阳是太子丹选出来的壮士。

荆轲应当早就看出秦舞阳难以成事，他同太子丹谋划好后，留在燕国迟迟没有动身。太子丹没有很好地同荆轲沟通，反而说了很刺激人的话："不如让秦舞阳先走。"

荆轲受到刺激，质问太子丹："只顾着出发，却不管能不能完成使命？"

他说了一句非常重要的话："仆所以留者，待吾客与俱。"（《史记·刺客列传》）

"吾客"是谁，荆轲没说。从荆轲的话中可以知道，他没有出发，就是在等这位客人，那"吾客"一定能起到重要作用。因为太子丹的急躁，荆轲没等到"吾客"就出发了。

太子丹等人到易水岸边为荆轲饯行，高渐离击筑，荆轲唱着苍凉凄婉的歌，所有人都哭了。他们在哭什么呢？难道仅仅是因为荆轲必死无疑吗？恐怕所有人都预料到了这是一次难以成功的刺杀行动。

荆轲最后说他要劫持秦王，让秦王签订退还各国土地的协议。这有两种可能：荆轲为刺杀失败寻找借口；或者劫持秦王就是太子丹定的计划。他让荆轲先劫持秦王，如果不成功，再改为刺杀。

劫持敌国国君，逼迫对方退还占领的土地，有成功的先例。

《史记·刺客列传》记载的第一个故事，就是鲁国的曹沫（一般认为曹沫即曹刿）劫持齐桓公，让他归还了占领的鲁国土地。太子丹确实有可能让荆轲做"曹沫第二"。

"风萧萧兮易水寒，壮士一去兮不复还！"荆轲刺秦明知必死无疑，仍毅然前往。太子丹在亡国之前,在国力对比悬殊的情况下,不甘心被秦国所灭。他们至少努力过、抗争过。他们慷慨壮烈的刺秦事迹被人们反复讲述。

燕国被灭国后,六国仅剩下齐国一国。

齐国把绥靖政策贯彻到底,从国君到贵族都坚决不抵抗。

秦国攻灭韩、赵、魏、楚、燕五国时,为了确保齐国不出手,用重金贿赂齐国相邦后胜。于是,齐国封锁西部边界,不援助任何一国,自己也不准备抵抗。齐国把大门一关,耳朵一捂,不听、不看,好日子过一天算一天。

王贲灭了燕国后,从燕国南下攻打齐国,没有遇到任何抵抗。

公元前221年,秦王派陈驰诱骗齐王建,答应给他"五百里之地"(《战国策·齐策六》)。齐王建不听即墨大夫劝阻,没有组织任何抵抗就投降了。

秦王确实给了齐王建土地,不过土地上全是松树、柏树,秦国还切断了所有供应。

最终,齐王建活活饿死在所谓的"五百里之地"。

齐国灭亡。

第六章

秦国：逆袭的国运

一、艰难开场

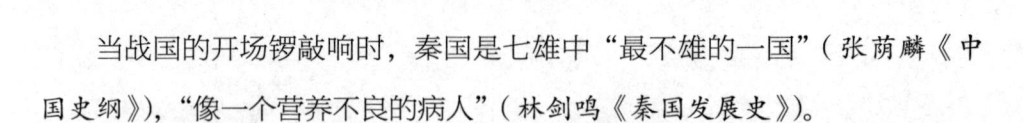

当战国的开场锣敲响时,秦国是七雄中"最不雄的一国"(张荫麟《中国史纲》),"像一个营养不良的病人"(林剑鸣《秦国发展史》)。

秦的发祥地靠近宗周王畿,在渭河上游的秦川东岸。秦人的先祖非子因替周王室养马有功,被周天子封在秦(今甘肃天水),继承嬴姓的祭祀,号为"秦嬴"。周宣王时,秦庄公因讨伐西戎有功,被封为"西垂大夫"。周幽王死后,秦襄公率军护卫周平王东迁有功。周平王把已被犬戎占领的丰岐地区封给了秦襄公,秦国才列为周的诸侯。

秦人拿着"空头支票",在遍地戎狄的西北"沦陷区"浴血奋战,艰难地开疆拓土。

到秦穆公时,秦国先后护送晋惠公、晋文公回国即位,继续向东开拓,灭了梁、芮等靠近黄河的小国。因晋惠公多次背信弃义,秦穆公发动韩原之战,得到了河西之地。

秦穆公为继续东进,趁晋国国丧攻打郑国,因被弦高发现,没有成功,转而灭了滑国。回军路上,在崤山遭到晋人伏击,全军覆没。虽然后来秦人报了崤之战的仇,可是从此就被晋国遏制在崤山以西。

秦穆公转向西戎,"益国十二,开地千里,遂霸西戎"(《史记·秦本纪》)。

秦穆公重视引进人才,使用人才,辅佐秦穆公称霸的百里奚是虞国人,蹇叔是宋国人,由余是在西戎长大的晋国人。但秦穆公去世后,用177个活人殉葬,阻断了秦国引进人才的道路。晋国持续称霸,又阻挡了秦人东出的道路。

在长达 200 年的时间里，秦国的发展都处于停滞状态。

春秋晚期，秦国内乱不断，一个国君（秦怀公）被迫自杀，一个太子（公子连，一名师隰）不能继位，被叔祖父（秦简公）抢了君位。

公元前 385 年，流亡魏国的公子连回到秦国，把秦出公（秦简公之孙）和他的母亲沉入深渊，夺回了君位，史称秦献公。

《史记》记载这时因"秦以往者数易君，君臣乖乱"，魏人夺了秦国的河西之地。魏人如果继续向秦国腹地推进，秦国恐怕要退到戎狄中间，和游牧民族一起放马去了。

秦献公流亡魏国 30 年，经历了魏文侯、魏武侯两代魏国国君，对魏国强盛的原因有深入的研究和思考。魏文侯选贤任能，用李悝变法，用吴起创建魏武卒。魏国国富兵强，成为中原的霸主的时候，秦献公就在魏国。他同李悝、吴起很可能都有过交集，而他回国时已经是一位年长的成熟国君。

秦献公即位后，内修文德，外修武备，集权中央。

政治上，废除活人殉葬制度，解开了阻挡人才引进的血腥枷锁；在边境的蒲、蓝田、善明氏设置了县，由国君直接管理；改革户籍制度，加大国家对人口的控制力度。

军事上，把都城从雍向东迁到了靠近河西地区的栎阳，以利于指挥作战。

公元前 364 年，石门之战，秦军斩杀魏军 6 万人；公元前 362 年，少梁之战，秦军俘虏魏将公叔痤和魏国太子。秦献公扭转了在对魏作战中被动挨打的局面。

如此看来，魏国在给秦国"输送"高级人才之前，先帮秦国培养了一位明君。

公元前 362 年，秦献公去世，其子嬴渠梁即位，这就是鼎鼎大名的秦孝公。

秦孝公面临的局势依然严峻。

在内部，秦献公结束了秦国混乱的局面，恢复了君权秩序，为秦国更深入的改革奠定了基础。但秦国仍然农业凋敝，经济萧条，矛盾重重。

外部环境更为恶劣。

这时，山东（崤山以东）的赵、魏、齐、楚、燕、韩战国六雄已经形成，淮水和泗水中间尚存十几个小国，国与国之间的竞争日趋激烈。而秦国仍被中原诸侯视为夷狄，诸侯举行会盟时都不邀请野蛮、落后的秦国参加。相邻的魏国、楚国都比秦国强大。尤其是魏国占据河西之地，其强大的军事实力对秦国构成了严重的威胁。

秦国再不改变，迟早会成为魏国的"盘中餐"。

因此，秦孝公一即位，就颁布了"求贤令"，承诺不论是秦国大臣还是别国来秦的宾客，只要能出奇计，使秦国强大，就委任高官，分其土地。

"求贤令"吸引了一个可以扭转乾坤的年轻人——公孙鞅。

公孙鞅是卫国人，名鞅。"公孙"说明他的身份是卫国国君的孙子。卫国是周文王之子康叔的封国，卫国公族是姬姓，因此公孙鞅是姬姓。公孙鞅后来封地在商，又被称为商鞅、商君。

商鞅"少好刑名之学"。早年在魏国游仕，任魏国相邦公叔痤的中庶子（家臣）。商鞅年少，公叔痤慧眼识人，发现了商鞅的能力，还没来得及举荐商鞅，公叔痤就病危了。

相邦病重，魏惠王到病床前询问继任的人选。

公叔痤说："老臣府上的中庶子公孙鞅，年虽少，有奇才，愿大王举国而听之。"

公叔痤给商鞅的评价是"奇才"。

"奇"到什么程度？

让魏国"举国"听命的程度。

魏惠王听后"嘿然"(《史记·商君列传》)。

见魏惠王不说话,公叔痤知道国君不会用商鞅,就在魏惠王准备离开时,屏退了左右的人,郑重嘱咐:"如果不用此人,一定要杀了他,不能让他离开魏国。"

魏惠王见公叔痤已经奄奄一息,就假意答应后离开了。

随后,公叔痤又把商鞅唤到床前,告诉商鞅刚才自己对魏惠王说的话,让他立刻离开魏国。公叔痤说自己是"先君后臣"。先为国君尽忠,举荐贤才,排除隐患;再对家臣尽义,让他速速逃命。

商鞅却说:"大王既然不听您的话用我,又怎么会听您的话杀我呢?"

魏惠王离开后,就对左右说:"相邦病糊涂了,竟然让我把国家交给商鞅治理,真是荒唐。"魏国就这样错失了又一位"正国级"人才中的顶尖人才。

商鞅断定魏惠王不会杀他,没有急于离开魏国,一直到秦孝公发布了"求贤令",商鞅便投奔了秦国。

商鞅通过秦孝公的宠臣景监,设法见了秦孝公四次。

第一次谈"帝道",秦孝公昏昏欲睡。第二次谈"王道",秦孝公打不起精神。第三次讲"霸道",秦孝公略有兴趣。第四次讲"强国之术",秦孝公不知不觉往商鞅跟前挪动,谈了数日都不知疲倦。

秦孝公找到了能让秦国富强的旷世奇才,商鞅提出变法的请求。秦孝公想变法,可是决心难下,他害怕百姓的流言蜚语。

商鞅说:"做决定时不需要考虑民众的意见,等到有成效时,让他们享受变法带来的好处就可以了。成大事的人都独断专行,不和于俗,不谋于众。圣人能够强国、利民,正是因为不循旧法。"

变法在酝酿之时,遭到了甘龙、杜挚等贵族的反对。

甘龙说:"圣人教化百姓不易其俗,智者治理国家不改其法。因势利导,不需要教化百姓,也不用训练官吏,沿用旧的政策自然就能安民。"

商鞅指出:"甘龙之所言,是世俗的看法。平常的人安于故俗,专家困于所学和经验。这两种人居官守法,照章办事可以,不能同他们讨论其他的事情。三代的圣王,不拘泥于过去的礼节,而达到了王的境界。五伯不拘泥于过去的法度,而至霸天下。智者、贤者制定规则,更改礼法,开启时代。愚蠢和无能的人只会被旧的规则约束。"

杜挚说:"没有百倍的利益,就不能改变法度;没有十倍的效果,就不更换工具。遵循古法、旧礼,可以避免出现差错。"

商鞅指出:"治世不一道,便国不法古。"(《史记·商君列传》)

现在我们知道商鞅变法成功了,自然认为他说的全是"真理"。回归到现实中,甘龙和杜挚所说的不是全无道理,循旧法最安全稳妥,变法也不是都会成功,失败的代价或许是秦国难以承受的。秦国现在虽然落后,但至少也是个不小的国家。

所以,变法的决心难下。

开始变法后,能够坚定地执行新法,也难。

主持变法的人、支持变法的国君都会面临巨大的压力。主持者要有能力,国君要有魄力,国君和主持者之间要有信任和默契。还有一个极为重要又不可控的因素:国君和主持者的寿命要够长。

秦国非常幸运。

商鞅有能力,秦孝公有魄力。秦孝公即位时21岁,商鞅入秦时也是个年轻人,他们有足够长的时间完成一场深入的变法。

二、商鞅变法

以法治国

公元前356年（秦孝公六年），秦孝公任命商鞅为左庶长，一场影响中国历史的大变革由此展开。

商鞅认为变法必须先取信于民，树立政府的公信力。

商鞅在秦国都城市场的南门立了一根三丈高的木头，下令："有能把木头搬到北门者，赏十金。"

无人应募。

商鞅又下令："把木头搬到北门者，赏五十金。"

重赏之下，必有勇夫，面对五十金的诱惑，有一个人把木头搬到了北门。商鞅立即兑现承诺，赏赐给那个人五十金。

左庶长商鞅"徙木立信"的事瞬间传遍市场，又传出了都城，传遍秦国。百姓们都知道左庶长颁布的政令可以相信。

接着，商鞅颁布了秦律。

商鞅极力推崇重刑，他制定的秦律非常严苛。

一个秦国人，如果"弃灰于道"，要在脸上刺字；如果捡了别人遗失的东西不交公，会被断足；如果盗窃了马匹或耕牛，会被判处死刑。

秦律中有一种酷刑"具五刑"，即要完成五种刑罚后才把人杀死。

第一步：在脸上刺字（黥）。

第二步：割掉鼻子（劓）。

第三步：砍掉左右脚（刖）。

第四步：用藤条或荆条打（笞）。

第五步：处死（杀之）。处死的方法非常多，有腰斩、烹杀、砍头、活埋、凌迟等。

死后还要对尸体做进一步处理：砍掉脑袋，悬挂示众，并在闹市把尸体剁碎。

这真是太残忍了！

为什么要用如此残忍的方式"执行死刑"？商鞅推崇重刑的原因又是什么呢？

因为，"五刑"古已有之。

《周礼》中有"掌五刑之法，以丽万民之罪"的记载。《周礼》有几百年的经验可供参考。商鞅制定的秦律又同李悝《法经》一脉相承，《法经》在魏国已经实施过，通过了实践的检验。可以说商鞅是在《周礼》《法经》的基础上，附加了"修正案"后，制定出了秦律。

而且，它适合秦国当时的国情。

商鞅变法前，秦国的民间，百姓在争斗；秦国的庙堂，贵族在争斗。秦人勇武，可国力都被内斗消耗掉了，以至于"君臣乖乱"，"国家内忧"（《史记·秦本纪》）。

商鞅要通过重刑达到"以刑去刑"的目的。

捡到东西不上交的人，心中已经萌生了占有别人东西的想法，所以要治罪。偷牛的人，侵犯了别人的私有财产，所以也要治罪。对萌生犯罪想法的人处刑，可以预防犯罪。对轻罪处以重刑，百姓会因畏惧刑罚连轻罪也不敢犯，那重罪就更没有人敢犯了。

如此一来，百姓不再私斗，庙堂少了内耗，国家从上到下都遵守法度，各级官吏和百姓才会执行国君颁布的政令。

但是，仅靠"重刑"还是有漏洞。

犯罪的人，可能得到亲友的庇护。"有关系"的人，可能被官员姑息。还有一些亡命徒，他们不怕死。更有一些人心存侥幸，觉得凭自己的"才智"可以逃过层层法网。

世界上，总有一些律法难以触及的"死角"。

为此，商鞅制定了连坐法和相互告发的制度。

商鞅把百姓每五家编为一伍，每十家编为一什。一家犯法，其余九家如不检举告发就要一起办罪。同"奸人"有血缘关系、婚姻关系、邻里关系，甚至是有行政建制关系（同乡）的人，都会被株连。

商鞅鼓励告发，严厉打击知情不告者。秦律规定告奸和斩敌首级赏赐相同，知情不告者腰斩，藏匿奸人和投降敌人处罚一样。旅客住客舍要有官府凭证，客舍收留没有凭证的旅客，主人与"奸人"同罪。

所有人都被置于"监控"之下。

一个人在秦国触犯了律法，他的邻居会检举他，他的上下级会检举他，他的族人会检举他，甚至他的亲人、朋友也会检举他，连一个路人都可能检举他。

每个秦人都是一台长脚的"摄像头"，他们不仅会"记录"恶行，还会自己跑到官府去主动上传"录像"，检举揭发。

在秦国触犯律法的人，根本无处可逃。

我们可以想象，秦人为了避免身边的人触犯秦律，就会自发地向亲人、朋友、邻里、上下级，还有同一伍、同一什的人"普法"。

这样，商鞅就通过秦律，把遵纪守法，严格执行政令变成秦人的自觉行为。整个国家就如同设定好程序的机器，投入一个"政令"，大家自动去执行，秩序井然。

商鞅制定的秦律是一套高效、严密的系统。

但，秦律的推行并不顺利。

商鞅曾于一天之内，在渭水边杀了 700 多人，号哭之声动于天地。自由的秦人突然被放置到严苛的律法下，他们必然会反抗。新法推行了一年，秦国舆论沸腾，有数千人到国都控诉新法。

商鞅认为他们都是扰乱教化之人，把他们全部流放到边疆，用强权推行新法。

就在这时爆出了惊天的新闻：太子犯法。

当时太子还是个少年，他在这个当口犯法，让人不得不怀疑背后有人捣鬼。

商鞅被推到了风口浪尖，如果不处罚太子，就会失去威信。如果处罚太子，得罪国君，也是自取灭亡。商鞅的处境，同在楚国的吴起没有差别。他们都是孤臣，国君是他们唯一的依靠。

危机也是机遇。

商鞅说："法令之所以不能推行，就是因为上面的人犯法。所以，应当处罚太子。但太子是国君之嗣，不可施刑。"

那怎么处理呢？

商鞅让太子的老师公子虔、公孙贾代太子受刑。公孙贾的脸上被刺了字（黥刑），公子虔也受了刑罚，具体是何种刑罚史籍中没有记录。后来公子虔又犯了法，被商鞅处以劓刑，也就是割掉鼻子。从那之后，公子虔不再出门。

这条"法治新闻"瞬间传遍大街小巷，第二天"秦人皆趋令"，再也没人阻碍新法的推行。

"徙木立信"是取信于民，商鞅自己就能做到。"刑上大夫"，处罚太子的老师，震慑秦国的贵族，这需要国君的支持。

秦孝公没有动摇，他坚定地站在商鞅身后，支持他推行新法。

商鞅也没有辜负秦孝公，新法"行之十年，秦民大说，道不拾遗，山无盗贼，家给人足。民勇于公战，怯于私斗，乡邑大治"（《史记·商君列传》）。

耕战机器

依法治国使秦国社会稳定，但仅靠秦律不能让国家富裕，也不足以让军队爆发惊人的战斗力。律法改革只是在打基础，商鞅变法的重点在鼓励"耕织"和"作战"。

先看鼓励"耕织"。

农业是国家的根本，发达的农业能为国家强盛奠定物质基础。商鞅变法吸收借鉴了李悝变法的经验，但商鞅不是简单照抄照搬。魏国人多地少，李悝在魏国变法，重在开发地力；秦国地广人稀，有很多荒地无人开垦。

因此，商鞅变法，重在"人力资源"的深度开发。

商鞅主要做了两方面工作。

一是奖励耕织。

商鞅免除耕织者本身的徭役，特别奖励开垦荒地的人，还减轻了农民的税赋。

二是抑制百业。

在秦国从事商业和手工业的人，连同妻子、儿女都会被没入官府为奴隶，要去服官府摊派的徭役。商鞅还提高了经商者要缴纳的税率。例如，酒肉的税额要比成本高出 10 倍。

所以，在秦国从事"末业"不易，不如去种地。

再看鼓励"作战"。

商鞅颁布了军功爵制，这是商鞅变法的核心。

军功爵制是指对立有不同的军功的人，授予不同爵位，享有不同的赏赐和待遇的制度。军功爵制把秦军打造成了无往不利的虎狼之师。

首先，商鞅让贵族不能"躺平"。

按照当时的宗法分封制，爵位由贵族垄断。天子分封诸侯，诸侯分封大夫，都是分封贵族。贵族得到爵位后实行嫡长子继承制，子孙世代为贵族，世代享受爵禄待遇，这就是"世卿世禄"。在当时人看来，贵族的后代继承爵位，享受供养是天经地义。

爵位是被贵族垄断的。诸侯国君不会通过换届选举更换，大夫们也不是通过考试、业绩考核来选拔、任免。

战国开始，各国先后改革，都在试图打破这种垄断。

商鞅做得最为彻底。

商鞅规定无军功者，即使是贵族也得不到爵位。国君的宗族如果没有军功，就不能列入公族的簿籍，无法享受宗族特权。"世卿世禄"制被废除，贵族想保持原有地位，必须去打仗，去立功。

因此，秦国"富贵之门必出于兵"（《商君书·赏刑》）。

其次，军功爵制给了所有人机会。

商鞅规定，有军功者即使地位低贱也授予封爵。不需要是"公子""公孙"，只要能立军功，就能获得地位和财富。

商鞅增加了爵位的级数，把原来的五等爵增加到二十级。等级多，士兵就会不断进取。一级盯着二级，二级盯着三级……目标永远在前方。（另有十八级说。有学者认为关内侯、为彻侯是后期发展出来的。）

再次，人们只要努力就能够得着。

秦国通过斩获敌人首级的多少来计算军功。非常简单明了，公平透明。砍一颗人头，就能得到一级爵位，砍两颗人头，就能得到二级爵位。

军官按照统率军队的斩首情况，获得对应的爵位。如百将、屯长本人没有斩获首级，但他统领的部下斩首总数在三十三颗以上，赐爵一级。

攻城战斩首 8000 以上，野战斩首 2000，所有参战人员，不论是将领、官吏，还是原来没有爵位的普通军士，都赐爵一级。高级将领赐爵三级。

因此，人人都有奔头。

最后，商鞅还增加了爵位的吸引力。

获得爵位，就会获得相应的特权。包括获得耕地、宅，免除徭役，担任官职，可以使用仆役。在一定范围内，可以给自己或家人赎免奴隶身份，给自己和家人减刑。九级以上爵位可以得到"税邑"。有爵位的人去世后墓地也享有相应的等级待遇，非常荣耀。

上述待遇是同爵位匹配的。没有爵位，就无权享受这些待遇。如果违反规定破格使用奴隶或占有田宅，就会受到处罚。

在秦国，"有功者显荣，无功者虽富无所芬华"（《史记·商君列传》）。

所以，只有立军功，才能享受福利、荣誉和特权。

商鞅变法前，秦人民风彪悍，百姓热衷私斗，不愿为国家作战。

商鞅变法后，秦人"勇于公战，怯于私斗"（《史记·商君列传》）。

当秦军看到六国军队时，他们盯着敌军的脑袋，看到的是爵位、是荣誉。

秦国变成了杀戮机器。

六国的噩梦开始了。

商鞅变法后，秦军单次战役中的斩首数量不断攀升。

翦伯赞对秦军斩首的数量做了统计："公元前331年，败魏，斩首八万；前312年，破楚师于丹阳，斩首八万；前307年，破宜阳，斩首六万；前301年，败楚于重丘，斩首二万；前300年，攻楚取襄城，斩首三万；前293年，大败韩魏联军于伊阙，斩首二十四万；前280年，攻赵，斩首二万；前275年，破韩军，斩首四万；前274年，击魏于华阳破之，斩首十五万；前260年，大破赵军于长平，坑卒四十五万；前256年，攻韩，斩首四万；又攻赵，斩首九万；前234年，攻赵平阳，斩首十万……"（翦伯赞《中外历史年表》）

在秦国，"民之见战也，如饿狼之见肉"，"民闻战而相贺也，起居、饮食所歌谣者，战也"（《商君书》）。

通过军功爵制和农业、经济上的一系列改革，秦人几乎仅剩农民和战士两种职业，秦国把几乎所有的能量都集中到农业和军事上。商鞅把秦国变成了一个耕战结合的机器。

秦人热爱自己的土地，他们在田地间努力耕种，收获粮食和希望。

秦人在军功爵制的激励下，奋勇杀敌，无坚不摧，永不懈怠。

秦国战车已经启动，即将碾压东方各国。

秦孝公八年（前354），秦军在元里之战中大败魏军，斩首7000。而后攻占了魏国的上枳、安陵、山氏，并筑城，在魏、韩交界钉了一颗楔子。

秦孝公十年（前352），秦国借桂陵之战的时机占领了魏国旧都安邑，商鞅亲自率军攻打魏国，秦国被魏国欺凌的局面被彻底扭转。

秦军连连取胜，证明变法已经初步成功。

公元前352年，秦孝公任命商鞅为大良造，掌管秦国军政大权。

深化改革

商鞅变法一共分两次进行，公元前356年开始的第一轮改革成效显著。公元前350年，商鞅开始了第二轮变法。这次变法内容主要有以下五点。

（一）迁都咸阳

秦孝公十二年（前350），秦国把国都迁到了咸阳，在那里重新建造了翼阙和宫殿。

咸阳位于沣水和渭水交汇处，物产丰富。地理位置重要，是控制东西交通的重要通衢。秦从定都咸阳后再也没有迁都。旧都中旧贵族的势力根深蒂固，迁都可以降低旧贵族对变法的影响。

（二）商鞅进一步挖掘了百姓发展农业的积极性

首先，在国内征收人头税。

秦国对所有人口进行登记。一家中除一子继承家业外，其他成年儿子结婚后都要分家另立户口，缴纳户税。否则，要加倍征收户税。

一家中如果人口多，无法避免出现奸懒馋滑、游荡懒散的人。他们不出力、不干活，还得吃饭，分家能避免这些人蹭家人的劳动成果。有一些青壮年男子，因家贫只能入赘到富人家里。要想不做带奴仆性质的赘婿，那就得自己努力种地富起来。

其次，吸引邻国的人力。

秦国地多人少，同秦国毗邻的韩、赵、魏三国人多耕地少。秦国给出优厚的待遇，吸引邻国的百姓来秦国开垦荒地，为秦国贡献经济效益。秦国给"移民"分田宅，免除三代徭役。当然，秦国对"移民"也有限制，"移民"在秦国不能从军，也就不能获得军功爵。这个"限制"对不想上战场的百姓更有吸引力。

（三）商鞅还进行了土地改革

百姓的积极性调动起来了，想多种地，怎么办？

首先，"开阡陌封疆"，扩大了国家授田的亩积。

商鞅把原来井田的分界线破除掉，重新设置田地的分界线。通过法令正式废除了井田制，把土地分授给没有田地的农民，仍然沿用"百亩给一夫"的授田制度，改长100步宽1步的小亩为长240步的大亩，以适应日益提高的农业生产率。

其次，允许个人继承，承认通过买卖、垦荒获得的土地。

商鞅的新法规定，庶民以上者，可以根据身份占有数量不等的土地，土地还可以继承。农民如果还有余力，可以通过转让、买卖、开荒获得限额内的土地。

再次，通过法令和行政系统保护自耕农的土地。保护农民名下的土地，就是保护农民的积极性。

（四）商鞅在秦国统一度量衡

公元前344年，商鞅颁布"度量衡"标准器：商鞅方升。

有了统一的度量衡，就能实行统一的赋税制度、俸禄制度，才能有统一的法度。度量衡统一，也有利于商业发展。商鞅变法的核心是强军，因为有了统一的标准，秦军的武器和军需物资都实现了标准化生产。

秦始皇统一六国后，统一度量衡的标准器还是商鞅方升。

（五）商鞅在秦国普遍推行县制，建立官僚体系

商鞅对秦国基层行政组织做了整合，把乡、邑、聚（村落）合并为县，按大致相当的规模编制在一起，建置了41个县（还有31、30之说）。设县令、县丞、县尉等地方官吏。县令是一县之长，县丞掌管民政，县尉掌管军事。

县从此正式被确立为一级地方行政机构。

秦国通过普遍推行县制，建立起一套对国君负责，隶属于中央的官僚机构。地方的行政权、兵权高度向中央集中，使秦国成为一个高度中央集权的国家。

中央的政令下达后，依靠行政体系向下传达，官员依令行事。国家机器严密高效运转，全国都在同一个步调上，整个秦国的步调都被高度统一。

同一个秦国，同一个声音。

秦国的力量高度凝聚，秦军锐不可当。

公元前343年（秦孝公十九年），"天子致伯"。次年，"诸侯毕贺"（《史记·秦本纪》），秦孝公派太子驷率92个戎狄国家的首领朝见周天子。

秦国，不再是被"边缘化"的蛮夷之邦。

秦国，开始崛起。

公元前340年，商鞅领兵征魏，用计诱捕了公子卬，一举击溃魏军。魏惠王被迫割让部分河西之地求和。面对秦军，魏国已经无力反抗。

魏惠王后悔万分，说："寡人恨不用公叔座之言也。"(《史记·商君列传》)

商鞅因功受封于商 15 个邑，号为商君。

商君是秦国的功臣，他已经荣耀到了极点。但他也"危若朝露"(《史记·商君列传》)，旧贵族对商鞅恨之入骨，时刻等着复仇。因为有秦孝公的保护，他们才没有对商鞅下手。

商鞅一直处在危险之中。

公元前 338 年，秦孝公去世，太子驷即位，史称秦惠文王。秦惠文王即位时尚未称王，被称为秦惠文君。

秦惠文君一登基，多年不出门的公子虔立即复出，组织旧贵族联名状告商鞅"欲反"。秦惠文君下令拘捕商鞅。

商鞅主张"刑用于将过"(《商君书·开塞》)，也就是处罚将要实施犯罪的人，预防犯罪。

因此，举报商鞅"欲反"，符合秦律的思想。因商鞅"欲反"，而拘捕他是合法的。

商鞅得到消息，准备逃出秦国。他逃到关下时，想住店，店家要求商鞅出示身份证件，商鞅无法提供。店主人说："商君之法，留宿客人，不查验证件要连坐。"商鞅感叹："嗟乎，不想竟然被自己制定的法令所困！"

商鞅逃往魏国，魏人怨恨商鞅欺骗公子卬，大破魏师，拒绝商鞅入境。商鞅于是返回了封地商邑，发兵攻打郑，在彤地被秦军杀死。

秦惠文君把商鞅的尸体车裂示众。

诛杀商鞅是秦惠文君即位后做的第一件大事，这同楚悼王去世后，楚肃王车裂吴起尸体惊人的相似。但是秦惠文君清醒地认识到新法对秦国发展的意义，他全面保留了商鞅变法的各项改革措施，秦国的变法得到了有效的延续。

秦孝公在位 24 年，一直强有力地支持商鞅。在战国各国的变法中，商鞅变法最彻底、最全面、最系统。商鞅的新法不仅让秦国焕然一新，也奠定了中国两千年制度的根本。

千百年之法，皆商鞅之法。

商鞅和秦孝公是奠基者。

不过，随着时间的推移，商鞅变法中的很多政策也为秦国埋下了诸多隐患，这是后话。现在的秦国开始崛起，秦惠文君将会带领秦国取得什么样的成就呢？

三、合纵连横

夺回河西，夺回主动权

秦国位于渭水平原，南面是秦岭，西面是陇山，北部是黄土高原，东临黄河和崤函古天险。渭水平原其实是高原上的一块盆地，盆地东端的出口正对崤函古道。从崤函古道顺时针看，盆地四周有函谷关、武关、大散关、萧关。因此，渭水平原又称为关中平原，秦国又被称为四塞之国。

可是，出入这些险关要塞的主动权长期不在秦国手里。

战国时，从秦国进入中原主要有三条通道：

第一条：从河西之地东渡黄河，进入赵国、魏国，被称为晋南、豫北通道。

第二条：从函谷关往东走，进入韩国，深入黄河腹地，抵达洛阳，被称为崤函古道。

第三条：沿灞水出武关，顺丹江、汉水直下，切入楚国腹心，被称为武关道。

第一条和第二条通道长期被三晋控制。

春秋时，晋国灭了虢国和虞国，控制了黄河曲流处的要道。战国初期，从龙门沿着黄河向南到河曲一段重要的渡口梁、蒲板关、阴晋、封陵（即风陵渡）等全部被魏国控制。函谷关外的虎牢、渑池等关口都在韩国控制下。

第三条通道被楚国牢牢控制。

楚国在商於之地设置关隘，还有三处（析、息、申）军事大县为后盾。

秦国有"防盗门"，但一度都被其他国家从外面"反锁"。

商鞅变法使秦国国力渐强，秦国利用魏国同赵、齐等国交战的时机，夺回了部分河西之地，这是秦国抢夺东出通道的第一步。

秦惠文君即位时非常年轻，历史没有留给他挥洒青春的时间，接下国家的权柄，就要担当振兴秦国的重任。秦惠文君展现了与年龄不符的狠辣手段。

旧贵族举报商鞅意图谋反，秦惠文君处死商鞅，车裂尸体示众。两千多年，人们都为商鞅之死感到惋惜，他让秦国走向富强，却在变法成功的时候惨死。

商鞅变法让秦国演变成了一个君主集权的国家，而商鞅的权势已经影响了中央集权。秦惠文君诛杀商鞅后，才能更稳固地掌握权力，也借商鞅之死让旧贵族无话可说，树立君主不可动摇的权威。

商鞅变法已经完成。商鞅设计并打造了秦国这台战争机器，校准了各项数据，培养了第一批使用机器的"工程师"，撰写了详细的"使用说明书"。

因此，虽然商鞅死了，但商鞅的万世之良法仍会自行运转，对秦国的发展没有影响。

商鞅的悲剧在变法成功时就已经注定。

稳定了国内局势后，秦惠文君用沉静、冷酷、无情的双眸洞察天下时局。

马陵之战中，魏国被齐军打得精锐尽失，主帅自杀，太子被俘，失去霸主地位。之后又被秦国在河西打败。齐国称霸东方，秦国在西方有崛起的趋势。

三晋被夹在中间，魏相邦惠施提出"折节事齐"。惠施是战国名家学派开山鼻祖，他主张魏、齐合纵抗秦。公元前334年，魏惠王率领韩国等小国，在徐州朝见齐威王，尊齐威王为王。齐威王也承认魏惠王为王，史称"徐州相王"。

徐州相王后，齐、魏没有对付秦国，而是联合去讨伐赵国。因为赵国在10年前攻打了齐国的高唐，还趁魏国马陵之败，大举攻打魏国。此时赵国正在思索调整战略，准备改"南进"为"北上"，赵肃侯还在漳水和滏水间修筑了长城，防范南方的邻国。

公元前332年，齐、魏联军攻打赵国，赵肃侯掘开黄河，水灌齐、魏军营，解除了危机。

齐、魏、赵互相攻伐，秦惠文君看到了机会。

同年，秦国攻打魏国河西地区，在雕阴大败魏将龙贾4.5万人，魏国献阴晋给秦国，秦国改名为宁秦，真是一个充满美好希望的地名。

两年后，秦国大良造公孙衍又在雕阴大破魏军，斩首8万，擒获魏将龙贾。这是韩、赵、魏在抗秦战争中的首次大败。

又一年后，魏国割让河西之地求和。秦军攻占了魏国汾阴、皮氏、焦、曲沃。

公元前328年，秦军再次出击，公子华和张仪占领了魏国的蒲阳，魏国只得再次割地求和，割让了上郡的15个县（包括少梁）。次年，秦国把少梁更名为夏阳，把焦、曲沃等地还给了魏国。

至此，河西之地全部归入秦国版图，秦国进军中原的"第一条通道"被打通。

公元前325年，秦惠文君自尊为王，次年改元为更元元年。秦惠文王是秦国历史上第一位秦王。

第一次合纵攻秦

面对秦国的频繁攻击，韩、魏居然毫无还手之力，引发了东方各国的不安。当时天下出现了齐、楚、秦三国强盛，其他国家不弱的动态制衡局面。外交场成为另一个战场，纵横家应运而生。

关键时刻，"战国人才培训基地"魏国又为秦国"输送"了两位"正国级干部"：公孙衍、张仪。

公孙衍和张仪都是魏国人，孟子弟子景春曾说："公孙衍、张仪岂不诚大丈夫哉？一怒而诸侯惧，安居而天下熄。"（《孟子》）可见两人是当时顶级的纵横家。

据说，张仪和苏秦同为鬼谷子弟子，一起学习纵横之术，"苏秦自以不及张仪"（《史记·张仪列传》）。

张仪学成之后就去游说诸侯。一次他同楚相一起宴饮，楚相府上丢了一块玉璧，门下的人都怀疑张仪，说："张仪家贫，没有德行，必是他盗了相君的玉璧。"这些人一拥而上，抓了张仪，"掠笞数百"，根本不管会不会把人打死。张仪抵死不认罪，楚相的手下也没有证据，最后释放了张仪。

张仪平白无故被暴打了一顿，楚国也待不下去了，就返回了家中。

一到家，张仪的妻子就嘲讽他："嘻！你要不读书游说，能挨打吗？"

张仪问他的妻子："看看我的舌头还在不在？"

他的妻子笑着说："舌头还在。"

张仪说："足矣。"

对张仪、苏秦这些纵横家来说，有舌头在就足够了。

关于苏秦和张仪，有的学者认为苏秦比张仪成名早，有的学者认为苏秦生活在张仪之后,在同时代与张仪唱对手戏的是公孙衍,他们激烈交锋,在外交舞台上为我们贡献了一幕幕精彩纷呈的巅峰对决。

公孙衍是魏国阴晋人,早年在魏国做犀首(看守宫门的卫尉),因此也被称为犀首。公孙衍在魏国没有得到重视,就往西走去了秦国。

公元前333年(秦惠文王五年),公孙衍被任命为秦大良造。大约三年后,张仪入秦,公孙衍遭到排挤,离开秦国,回了魏国。

张仪入秦后,借秦军攻势,游说魏惠王割让了上郡的15座城池。因为在外交领域的出色表现,秦惠文王任命张仪为相邦。

回到魏国的公孙衍也活跃在外交舞台上。公元前323年,公孙衍和惠施发起了赵、韩、魏、燕、中山"五国相王"。相对于齐、秦、楚三个强国、大国,三晋、燕国、中山五国为弱国、小国。联合弱国,共同对抗强国称为"合纵"。对应的"连横"是弱国跟随强国,攻击一众弱国。

韩非把合纵连横概括为"从者,合众弱以攻一强也;而衡者,事一强以攻众弱也"(《韩非子·五蠹》)。

从地理角度看,南北联合为合纵,东西联合为连横。齐国、秦国两大强国,齐在东,秦在西。因此,合纵可以针对秦国,也可以针对齐国。

此前,齐、魏"徐州相王",魏国还尊韩国为王,这次魏国又组织"五国相王"。

魏国可以说是"相王"运动爱好者。

这和魏国所处的地理位置有关,它位于中原核心地带,被称为"天下之胸腹",可以四面出击,也四面受敌,魏国人不由自主就要思考是"合纵"还是"连横",同谁做朋友,又去攻打谁。韩国、周国的情况同魏国类似,顶级纵横家都出自韩、魏、周大概与此有关。

"五国相王"引发齐、秦不满。因中山国本来依附于齐国,齐国给魏、赵发通知:"寡人羞与中山并为主,愿与大国伐之,以废其王。"(《战国策·中

山策》)

魏、赵、燕仍坚定支持中山国称王。

齐国反对无效之后，秦国接着反对。

公元前 323 年，秦国组织齧桑会盟。上一年齐国曾爆发徐州之战，秦国便以此为借口，由张仪代表秦国，同齐、楚两国的大臣会晤，调停两国关系，造成了齐、秦、楚三强国连横的态势。楚国出兵占领了魏国的 8 个城邑，齐国也出兵攻打魏国。

为了破坏公孙衍的合纵计划，张仪还入魏国为间谍。

张仪到魏国游说魏王："魏攻南阳，秦攻三川，弱小的韩国无法抵挡，一定会割地求和。"魏国失去了太多土地，公孙衍还在承匡之战败给了楚国，魏惠王屡遭挫折，急于挽回颓势。

老迈昏庸的魏惠王任命张仪为相邦。魏国从合纵国变成了连横国，张仪兼任秦、魏两国相邦。

"五国相王"的合纵运动失败。

张仪实施的是"以秦、韩与魏之势伐齐、荆"（《韩非子·内储说上》）的连横策略。

秦国想令魏国屈从于秦国，让"诸侯效之"（《史记·张仪列传》）。

公孙衍继续为合纵奔走，最终让魏惠王罢免了张仪的相位，任命公孙衍为相邦。张仪此次连横先成功，后失败。

公元前 318 年，公孙衍佩五国相印，发动了魏、赵、韩、楚、燕"五国伐秦"运动，推楚怀王为纵约长。

公孙衍还策反了秦国的附属义渠。

公孙衍对义渠首领说："中原没有战事的时候，秦国就去攻打义渠；中原有战事的时候，秦国就送厚礼给义渠。"

秦国遭到五国联军攻打，为了预防义渠在后院点火，给义渠送了"文绣千匹，好女百人"（《战国策·秦策二》）。

公孙衍的话在义渠首领脑中回响，秦人果然是一有战事就给义渠送礼物。于是，义渠闹了独立，起兵攻打秦国，在李帛大败秦军。

"五国伐秦"声势浩大，貌似应当成功。

但是，燕国非常不积极，燕国位置偏远，同秦国不接壤，伐秦的积极性很差；楚国的军队是单独出击的，夺回了一部分商於之地，算是有点战果。

真正大举出兵攻打秦国的只有韩、赵、魏，也在函谷关被秦军阻击，没攻进去，只好撤军。此时韩、魏衰落，赵武灵王还没开始改革。而商鞅改革后的秦军为了砍脑袋得爵位，如同虎狼一般，对各国军队形成了碾压式的优势。

次年，秦国派樗里疾在修鱼大败三晋联军，秦军一战砍了 8.2 万颗人头。

第一次五国伐秦以惨败收场。

伐秦失败让魏襄王非常担心，为了避免被秦军报复，魏襄王决定向秦国求和。但是，魏国不好单独出面，合纵虽由魏国发动，纵约长却是楚怀王。于是，魏襄王派惠施出使楚国，同纵约长研究向秦国求和之事。

楚王已经准备让惠施启程去秦国，楚国的一个大臣说："惠施从楚国出发，秦国会认为要讨伐秦国的是楚国，想讲和的是魏国。不如让惠施回国，再暗中派使臣去讲和。"

于是，楚人对惠施说："楚国会派人以魏国的名义去讲和，你先回去吧。"

惠施只好先返回魏国，魏襄王当然很不高兴。

楚国的大臣又重新讨论："魏国此战，损失了一半兵力，他们曾抱怨自己的军队陷入困境，我们却不管。如今请和，我们又不允许。如果魏国因此倒向了齐国或者秦国，对楚国恐怕不利。楚国东面有越国的忧患，北面又失去三晋的援助，同齐国、秦国的邦交还没确定。楚国，孤也！不如速速求和。"

楚国又连忙派使者去魏国，表示要同秦国讲和。

看，诸侯们就是这样各怀鬼胎。

事实上，合纵很容易被破坏，难以成功。而连横即使不成功，秦国也会成功。

如果秦国暂时为某一国提供好处，释放善意信号，再通过安抚战略，让目标国错误判断秦国的野心，为追逐利益而追随秦国，就能破坏合纵，甚至让目标国加入连横队伍。

因秦国的目的是破坏各国联合，所以对于转向自己的国家是否会忠于"连横"的盟约并不十分在意。在这种情况下，连横即使被反复破坏，对秦国的总体战略的伤害也不大，只是延缓了进军中原的速度；而合纵一旦被破坏，就无法达成遏制秦国的目的，就是真的失败。

因此，秦国只要破坏合纵即可。

所以，我们必须要解答合纵为什么容易被破坏。

先看燕国。

燕国在天下的东北方向，距离大西北的秦国非常遥远，中间还隔着黄河、吕梁山、太行山。军事强国赵国就是燕国的挡箭牌，而且非常厚实。第一次"五国伐秦"失败后，燕国爆发了"子之之乱"，又一度被齐国灭国，后来在赵国帮助下复国、复兴。但是，燕国的国家战略是灭齐。灭齐失败后，燕国的国君又都昏庸，没有远见。甚至在赵国被攻打时熟视无睹，又在赵国奄奄一息的时候跳出去补刀。因此，燕国在合纵队伍里常常"出工不出力"。

再看齐国。

齐国同燕国一样，距离秦国很远。它同燕国不同的是富庶而且一度强大。但是，正如烛之武对秦穆公说的："越国以鄙远，君知其难也。焉用亡郑以陪邻？"齐国面临同样的问题，越过韩、赵、魏去攻打秦国，打下来的土地是"亡秦以陪邻"，自己也无法占有。在孟尝君组织了一次合纵伐秦后，齐国就意识到了这个问题。因此，齐国并不热衷于合纵伐秦，反而很乐于同秦国配合，从东、西两线同时攻打三晋或楚国。而在"五国伐齐"后，齐国又开始绥靖，坐视各国被秦国蚕食。

再看楚国。

楚国在春秋时是一个强国，到战国时依然强大，而且国土辽阔。但楚国的国君思想落后，危机意识不强，屡次错失良机。后来在齐、秦两国之间摇摆，成为一个被动的"跟随者"，没有成为主导力量。

再瞅瞅赵国。

赵国在战国前期和中期表现都不突出，一直到赵武灵王时期才发展起来。但赵武灵王的战略是向北发展，从北部攻打秦国。他为赢得发展空间，同秦国尽量保持友好关系，两国一度很有默契。在赵国兵强马壮，准备实施袭秦计划的关键时刻，又发生了沙丘之变，赵武灵王饿死在沙丘宫。此后，赵国虽然保持了军事强国的地位，但国君一代不如一代，最后在长平之战惨败，一蹶不振。

最后看核心地带的韩国、魏国。

韩国国内分为两派，一派以公仲朋为代表，支持张仪连横；一派以公叔两为代表，支持公孙衍合纵。韩王两派的人都重用，说明他的态度摇摆不定。魏国则频繁地换相邦，合纵的时候就用公孙衍、惠施，连横的时候就用张仪。

越是弱国，越是羸弱的国君，越是处在天下之中的国家，越是容易被纵横家说服，越是反复无常。

韩国如此，魏国也是如此。这两国既不能独善其身，又不能坚定地抗秦，处在纵横捭阖的旋涡中心进退两难。

分析完我们发现东方六国都很难坚定地去合纵抗秦。而且，各国之间的信任也很难建立。

魏国的国都大梁就是从楚国夺去的,赵国曾被魏国攻占了国都邯郸,韩、魏之间也互相算计,齐国灭过燕国,燕国组织过五国伐齐。列国互相攻伐,互不信任。能短暂结盟,却因利益纠葛无法建立长期的战略伙伴关系。

这里还有底线思维。

春秋初期天下尚有一百多个诸侯国,有的国与国之间还有空间,相邻而不接壤。当时吞并一个小国,对国际格局没什么影响。而且,各国都是先吞并距离自己近的小国,根本不在意远处的小国是否被吞并。当时的威胁主要来自外部,即所谓"夷狄"。大国"攘夷"称霸,其他国家跟随。两个大国争霸时,轻易也不会攻灭其他大国。郑国、宋国都曾反复被攻打,而没有被灭国。

进入战国,仅剩七雄和几个幸存的中等国家,争霸战变成了兼并战。战国一开始,韩国就兼并了郑国。当时,齐国处在田氏代齐的内耗阶段。三晋还很团结,魏国强大制衡了秦国和楚国。韩国灭郑前后历时四十几年,不是突然灭了一个国家。因此,没有引发各国联合攻击。

到了战国末期,形势却大为不同。灭掉一个大国或中等诸侯国,国际格局就会改变。

因此,各国的底线是可以割地,不能灭国,尤其是不能短时间内吞并一个国家。

其核心思想是避免出现一个超级大国。一旦发生了破坏均衡态势的事件,譬如魏国灭赵,齐国灭燕、灭宋,各国就会因底线被突破而短暂团结,围攻该国。

再者,各国合纵是为抗秦,不是灭秦,连横是要灭六国。战略意图的强弱,决定了意志是否坚定,结果的差别是巨大的。合纵是"术",是应急的战术,不是国家战略。而秦国的连横是"谋势",是国家既定战略,被坚定地执行。

因此，只有在各国都处于极度危险境地时，才会真正联合起来。这也就是长平之战后，信陵君合纵伐秦成功的深层原因。

综上所述，中原各国谋的是"安全"，只要没到最危险的境地，他们之间的联合就容易被破坏。

也因如此，秦国要进军中原，节奏非常重要。如果动作太快，引发国际关注，秦国就会变成马陵之战中的魏国，"五国伐齐"中的齐国。

秦灭巴蜀

在亚洲大陆中南部有一片被高原、群山围绕的巨大盆地——四川盆地。

四川盆地位于秦国西南方向，同秦国中间隔着绵延不断的秦岭。从渭水平原向南翻过茫茫群山进入四川盆地，难度系数是"难于上青天"。因为地形阻隔，四川盆地长期远离中原纷争，得以独立发展，形成了巴国、蜀国、苴国三个国家。

这里每年的无霜期长达280—350天，降水充沛，是一个潜在的大粮仓，而且水系发达，同楚国有水路通行。因此，可以从巴蜀出发攻打楚国。

这是一条进军中原的隐蔽路线。

在秦国粉碎第一次合纵后，一个既能打开进攻中原通道，又不引起关注的机会出现了。

公元前316年，"隐蔽路线"上的巴国和蜀国发生了战争。巴、蜀两国都派使者到秦国寻求"火力支援"。秦国当时正准备出兵韩国，打通上一节所说的"第二条通道"。韩国、蜀国都应该打，可先打哪一个呢？秦国朝堂展开了讨论。

司马错认为蜀国偏僻落后，秦国攻打蜀国就像豺狼逐群羊一样容易。得到蜀地还有好处：一是扩大疆域；二是让秦国百姓更富有；三是可以扩充军需物资和军粮的来源。

吞并蜀国，不会引发关注。能得到巨大的利益，不会被认为是贪婪。平定巴蜀之乱，还能得到禁暴止乱的美名。这一举是名利双收。

司马错、秦中尉田真黄还认为巴蜀有水路通往楚国，用巴国的劲卒，驾驶大船顺流东下攻打楚国，则楚地可得。

这正是"得蜀则得楚，楚亡则天下并矣"（《华阳国志》）。

秦惠文王听取了司马错的建议，派司马错、张仪、都尉墨领兵讨伐蜀国。公元前315年，司马错在葭萌关大败蜀军，灭亡蜀国。随后秦惠文王又听取了张仪的建议，顺势把巴国、苴国也吞并了。

秦国一举平定巴、蜀，打通了隐藏的"第四条通道"。

秦国为保证攻打巴、蜀成功，同魏国、韩国交好。齐国和楚国见秦同韩、魏结盟，为保利益也结成了同盟。

秦在灭了巴、蜀后，开始破坏齐、楚联盟。

公元前312年，秦惠文王派张仪出使楚国，破坏齐、楚联盟。楚怀王中计背弃盟约，同齐国断交。得知被骗的真相后，楚怀王于盛怒之下发动了毫无准备的战争。随后，丹阳之战，秦军斩杀楚军8万人，俘虏了楚军统帅和70多名将领。蓝田之战，秦军诱敌深入，楚国本土被偷袭，只能返归国内。楚国元气大伤，割地求和。（详见第四章第2节）

楚怀王被张仪欺骗，说明楚国没有意识到秦国已经是一个巨大的威胁，他也没想到楚国的军队根本打不过秦军，他更不可能知道最后六国都被秦国吞并。我们嘲笑楚怀王天真，其实是事后诸葛亮，在当时谁会知道最后秦国会灭六国统一天下呢？如果有，那只能是跳了汨罗江的屈原，他因为太清醒而绝望。

楚国原本可以制衡秦国，因为秦国一旦兵出函谷关攻打韩、魏，或者越过黄河攻打赵国、魏国，楚国就可以从武关道北上，攻入秦国腹地。

楚国疆域辽阔，是老牌强国，虽然不如春秋时那么突出，但实力还是不容小觑。如果楚国北上，秦国也可以从武关道南下，攻打楚国。

因此，秦国和楚国原来是互为制约的两国。

秦灭巴、蜀，楚国失去了西部的屏障；经过丹阳、蓝田之役，楚国又失了汉中。

秦国得到汉中，使关中平原同四川盆地连成一片，还彻底掌握了"第三条通道"武关道。

从地理角度看，此后楚国将被秦国单方面制衡。两场惨败后，楚国元气大伤，楚国向东收缩寻求自保。

至此，秦国进军中原的第一、第三、第四条通道均被打通，仅剩第二条通道需要打"攻坚战"。

四、全面崛起

秦武王举鼎

现在从西安出发到洛阳，驾车走连霍高速，仅需4个半小时就能抵达。如果乘坐G870次列车，则可以享受1小时15分钟直达的快捷服务。而在两千多年前，这是一条艰险异常的道路。从洛阳出发向西走，步入灵宝境内，会看到一条蜿蜒流淌的大河，它就是黄河的一级支流弘农河，河对面一座雄关耸立在群山之间，从此关向西只能沿弘农涧行走，道路蜿蜒，崎岖狭窄。

弘农涧"车不得方轨，马不能并辔"（《水经注》），"东西十五里，绝岸壁立，崖柏林荫谷中，殆不见日"（《元和郡县志·陕州》）。

因进入弘农涧如入深函（匣子、套子），这座雄关得名函谷关。

函谷关同秦岭、黄河、横山岭组成了秦国的屏障。函谷关以东为关东，以西为关西。函谷关旁,有一段秦岭东段支脉,名为崤山,崤山以东称为山东。秦国在关西,其他六国在关东、山东。

秦国从关中平原东口,出函谷关后向东走,正对着的是魏国的陕、焦、曲沃和韩国的宜阳(今河南宜阳县,位于洛河河谷)。秦国于公元前324年,攻克了陕。又在公元前314年,再次占领焦、曲沃(此前曾占领又归还),清除了崤函古道北道上的军事据点。

宜阳,是秦国出关最大的障碍。

当秦国排除了侧后方"第三条通道""第四条隐蔽通道"的危险,也震慑住了义渠后,进军中原第一场硬仗打的就是韩国的宜阳。

在秦惠文王为灭蜀还是攻韩犹豫不决时,张仪曾力主先讨伐韩国。

张仪策划了攻打韩国的战术:先同楚国、魏国结盟。出兵三川,封堵辗辕、缑氏山的出口和屯留通道。令魏绝南阳,楚临南郑。秦国攻打韩国的新城、宜阳,兵临周王室城郊,诛周天子之罪,侵楚、魏两国之地。周天子知道没有国家能救他,就会交出九鼎宝器。秦国据有九鼎,收取天下地图户籍。

张仪给出的蓝图是:"挟天子以令天下,天下莫敢不听,此王业也。"(《战国策·秦策一》)

通过张仪的分析可知,攻打韩国,不仅能得到韩国的土地,进一步延伸进军中原的"第二条通道",还能得到周天子的九鼎,挟制天子,占据政治上的主动。

秦惠文王决定先灭巴蜀,占据地利和财富,闷声发大财,然后再打韩国。巴蜀已灭,楚国也已经向东收缩,是时候去洛邑搬九鼎了。

秦惠文王没能看到九鼎入秦。

公元前311年,执政27年的秦惠文王去世。其子嬴荡即位,是为秦武王。

新国君做太子时就不喜欢张仪,他即位后,针对张仪的流言蜚语自然也就多了。

他们说:"张仪不讲信誉,左右逢源。秦国用他,恐为天下笑柄。"

张仪担心被杀,决定离开秦国。

张仪对秦武王说:"为秦国社稷考虑,东方有大变,大王才能够多割取土地。齐王憎恨我,我在哪里,齐国就会攻打哪里。因此张仪请求去魏国,齐国会因记恨我而攻打魏国。秦国可趁机攻打韩国、周国,挟持天子,大王就能成就王业。"

实质是同一张蓝图:"挟天子以令天下,天下莫敢不听,此王业也。"

秦武王被说服,派出30辆兵车送张仪去魏国。齐国果然攻打魏国。张仪派门客出使楚国,劝说楚国派使臣出使齐国,说服齐湣王退兵。而后张仪安全地留在了魏国。

秦国也实施了打击韩国的既定计划。

公元前308年(秦武王三年),秦武王派甘茂出使魏国,承诺同魏国"共享伐韩之利",与魏国建立了同盟关系。随后,秦武王派甘茂和庶长封攻打韩国的宜阳,5个月仍未攻破。

韩国在七雄中相对弱小,但能称为"七雄"之一都有其"雄"的一面,"天下强弓劲弩"皆从韩出。韩国的军队,源自晋国,非常勇武。宜阳又是韩国的军事重镇,抵抗和防守的力量都很强。

甘茂同秦武王沟通后,秦武王又增兵5万,定要拿下宜阳。

公元前307年(秦武王四年),甘茂攻破宜阳城,斩首6万。秦军向北渡过黄河,在武遂筑城。韩襄王被迫求和。

这是战国后期的分水岭。

秦国从此完全控制了进攻中原的"第二条通道"崤函古道,从黄土高原俯视东方六国,在地理上占尽了主动。

六国即使合纵成功，想入关攻打咸阳，也极难成功。首先，仰攻险关必然会付出惨重代价。即使攻入函谷关，15里的弘农涧，行军都不容易，补给就更为艰难了。

此战还获得三大战果。

一是从宜阳南下，可以威胁楚国的南阳地区。

二是切断了韩国南北之间的联系。

在韩国一章中，我们提到过韩国的交通有一个致命的弱点，就是遏制住几个点后，南北、东西的联系就会中断。韩国此时可划分为三部分：上党地区、南阳地区、国都新郑地区。宜阳是沟通三地的中心枢纽，武遂位于韩国南北通道上。

秦国占据武遂，就能斩断韩国南北之间的通道，以此威胁韩国屈服于秦国。

三是威胁周天子。

宜阳是周国门户。秦军攻占宜阳后，秦武王率领军队进入了周王室王畿之地，想把九鼎搬回秦国。春秋时，楚庄王"问"鼎的轻重大小。此时，秦武王是想直接搬走。两个被中原视为蛮夷的国家，都对周王室的鼎有浓厚的兴趣，他们真正在意的都是天下。

秦武王也没能取到周的九鼎。

此前周分裂成了东周、西周，十分弱小，秦军来势汹汹，搬走九鼎应当非常容易。

据史书记载，秦武王尚武，好战，尤其喜欢大力士，任鄙、乌获、孟说都因力大得到了很高的职位。不知是何原因，秦武王同自己的力士比赛举龙文赤鼎（九鼎之一的雍州鼎），胫骨咔嚓一声就断了，气绝而亡，终年23岁。

秦武王曾说："寡人欲容车通三川，窥周室，死不恨矣。"（《史记·秦本纪》）

他想取得九鼎，表露了秦国想取代"周王室"的意图。俗话说善骑者坠于马，善水者溺于水。秦武王天生神力，举鼎很可能是为了炫耀秦国的武力，却意外死于"力"。

秦武王除攻占了军事重镇宜阳外，还平定了蜀地叛乱，巩固了巴蜀地区的统治。外交上则联合越国，制衡了楚国。

秦武王在位时间虽短，仍完成了这一阶段秦王的"历史任务"。

扩大东进基地

秦武王死得太突然了，已经驶进中原战场的秦国战车失去了舵手。秦国君位空悬，出现权力真空，面临巨大的危机。

因秦武王无子，秦惠文王的儿子们都是"顺位继承人"。按照无嫡立长的原则，秦惠文王的庶长子公子壮最有可能即位，他还得到了惠文后（秦惠文王王后）的支持。

据《史记》记载，当时"诸弟争立"。说明除了公子壮，秦武王的其他兄弟也跃跃欲试。

秦惠文王有一位楚国妃嫔芈八子。八子的位分不高，但芈八子既有政治资源和政治能量，又有外援。

芈八子育有三子，嬴稷、嬴悝、嬴芾。嬴悝为高陵君，嬴芾为泾阳君，嬴稷在燕国做人质。一般公子入质哪国或到哪国为官，就以哪国为外援。

在以血缘关系决定继承权的社会，儿子就是政治资源。

芈八子同母异父的弟弟魏冉，同父异母的弟弟芈戎（华阳君）都在秦国为官。据《史记》记载，魏冉最为贤能，在秦惠文王、秦武王时就"任职用事"（《史记·穰侯列传》）。

她的弟弟手握大权，有政治能量。

秦武王去世这年，赵武灵王开始进行"胡服骑射"改革，内部压力巨大，需要稳定周边环境。此前，赵武灵王护送燕昭王回国后，燕国同赵国关系良好。秦武王去世，又给赵武灵王提供了契机，他准备如法炮制，在秦国也培养一位"亲赵"的国君，燕国也乐得送一个顺水人情。于是，赵武灵王派代相赵固到燕国接回嬴稷，护送他回国即位。

燕、赵两国成为芈八子的强大外援。

嬴稷得到国内、国外的强势支持，顺利回国即位。嬴稷是秦始皇的曾祖父，历史上鼎鼎大名的秦昭襄王。芈八子号为宣太后，是我国历史上第一位使用太后称号的人。

秦昭襄王即位之初，国内局势尚不稳定。

公元前305年，不甘心错失王位的公子壮，联合大臣、诸侯以及秦武王其他弟弟们发动政变。魏冉平定了政变。参加政变的人全部被杀，秦惠文后忧虑而死，秦武王王后被逐回魏国。

秦昭襄王初期，由宣太后执政。秦国以樗里疾为相，魏冉被封为将军，卫戍都城咸阳。樗里疾战功卓著，魏冉也是铁血人物，秦国进入快速扩张阶段，全面崛起。

同年，宣太后安排秦昭襄王迎娶楚国女子，稳定同楚国的关系。公元前304年（秦昭襄王三年、楚怀王二十五年），秦、楚在黄棘会盟，秦国归还楚国的上庸，同楚国建立联盟关系，共同对付韩国、魏国。

随后，秦国再次出兵攻打韩、魏两国。

公元前303年（秦昭襄王四年），秦国攻占了韩国的武遂，魏国的蒲阪、晋阳、封陵等地。同年，齐国联合韩、魏攻打楚国，楚怀王送太子入秦为质求救，秦国出兵救楚。

这时各国的君主分别是赵武灵王、燕昭王、齐宣王（田齐）、楚怀王、魏襄王、韩襄王。

这是雄主云集的时代。

赵、燕都在崛起。

赵国"胡服骑射"改革初见成效，正在攻打中山国。燕国复国后，有复兴迹象。两国的发展重点暂时不在中原腹地。

齐国最为强盛。

齐国（田齐）经齐桓公、齐威王、齐宣王的治理，国力正值鼎盛时期。齐国采取外联韩、魏的策略，制衡秦、楚两国。齐宣王灭燕、伐楚极力对外扩张。

于是，形成了秦、楚联合，齐、韩、魏联合两个对峙的集团。

这一态势下，秦国继续攻打韩、魏，没有绝对优势，同强大的齐国硬碰硬不是明智之举。如果秦国同齐、韩、魏集团联手，攻打孤立的楚国，那就胜券在握了。

楚国的南阳地区是军事要地，经济繁荣，百姓富庶，是一块肥肉。秦国占领宜阳后，南阳就在秦国的嘴边。

秦国需要一个借口，撕毁同楚国的盟约。

公元前302年（秦昭襄王五年），入质秦国的楚太子熊横（楚顷襄王）因私斗杀死了一位秦国大夫。没有证据显示这是秦国的阴谋，只是太巧合了。秦国需要借口，借口就来了，而且是楚国理亏。

秦国立即撕毁盟约，归还了魏国的蒲阪，向齐、韩、魏集团示好。

楚国的北部边境同秦、韩、魏、齐都接壤，四国都对楚国垂涎三尺。

有利可图，就能合作。

公元前301年（秦昭襄王六年），齐国大将匡章、魏将公孙喜、韩将暴鸢在垂沙大败楚军，斩杀楚军大将唐昧（一作唐蔑），攻至楚国方城。韩、魏两国夺取了楚国宛、叶以北的土地。同年，秦将庶长奂攻楚，斩首2万，还顺路拿下了韩国的穰。次年，秦国继续进军，秦将芈戎（宣太后弟）杀死楚将景缺，斩杀楚军3万，占领新城（一作襄城）。

这时，楚国遭受巨大压力，国内还出了叛乱，因此向齐国求和，送太子横到齐国做人质。齐国接受了楚国的请求，齐、韩、魏不再攻打楚国。

为拉拢齐国，秦国宣太后也送儿子泾阳君入齐国为质。

公元前299年，楚国已经是内外交困，秦国却突然调整了对楚国的战略。

秦昭襄王言辞恳切地说："最初寡人同大王约为兄弟，盟于黄棘，太子入质秦国，多么快乐。太子杀寡人重臣，不向寡人谢罪，逃离了秦国。寡人在盛怒之下，发兵侵入大王的边境。如今听说大王让太子到齐国做人质，以求和平。寡人同楚国边境相接，婚姻相亲。而今秦楚失和，不能命令诸侯。寡人愿意同大王在武关相会，当面相约，结盟而去，寡人之愿也！"

楚怀王左右为难。

不赴约，秦军节节胜利，楚军节节败退，惹怒秦国，再遭受攻打，楚军还是会败；赴约，又担心是一场骗局。左思右想后，楚怀王决定赴约，结果遭到了秦国扣押。

秦国提出割占巫、黔中，才放他回国，这是赤裸裸的绑架勒索。楚怀王态度坚决，坚决不割让楚国的土地。秦国骑虎难下，不能"撕票"，也不能送回去，只得继续扣押楚怀王。

楚国大臣们商议后，认为应当迎太子横回国即位，立了新王，就能摆脱秦国的要挟。于是楚国去齐国送假讣告，迎回了真太子。太子横回国即位，是为楚顷襄王。

楚人告诉秦国："赖社稷神灵，国有王矣！"（《资治通鉴》卷三）

秦国绑票计划彻底失败，愤怒的秦王立即兵出武关，斩首5万，连下16城。

随后，楚国意外得到了喘息的机会。

孟尝君因在秦国被扣留，险些丧命。齐、秦关系恶化。

公元前298年（秦昭襄王九年、楚顷襄王元年），孟尝君率领齐、韩、魏三国联军讨伐秦国，前后历时三年，终于攻入函谷关，迫使秦国退还了韩国的武遂（韩国交通枢纽城市）、魏国的封陵（黄河上的渡口）等地。

这次合纵伐秦成功。

但是，成功到什么程度？

冷兵器时代，占据险要的地势，抵得上雄兵百万。秦国占据函谷关的地利，从第二阶梯俯视防守。诸侯们仰攻函谷关，经过三年苦战才攻入关内，死在函谷关外的青壮年不计其数。

入关之后，诸侯联军确实逼迫秦国退还了一些之前占领的土地，却没有扭转整体的局势。秦国暂退一步，很快就会再次出兵中原。

伊阙之战

以公元前295年为节点来看，天下有齐、秦、赵三个强国。韩、魏两国均已衰落。楚国已走下坡路，但体量仍很大。燕国在复兴，但其关注点在东方。

因此，能阻止秦国东出的主要是齐国、赵国、楚国三国。

从孟尝君合纵伐秦取胜后，齐国的关注点不再是秦国。

齐国劳师远征讨伐秦国，前后三年鏖战，所得十分有限。齐、秦两国中间隔着三晋和楚国。齐国攻打秦国，也无法扩张领土。即使占领了土地，也是一块遥远的飞地，管理成本太高，还很容易丢掉。齐国攻打楚国西北部也是同样的情况。

不管齐国是攻打秦国，还是打楚国的西北部，最终受益者都是韩国、魏国。

而齐国不想看到韩、魏强大。

一旦韩、魏两国没有了楚国和秦国的制约，它们发展起来，将会对齐国形成威胁。

齐国需要秦国、楚国"别太弱",韩国、魏国"别太强"。

对齐国来说,攻打国力弱的燕国、宋国更容易得到实实在在的土地。

因此,齐国在成功打击秦国,提高了齐国威望后,立即攻打燕国,取得了"覆三军,获二将"的成绩。

这一情况下,秦国的主要威胁来自赵国和楚国。而赵武灵王在公元前295年这个极为重要的节点,因内乱死在了沙丘宫。

因此,秦国这时只要排除楚国的威胁即可。

"合纵连横"一节,我们分析过"合纵"为谋安全,秦国破坏合纵只需要提供好处,释放善意信号,安抚目标国即可。目标国会因惧怕秦国报复的"威胁",被秦国的"好处"利诱,期待获得"眼前利益"和"暂时的安全"。所以,只要目标国没到最危险的境地,秦国就能成功。

此时,楚国没有到危急存亡的时刻,楚国惧怕秦国的攻打。

秦国还给了楚国利益。公元前295年,秦国任命亲楚的魏冉为相,还给楚国送了5万石粟,此后十几年间,两国都没发生大的战事。

秦国对楚国的连横非常成功。

秦国进军中原的首选目标仍是韩国和魏国。

而此时,韩、魏两国几乎处在外援尽失的地步。更雪上加霜的是韩襄王、魏襄王这对难兄难弟,都在那个关键的"公元前295年"到来的前一年就去世了。

还是在这个关键的时间点前后,魏冉发现了一位军事奇才:白起。

白起,一个让六国士兵闻风丧胆的名字。他指挥的战争都是歼灭战。据梁启超考证,战国时战死的士兵有200多万,其中约一半死于白起之手。白起因杀人最多,被称为"人屠"。

秦国要全面开始进攻中原的大战,需要一个绝对铁血的元帅。魏冉发现了左庶长(第十级军功爵)白起的军事才能,把白起举荐给了秦昭襄王,白起立刻受到重用。

公元前294年，秦国趁韩、魏两国新君即位，内部不稳定，派老将向寿和白起一起攻打韩国，向寿占领了武始，白起占领新城（为保护伊阙而建，位于伊河河谷）。白起因功晋爵为左更（第十二级军功爵）。

次年（前293、秦昭襄王十四年），秦军在白起率领下，兵锋直指韩国军事重镇——伊阙。

伊阙因伊水从两山中间流出，"两山相对，望之若阙"，得名伊阙。伊水是洛水的支流，伊水汇入洛水后名为伊洛河，伊洛河是黄河南岸的重要支流。伊水和洛水交汇前，伊水在今洛阳市南，洛水在今洛阳市北。据《括地志》记载，"伊阙山在洛州南十九里也"。

如果失去伊阙，韩国和两周西侧将再无屏障可依。

秦军占领伊阙，就能威胁韩国，让韩国"跟随"秦国，不敢同其他国家"合纵"攻秦。秦国还可以"借道"韩国，攻打魏国的大梁。

白起率军同韩、魏联军24万在伊阙对峙，秦军人数不及韩、魏联军的一半。

韩魏两军都不想打头阵，韩军觉得魏军力量强大，魏军觉得韩军装备精良，都希望对方冲锋在前。白起站在山坡上观察韩、魏联军，看到韩军略靠前，魏军错后布阵。观察后，白起洞悉了韩魏两军的心思。白起派军队大张旗鼓，做出要进攻韩军的样子，牵制住韩军。然后派主力大军绕后攻打魏军，魏军毫无准备，瞬间溃败。韩军的侧翼随之暴露在秦军的刀锋下，主帅都来不及反应，秦军便已经攻入韩军阵地厮杀。伊水、洛水"流血漂橹"。

伊阙之战，白起俘虏魏将公孙喜，斩首24万，攻取五座城池。白起因功升迁为国尉，而"韩、魏以故至今称东藩"（《战国策·中山策》）。

秦国要继续攻打韩、魏，为了预防楚国倒戈，秦昭襄王写信警告楚顷襄王："楚国如果背叛秦国，秦国就率诸侯讨伐楚国，请大王整顿士卒，战场上见。"

楚顷襄王非常忧虑，同意与秦国联姻。次年，楚顷襄王迎娶了秦女。

司马光忍不住感叹："甚哉秦之无道也，杀其父而劫其子；楚之不竞也，忍其父而婚其仇！"（《资治通鉴》卷四）

接着秦军再次进攻韩、魏两国。

公元前292年，白起晋升为大良造（第十六级军功爵），率军攻占了魏国的垣城。次年，白起攻取韩国的宛（原为楚地，此前被韩国攻占）。司马错攻占了魏国的轵、韩国的邓。秦国把穰和陶封给魏冉，号为穰侯。秦还册封公子芾于宛，公子悝于邓（均为宣太后之子，秦昭襄王之弟）。

韩、魏毫无还手之力。

公元前290年，魏国割让河东400里土地，韩国割让武遂200里土地给秦国。第二年，白起率秦军连夺魏国61座城池。

公元前288年，秦国想约齐国一起攻打赵国，秦昭襄王称"西帝"，齐湣王称"东帝"。苏秦献计齐湣王取消帝号，让天下"爱齐而憎秦"，然后去攻打宋国。（详见第五章）

在苏秦的策划下，中原各国再次组建了合纵伐秦的队伍。

公元前287年（秦昭襄王二十年），齐、燕、韩、赵、魏五国联军进军至成皋（今河南荥阳），因魏国的阻挠而停下了脚步。成皋大致在今郑州市西，距离洛阳还有大概200里的路程，距离函谷关就更远了。还没和秦军交战，联军在成皋就自行瓦解了。秦国归还了赵国、魏国部分土地求和。齐国则去攻打宋国。

秦国旋即再次攻打魏国，夺取了魏国的新垣、曲阳。次年，秦军再次攻打魏国河内地区，魏国割让旧都安邑求和。

这次合纵攻秦可以说寸功未建，而针对齐国"五国合纵"联盟却顺利建立。燕、秦、魏、韩、赵五国攻入齐国，各取所需。公元前284年，齐都临淄失陷。

齐国出局。

齐国后来虽然复国，但已不复往日的强盛，而且开始实行绥靖政策。天下仅剩军事强国赵国尚能同秦国抗衡，格局接近"单极"模式。

秦国抓住时机，再次兵出函谷关。

公元前283年，秦国大举围攻魏国都城大梁，想要一举灭魏，把领土和新得的陶邑（宋地）连接起来。秦军越过魏国长城，一直攻打到卫国的边界和陶邑附近。魏相孟尝君到赵国、燕国求救，赵、燕两国都出兵营救魏国，秦国暂时解围撤军。

秦国开始重新布局。

为避免楚国也加入合纵队伍，秦国允许楚国攻取韩国的南阳。为防赵国再次营救魏国，秦国攻打赵国，以武力威胁赵国与秦议和，还迫使赵国送公子郚入秦国为质。随后，秦国派白起再次兵围大梁。不料，赵、燕再次出兵救魏，把秦军围困在林中，逼迫秦军讲和。

公元前280年左右，有人上书秦王，建议攻打楚国。因为**魏国**是"山东之要"，如同蛇的腰部。攻打**魏国**，"蛇"的首、尾都会来救。不如去攻打楚国，"其兵弱，天下不能救，地可广大"（《战国策·魏策四》）。

秦昭襄王的目光再次投向楚国。

公元前280年，司马错走"第四条通道"从蜀地出发，攻打楚国的黔中。楚国割让汉北和上庸的土地给秦国求和。为了继续大举攻打楚国，秦国要稳住最大的危险赵国。公元前279年，秦昭襄王约赵惠文王在渑池相会，两国修好。随后，白起率秦军大举攻打楚国，攻破楚国鄢郢，烧毁楚国先王陵墓和祭祀的宗庙。楚国被迫迁都到江淮平原上的陈。白起因功获封武安君。

楚国从此缩到韩、魏的背后，偏安于东南。

公元前273年（秦昭襄王三十四年），赵国和魏国组成联军攻打韩国的华阳（今河南新郑北），韩国派使者到秦国求救。

秦昭襄王派武安君白起和客卿胡阳率军救援韩国。白起率秦军急行军长途奔袭，用时8天赶到华阳，突袭赵、魏联军，取得斩首15万的大捷，俘虏赵将，魏将芒卯败逃。赵国派贾偃增兵救援，又被秦军打败。白起把赵军俘虏2万人沉入黄河。秦军乘胜包围魏国都城大梁。

魏国割让南阳地区求和，秦国把占据的韩、魏南阳和楚国的宛合建为南阳郡。此后，韩国、魏国基本成了秦国的附庸。

至此，天下仅剩军事强国赵国能同秦国一战。

五、同一个声音

穰侯魏冉

秦国已经呈现独霸天下之势，唯一的变数在赵国。

赵国虽然发生了沙丘之变，赵武灵王去世，但赵国保有了强国的地位，继任的赵惠文王又是一位有为的国君，赵国有名相乐毅、蔺相如，名将廉颇、赵奢，内部还整顿了税收。"国赋大平，民富而府库实。"（《史记·赵奢列传》）

当时的赵国是万乘之强国，不断攻取齐、魏两国土地。赵国"前漳、滏，右常山，左河间，北有代，带甲百万，尝抑强齐，四十余年而秦不能得所欲。由是观之，赵之于天下也不轻"（《战国策·赵策三》）。

公元前269年（秦昭襄王三十八年），因赵国拒不履行交换城邑的盟约，秦昭襄王派胡阳攻打赵国的军事要地阏与（赵国东西交通枢纽）。不料秦军在阏与被赵将赵奢杀得大败而回。

这表明赵国具有威胁秦国的力量,而且也有威胁秦国的意图。秦、赵之间不可避免地将有一场大战。

而此时,秦国穰侯魏冉的主要精力都在自己的封地陶邑。

陶邑是一个商业大都会,非常富庶,本来是宋国的土地。

在苏秦组织伐秦时,齐国提出把陶邑送给赵相李兑(奉阳君)。李兑为得到陶邑,极力促成合纵伐秦。那次合纵像一次公费旅游,各国怎么出去的,又怎么回国。被利益临时捆绑,而没有感受到很大的威胁时,几个国家各怀心思,能勉强组织起来,但是难以成事。此后李兑不见于史册记载,因五国伐秦前有人对李兑说过"君之春秋高矣","君之身老矣"。据此推测李兑应当是因年迈而去世。

齐湣王借各国合纵伐秦的机会灭了宋国。赵国从齐国盟友变成了伐齐急先锋,在"五国伐齐"过程中表现非常积极。而魏相孟尝君又承诺把攻占的宋地献给魏冉,说服秦国加入伐齐队伍。

陶邑就是一个诱饵,齐国用它钓赵国,孟尝君用它钓秦国。

还有人为魏冉做了人生规划:攻灭齐国,在陶邑建立一个万乘之国,魏冉率领各小国的君长朝见周天子。天下诸侯都将听命于魏冉,伟大的魏冉将成就春秋五霸的功业。

"五国伐齐"后,陶邑实实在在成为魏冉的封地。

魏冉开始绞尽脑汁扩大自己的封地。史料记载:"秦使穰侯伐魏,斩首四万,走魏将暴鸢,得魏三县。穰侯益封。"

穰侯魏冉同弟弟华阳君芈戎,还有两个外甥泾阳君公子芾、高陵君公子悝并称"四贵",擅权谋私。

在秦国,"穰侯之富,富于王室"(《史记·穰侯列传》)。

秦昭襄王或许不在意舅舅比王室富有。但是,当魏冉把个人利益凌驾于国家利益之上,他也就走到了外甥的对立面。嬴稷是秦国的王,秦国的国家利益，就是王的利益。

秦国不能有两个核心。

这时，秦国内部的毒瘤是穰侯，外部最大的忧患是赵国。一个人的到来，将帮助秦昭襄王解决这两个棘手的问题。

"人才培训中心"魏国再次向秦国输出国相级别人才：范雎。

范雎是魏国芮城人，字叔。有大才华，有大志向，想要辅佐魏王。却因家贫，只能到魏国中大夫须贾门下做门客。

齐国复国后，魏王担心齐国报复，派须贾出使齐国，议和修好，范雎随同前往。到齐国后，齐王一直不见须贾。

齐王听说范雎有才华，派人送了范雎"金十斤及牛酒"。范雎辞谢不受，须贾让他退还黄金，留下牛酒。范雎一一照办。

须贾怀疑范雎出卖了国家情报，齐王才会超常规地赠礼，因此非常生气。回到魏国后，须贾就向魏相魏齐作了汇报。魏齐在没有任何调查、询问的情况下，命令舍人拷打范雎。范雎的肋骨被打断，牙齿被打到脱落。范雎知道再被打，就要被打死了，于是一动不动地装死。魏齐以为范雎真的死了，就让人把他的"尸体"丢进茅厕。还让府上的宾客去厕所，故意往范雎的"尸体"上撒尿。

等到宾客散去，范雎爬出来，对看守厕所的人说："您如果能救我出去，我必会厚谢于您。"

那个人也生了怜悯之心，就去对魏齐说："尸体扔在厕所总是不太方便，不如把尸体丢出去吧，以免影响宾客如厕。"

魏齐喝醉了，随口说："可矣！"

范雎被扔了出去，逃过一劫。魏齐酒醒后，再派人去查验范雎的尸体，发现"尸体"不见了，就派人搜捕范雎。魏国人郑安平听说此事，寻到范雎，帮助他坐上了秦国使者王稽的车子，逃出了魏国。范雎入秦后等了一年多，才得到秦昭襄王的召见。

范雎进了离宫，直奔永巷，引路的宦者非常生气，恰巧秦昭襄王走了出来。

宦者说："大王到了。"

范雎却说："秦国哪有大王，只有太后和穰侯。"

真是一语戳中了秦王的心事。

秦昭襄王屏退左右，再三请教。范雎阐述自己的想法，其中最重要的是提出了"远交近攻"的战略。

范雎提出："王不如远交而近攻，得寸则王之寸也，得尺亦王之尺也。"（《史记·范雎蔡泽列传》）

"远交近攻"的策略，秦国用过，其他国家也用过。但"策略"和"战略"不同。"策略"是应急选择，看重的是短期内的收益。而"战略"是长期规划，国家的各项行动都要为此服务，以保证国家能获得最大的利益，长远的利益。

范雎首次明确提出"远交近攻"，也是首次把它提升到战略高度。

范雎是魏国人，他最初的梦想是为魏王出谋划策，对魏国的敌国秦国，必然是做过深入的研究。这些研究成果，将帮助他在秦国建功立业，也将成为三晋的噩梦。

在实施对外的战略前，范雎先帮助秦昭襄王清除了内部的隐患。

魏冉还在扩大陶邑的封地，他又得到了齐国的刚和寿，但他也收到了罢免相位的诏书。秦昭襄王让他回陶邑养老去。魏冉带着1000多车财物，浩浩荡荡地回了他的陶邑。魏冉死后，秦国就收回了陶邑。芈戎、公子悝、公子芾也都被驱逐出关。

第六章 秦国：逆袭的国运

秦宣太后

公元前 265 年（秦昭襄王四十二年）十月，秦宣太后去世，被安葬于芷阳骊山。

史书中对宣太后的记录不多。这位掌握秦国政权几十年的政治家，被提及最多的莫过于她的桃色新闻和她讲过的黄色笑话。

有一次，韩国受到楚国的攻击，派了多位使者到秦国求援，秦人都不为所动。韩王改派尚靳出使秦国求援。

尚靳对秦王说："韩国对于秦国，安居可以为秦国隐蔽，出去如同大雁随行。如今韩国危亡，秦师不下崤山。臣听说，嘴唇被掀掉，牙齿就会感到寒冷，愿大王周密谋划。"

宣太后说："韩国派了这么多使者，只有尚子之言正确。"

随后，宣太后接见了尚靳。

宣太后对尚靳说："我侍候先王，先王把大腿放在我的身上，我感到疲惫困乏；可他整个身体压在我身上时，我却不觉得沉重，为什么呢？因为这对我有利。如今，秦国要去救韩国，兵不众，粮不多，则不足以救韩。真要救韩国，秦国要日费千金。韩国难道不应该给秦国些利益吗？"

用房事比喻国与国之间的利益关系，宣太后确实是特立独行。《战国策·韩策二》非常认真地记录了这段对话。其实，这段对话的核心根本不在宣太后用什么做了比喻，而是她要达到的目的：让韩国拿出求救的诚意来。

什么是诚意？无非就是割地、赔款。

再看她同义渠王之间的故事。

秦昭襄王继位之初，义渠王到咸阳朝贺，同寡居的宣太后发展成了情人关系，还生了两个儿子。公元前 272 年（秦昭襄王三十五年），为确保秦国的安全，宣太后在甘泉宫诱杀了义渠王。随后秦军攻灭义渠，设立陇西、北地、上郡三郡。

两千多年来，人们在这件事上展现了极为丰富的想象力。其实，宣太后的出发点无非是两个：一是个人需要，二是国家需要。

为了个人情感需求，她丧偶后寻觅了一个情人。为了国家利益，她也可能"精准命中"一个情人。

国君的婚姻几乎都是政治联姻。娶哪国的姑娘，得看要同哪个国家建立同盟关系。宣太后掌握秦国大权，她同义渠王的情人关系，很可能也是一种"政治联姻"，只是碍于身份她不能"娶"义渠王入王宫，更不可能"嫁"到义渠。

最后她诱杀义渠王，同样是为国家利益。

因为义渠严重威胁了秦国后方。

义渠是义渠族在商周时期建立的国家，以族名为国名，核心地带在今陇东地区。义渠同商、周两代有战争，也有和平，交流融合颇多。义渠长期同周人杂处，受周农耕文化影响颇深。现在很多学者认为义渠不是游牧民族，而是半农半牧，生产方式以农业为主，畜牧业为辅。畜牧业也并非游牧，而是饲养马、牛、羊、驴、骡等牲畜。

义渠人会种粟和黍稷、菽麻，会酿酒，会铸青铜器，会冶铁。现代考古发现，义渠国的部分城池同汉代县城规模大致相当。史籍中也留下了义渠筑城，秦人占领义渠城池的记录。

这同当地的地理环境有关。

陇东的北部山区和草原地带适合发展畜牧业；我国的黄土高原上，有一种台状地貌，被称为"塬"。因受流水冲刷，塬的四周陡峭，中心平坦开阔，适宜耕种。而河谷地带水源充沛，宜耕宜牧，义渠人的很多城就修筑在河谷地带。

现在陇东地区的庆阳还有"陇东粮仓"的美誉。庆阳的农作物主产区董志塬，面积达到了9万公顷。泾河的支流蒲河、马莲河、洪河都流经庆阳。

义渠是一个延绵800多年的民族，实力不容小觑。

义渠视秦国的国力强盛与否决定是战、是降。

公元前444年，秦伐义渠，俘虏了义渠的首领。公元前430年，义渠伐秦，攻打到了渭水的北岸。秦惠文王在位时，义渠国内乱，秦国派庶长操率军平定叛乱，义渠臣服于秦。公元前318年，五国伐秦时，义渠也出兵伐秦。

历史学家马非百曾说："（义渠）二百年来为秦人腹心大患之敌国。"（《秦集史》）

战国时，"义渠称王"（《后汉书·西羌传》），非常强盛。

在不能兼并义渠时，羁縻不失为一种良策。

因此，在秦昭襄王即位之初，宣太后通过同义渠王发展情人关系，稳定义渠同秦国的关系。但义渠始终是一个重大的隐患。尤其是在秦国进军中原时，义渠的存在如同在后方放了一颗随时可能爆炸的炸弹。

当秦国日益强盛，有了吞并义渠的实力，灭义渠就被提上了秦国的议事日程。

秦昭襄王曾对范雎说，在灭义渠前，他曾同宣太后日夜密谋。最后，宣太后在甘泉宫诱杀义渠王。秦军攻占了义渠的土地。义渠从此并入秦国。

秦国从此后方稳固。

宣太后的一生是为政治服务的一生。

她是楚国在秦国的势力代表。她在少女时代就为秦楚关系，离开温暖潮湿的南方，远嫁干旱寒冷的西北。她的两个弟弟随他远离故土，一起在秦国生活。在对楚问题上，需要同楚国盟好时，宣太后能为秦昭襄王求娶楚国女子为妻；而当秦国要攻打楚国时，宣太后也毫不迟疑地支持秦军攻打楚国。

她是楚人，却最终成了秦人。

人们一直想探求，这位中国历史上的第一位太后，到底是个什么样的人？她是什么性格？做过什么？说过什么？或许我们把镜头拉远，看一下宣太后执政的36年（一说41年），秦国都做了什么，就能知道她是什么样的执政者。

秦国兵出函谷关，参加五国伐齐，震慑赵国，攻占楚国都城，诱灭义渠。

秦国散发着茁壮的生命力，露出鲸吞天下之势。

秦国在宣太后执政时期全面崛起。

如果说她有什么身份，那只能是大秦太后，她的政治生命即个人的生命。

很多人认为，秦昭襄王是傀儡，笔者有不同看法。在秦昭襄王执政的前三十几年，他同宣太后的执政理念应当是高度统一。所以，母子之间没有大的分歧，在各项大政方针上，能共商大计。

秦昭襄王所说的"会义渠之事急，寡人且暮自请太后"应当经常发生。这时，母子同心，共同执政。

灭义渠是一个分界点，秦昭襄王还说在义渠被灭后，"寡人乃得受命"。

宣太后年事已高，在灭义渠后，应当处于半退隐状态。而魏冉还位于一人之下，万人之上的位置。魏冉晚年攻打齐国，试图扩张自己的封地，已经不适合再继续担任秦相。

但是，魏冉为秦国做过的贡献也不应当被范雎几句话磨灭。

司马光对魏冉有过如下评价："穰侯援立昭王，除其灾害，荐白起为将，南取鄢、郢，东属地于齐，使天下诸侯稽首而事秦。秦益强大者，穰侯之功也。虽其专恣骄贪足以贾祸，亦未至尽如范雎之言。若雎者，亦非能为秦忠谋，直欲得穰侯之处，故搤其吭而夺之耳。遂使秦王绝母子之义，失舅甥之恩。要之，雎真倾危之士哉！"（《资治通鉴》卷五）

司马迁也对魏冉的功绩做了肯定："苞河山，围大梁，使诸侯敛手而事秦

者，魏冉之功。"(《史记·太史公自序》)

在宣太后、秦昭襄王、魏冉同心协力治理秦国时，他们也曾给那铁血时代留下了一抹人间温情。

秦国的强大，是秦国整个统治集团的功劳，更是所有秦人的功劳。秦国唯有上下一心，才能倾举国之力，发起吞并六国的战争。任何威胁到秦国中央集权的势力都会被逐出秦国。

秦国只能有一个声音：秦王的声音。

应侯范雎

公元前266年（秦昭襄王四十一年），秦昭襄王任命范雎为相，封为应侯。根据范雎提出的"远交近攻"的策略，秦国掀起新一轮的"灭韩风暴"。

公元前264年，白起伐韩，拔九城，斩首5万。

公元前263年，白起伐韩，夺取南阳，断绝韩国的太行道。

公元前262年，白起伐韩，攻占野王，韩国都城和上党郡之间的道路断绝。

上党郡已是秦国的囊中之物，韩国只能把上党郡割让给秦国。上党郡守携上党郡17城投降赵国，引发了中国古代最大的一场战役——长平之战。战争持续了三年之久，山东各国竟无一国救援赵国，齐国还拒绝了赵国借粮的请求。最终45万赵军死在长平战场，赵国从此失去了制衡秦国的能力。

长平之战暴露了赵国最大的问题：摇摆不定。战国初期，赵国"南进"，中期调整为"北上"，李兑专政时又重回中原战场。

赵国被齐闵王说服加入了打秦国的队伍，又被秦国、燕国鼓动到了打齐国的队伍里。短期看确实可能有所收获。长期看，赵国的国家战略是什么呢？

长平之战开始时，赵孝成王根本没有做好同秦国决战的准备。他是因上党郡守投诚，临时决定接收上党。议和的时候明显急躁，议和不成，又急于结束战争。战争到了关键时刻，又临时启用毫无经验的赵括替换了老将廉颇。

赵国，完全被时局牵着走。

当年范雎离开魏国时，为躲避追杀，改名张禄。任秦相后依然使用张禄的名字，魏国的人都以为范雎已经死了。

因秦国要攻打魏国，魏王派须贾出使秦国。范雎得到消息后，穿着破旧的衣服，步行到须贾下榻的宾馆去见他。须贾见到范雎非常惊讶。

须贾说："范叔原来无恙呀！"

范雎答："是的。"

须贾笑着说："范叔是在秦国游说吗？"

范雎答："不。雎得罪了魏相，逃亡到秦国，安敢游说？"

须贾问："如今在做什么？"

范雎答："臣为人做庸赁（受人役使的奴仆）。"

时过境迁，须贾不再怀疑范雎出卖情报。他很同情范雎的处境，留他一起用餐，还感叹："范叔一寒如此哉！"（《史记·范雎蔡泽列传》）

须贾命人取了一件绨袍赠给范雎。

须贾问范雎："秦相张君，你知道吗？我听说他很受秦王宠信，天下之事皆决于张君。如今我出使的使命能不能完成都在张君，你认识的人中有没有同张君熟悉的啊？"

范雎说："我家主人同张君熟悉，我也能见到他。雎请为您引见张君。"

须贾说："我的马病了，车轴也断了，不是四匹马拉的大车，我绝不出行。"

范雎说："我愿为君上向主人借四匹马拉的大车。"

范雎回府自己驾了这一辆四匹马拉的大车来接须贾，径直开到了秦国相府。

相府的人纷纷避让，须贾感到很奇怪。

到了门口，范雎对须贾说："稍等，我先为君上通报。"

须贾等了很久，都不见人出来，就问门下的卒役："范叔一直不出来，是什么缘故？"

门下说："这里没有范叔。"

须贾说："就是刚才同我一起来的那个人。"

门下说："乃吾相张君也。"

须贾大惊，知道范雎是故意骗他到这里，连忙脱掉上衣，跪在地上请罪。

范雎说："公之前怀疑范雎有外心于齐国，对魏齐说我的恶言，其罪一也；魏齐辱我于厕中，公不制止，其罪二也；酒醉后便溺于范雎身上，公怎么忍心如此？其罪三也！有这三条罪状，公当死。之所以不杀你，是念你赠绨袍之情，对范雎仍有故人之意。"

范雎入宫把事情汇报给了秦昭襄王，请求把须贾赶回魏国。

须贾临行前向范雎辞行。范雎羞辱了须贾一番，对他说："告诉魏王，速速把魏齐的头送来！不然，我就屠了大梁城。"然后放须贾回了魏国。

范雎为相后对残害过他的魏齐必杀之而后快，对帮助过自己的人也都尽力报答。他向秦昭襄王举荐了救他出魏国的郑安平，还有带他入秦国的秦使者王稽。秦昭襄王封郑安平为将军，封王稽为河东守。

《史记》说他："散家财物，尽以报所尝困厄者。一饭之德必偿，睚眦之怨必报。"

须贾回到魏国后，立即告诉了魏齐。魏齐大为惊恐，逃到了赵国平原君府上躲避。

秦昭襄王听闻魏齐在平原君家里，定要为范雎报仇，他亲自写信给平原君，把平原君骗到了秦国。

然后秦昭襄王又写信给赵孝成王说："大王的弟弟在秦国，范君的仇人魏齐在平原君家里。大王快派人送魏齐的人头来。如若不然，寡人将举兵攻打赵国，大王的弟弟也别想离开秦国。"

这就是秦国对待士人的态度。

范雎出身贫贱，而且不是秦人。秦王愿意为他动用国君的权威，威胁另一个大国的国君交出自己臣子的仇人，亲自写信，亲自为其谋划。如果最后没有拿到魏齐的人头，秦国的大军一定会攻入赵国的土地。

秦王爱护士人，士人以谋略报之，各国贤士都涌向秦王的大殿。

赵孝成王派军队包围了平原君府邸，擒拿魏齐。魏齐得到消息，提前逃脱，去见赵国相邦虞卿。虞卿忖度着没有说服赵王的可能，解了相印，与魏齐一起逃亡。

两人沿着小路逃亡，想到诸侯中没有能解救急难的人，只好返回魏国都城大梁，想通过信陵君逃到楚国去。

信陵君畏惧秦国，犹豫再三，没有见魏齐。

信陵君问："虞卿是什么样的人呢？"

侯嬴说："人不容易被人理解，了解别人也不容易。虞卿，穿着草鞋，背着斗笠，远行到赵国。一见赵王，赐白璧一双，黄金百镒；再见，拜为上卿；三见，拜为国相，封万户侯。当此之时，天下争着了解虞卿。魏齐于穷困之时，求助于虞卿。虞卿不以爵禄之尊为重，解相印，捐万户侯，从小路同魏齐一同出逃。把士人的困难当作自己的困难，来投奔公子。公子问：'他是什么样的人？'"

信陵君非常惭愧，亲自驾车到郊野去接虞卿、魏齐。

而魏齐得到信陵君最初不肯相见的消息，怒而自刭。

赵王得到消息，派人取了魏齐的头颅，献给秦王。秦昭襄王才放平原君回国。

此时的魏国已经毫无还手之力，而且国都大梁几乎直接暴露在秦军的铁蹄下。韩国、赵国都遭受重创，魏国也就失去了屏障。而且长平之战后，秦国逼迫韩国割让了垣雍。

秦国得到垣雍，就能决荥泽，水灌大梁。

长平之战结束时，魏国的时事评论员子顺说："当今山东之国敝而不振，三晋割地以求安，二周折而入秦，燕、齐、楚已屈服矣。以此观之，不出二十年，天下其尽为秦乎！"（《资治通鉴》卷五）

子顺是孔子的六世孙，也是魏国的贤臣，而我们知道魏国是留不住贤臣的。魏王听说子顺贤德，派使者拿着黄金束帛，固请子顺为相。子顺治理魏国非常有成效，但是他提出的施政方针，魏王都不予采纳。

于是，子顺出任魏国相邦不到一年，就"以病致仕"。

魏国不愧为"人才流失大国"。

长平之战后一年，秦国再次攻打赵国，发动了邯郸之战。赵国都城危困，几近亡国。在巨大的危险下，诸侯们终于再次团结。信陵君窃符救赵，魏、楚、赵联军击退了秦军。

秦相范雎的仕途也走到了尽头。

邯郸之战时，郑安平被赵军围困，率两万秦军投降。另外，河东守王稽因出售情报，里通外国被处死。郑安平和王稽都是范雎举荐给秦王的。

信任一旦失去，就很难重建。

而且，范雎同白起将相失和。

长平之战后，白起要挟势一举攻破赵国。当时赵国人人震恐，心理防线被突破，确实有被一举拿下的可能。范雎收了赵国的贿赂，鼓动秦昭襄王召回白起，错过了一举灭赵的良机。

等秦军休养生息后再攻邯郸，赵国已经做好了同秦军死战的准备。因长平之战，白起屠杀了所有俘虏，赵人誓死不降。活不同死战，军功爵制是鼓励军人立功，邯郸之战时的赵人却把自己当作死人在抵抗。最后，赵国说服了魏国信陵君、楚国楚考烈王，三国合纵击退了秦军。

白起知道出兵必败，加上重病在身，多次拒绝秦王让他领兵出战的要求，最后被赐死。秦国因此失去了武安君白起。

将相失和，于国家不利，于敌国有利。

白起之死，范雎要负责任。

而且，各国再次合纵，范雎无法破解。

公元前255年（秦昭襄王五十二年），范雎向秦王引荐了蔡泽后，以患病为由，主动辞去了相位，不久后回到封地。范雎何时去世，没有记载。

范雎"远交近攻"的战略仍在执行。

在范雎辞职的前一年（前256），秦将赵摎伐韩，攻取阳城、负黍，斩首4万。同年，伐赵，攻取20余县，斩首虏9万。

周王室万分惊恐，周赧王以天子名义召集诸侯合纵，率领天下精兵出伊阙攻打秦国，让秦国不能出阳城（今河南郑州登封）。秦昭襄王派将军赵摎进攻周国。周赧王入秦谢罪，献出36座城邑，人口3万，秦国接受周赧王的进献后，放他回国。

当年，周赧王郁愤而终。

此后再无周天子，周国灭亡。

公元前254年（秦昭襄王五十三年），"天下来宾……韩王入朝，魏委国听令"（《史记·秦本纪》）。

公元前251年，在位56年的秦昭襄王嬴稷离开人世，终年75岁，安葬于秦东陵。

秦昭襄王去世时，三晋的西部防御均已被粉碎，秦国统一六国只是时间问题。

六、山河一统

偶然事件

秦昭襄王是一位长寿的君王。他在位的第 38 年，在魏国做人质的悼太子去世（史书未载其名），昭襄王悲痛万分。王位需要稳定传承，秦国需要一位新的太子。四年后，唐八子所生的安国君嬴柱被册封为秦国太子。

嬴柱成为太子是一次偶然事件。

公元前 251 年，秦昭襄王去世，安国君嬴柱即位，史称秦孝文王。秦孝文王是秦国在位时间最短的君主，他在守孝期过后，亲政仅三天就离开了人世。随后，他的儿子嬴子楚即位，是为秦庄襄王。

嬴子楚成为继承人也是一次偶然事件。

嬴子楚本名异人，是安国君之子，他的母亲夏姬不受宠爱，史书中称异人为"秦诸庶孽孙"。当时，秦国和赵国连年打仗，异人被送到赵国做人质，处境可想而知。《史记》记载："秦数攻赵，赵不甚礼异人……车乘进，用不饶，居处困，不得意。"

异人困顿非常之时，遇到了一位贵人：吕不韦。

吕不韦是韩国阳翟人（一说卫国濮阳人），当时在邯郸经商。吕不韦见到了异人，非常同情异人的处境。同时，也认为异人"此奇货可居"（《史记·吕不韦列传》），是一个绝佳的投资对象。

吕不韦回到家中问父亲："耕田能获利几倍？"

吕父说："十倍。"

吕不韦问："珠玉能获利几倍？"

吕父说:"百倍。"

吕不韦又问:"立主定国能获利几倍?"

吕父说:"无数。"

吕不韦说:"如今努力耕田劳作,不得暖衣饱食;如若拥立国君,可泽被后世,我决定去做这件事。"

吕不韦是富商,家中财产无数。他并非"不得暖衣饱食"的农民、手工业者。但是,商人是最没有社会地位的平民,士农工商,商业是末业。商人即使富可敌国,终究也只是地位低下的商人。

战国是一个社会阶层跃动的时代。吕不韦要去做士人,做一个辅佐国君登临王位的士人。

吕不韦经商,经常往来于各国之间。为了掌握商品的价格,低价收购,高价卖出,他的消息非常灵通。邯郸是大国都城,各国客商云集,在街头巷尾的议论中,一定有关于秦王和秦国客卿之间的种种传说。

如果能去秦国,见到秦王……

可怎么才能见到秦王呢?

如果一位富商和一位秦国公子在邯郸邂逅,而这位公子将成为秦王……

异人不会想到,一次看似普通的会面,改变了他的人生轨迹,还造就了一段不朽的传奇。

吕不韦再次求见异人,对他说:"我能光大公子的门庭。"

异人笑了,说:"先光大你的门庭,再光大我的门庭吧!"

吕不韦说:"我的门庭,要等公子的门庭光大后,才能光大。"

异人瞬间明白了吕不韦的心意,与他共坐密谋。

"战略策划师"吕不韦分析了异人的处境。

首先,时间紧迫。秦王年老,安国君被立为太子,很快就会即位。

其次,指出关键人物华阳夫人。安国君爱幸的华阳夫人没有儿子,也就是说安国君没有嫡嗣,而能立嫡嗣的只有华阳夫人。

第三,异人几乎没有希望被立为太子。异人兄弟二十几人,而异人居中,"不甚见幸,久质诸侯"。一旦秦王薨逝,安国君即位为秦王,异人那些在咸阳的兄弟,天天在安国君面前,一定会争着做太子,异人无法和他们相比。

第四,异人没有经济实力结交宾客和孝敬亲人。

吕不韦提出他愿意拿出千金,为异人到咸阳说服安国君及华阳夫人,立异人为嫡嗣。

异人也不是一般人,他当即承诺和吕不韦共享天下:"必如君策,请得分秦国与君共之。"(《史记·吕不韦列传》)

吕不韦拿出五百金给异人做日常用度,结交宾客所用,又拿出五百金购买奇珍异宝,带着去见了华阳夫人的姐姐,请求把宝物献给华阳夫人。

吕不韦先吹捧了异人一番:"异人贤德有智,结交诸侯,宾客遍布天下。"

然后大打感情牌:"异人以夫人为天,日夜哭泣,思念太子(安国君)和夫人。"

华阳夫人听了自然很高兴。

吕不韦又说服了华阳夫人的弟弟阳泉君。

吕不韦先指出阳泉君的处境"危如累卵"。因为阳泉君既富且贵,府库藏满了珍珠宝玉,马厩中饲养着骏马,家中美女无数,连太子的财富都不如阳泉君。秦王年迈,一旦秦王去世,太子即位,阳泉君的处境堪忧。

吕不韦点出问题后,又给出了"使君富贵千万岁"的方法。公子异人"贤材也",被弃在赵国,渴望回国。如果华阳夫人能在这时拉他一把,立异人为嫡嗣,"异人无国而有国,王后(华阳夫人)无子而有子也"(《战国策·秦策五》),这是桩合作共赢的生意。

吕不韦还成功说服了华阳夫人的姐姐。

吕不韦还是先分析问题："以色事人者，色衰而爱弛。"（《史记·吕不韦列传》）如今夫人侍奉太子，倍受宠爱，而没有子嗣。

然后提出解决方法：不如趁现在结交诸子中贤孝者，早做打算收一个养子。太子在，则尊贵，若太子百岁之后，所收的养子为王，夫人终不会失势。这就是"所谓一言而万世之利也"。

华阳夫人的弟弟和姐姐都被说服，由这两个最亲近的人去说服华阳夫人事半功倍，最重要的是华阳夫人确实需要一个养子稳固地位。

华阳夫人找了个合适的机会，向安国君提出收异人为养子，晚年也好有个依靠。安国君不仅当即就答应了，还和华阳夫人刻了玉符，册立异人为嫡嗣，重赏异人，聘请吕不韦为异人的老师。

虽然被立为嫡子，但质子回国需要两国交涉，异人暂时仍留在邯郸。

吕不韦家中有很多姬妾，姿容绝美又擅长舞蹈。一次，异人看中了吕不韦的一名姬妾，就向他索要。吕不韦开始很生气，回头想了一下，已经为异人散尽家财，又何必吝惜一名姬妾，就把那名姬妾送给了异人，这名姬妾就是赵姬。

一年后，赵姬生下一子，取名为政。公子政出生在异国他乡，又是质子的儿子，这个幼小的生命诞生在一个极为不安的环境中。两年后，秦军再次大举进攻赵国。赵国想杀掉异人报复秦国。吕不韦用六百金买通了看守的小吏，逃出邯郸，投奔秦军大营。赵姬的母家是赵国豪富，他们把赵姬母子藏了起来，逃过了赵人的追杀。

异人回国后身着楚人服饰拜见华阳夫人，华阳夫人为他改名为子楚。一直到安国君即位，华阳夫人被立为王后，子楚被立为太子，赵国才把赵姬和嬴政送归秦国。

与父亲秦昭襄王的长寿相比，安国君的政治生涯实在太过短暂，他去世后，子楚即位，史称秦庄襄王。庄襄王尊华阳夫人为华阳太后，尊生母为夏太后，以吕不韦为丞相，封为文信侯，食邑河南洛阳十万户。

可惜庄襄王也不长寿，在位仅三年就去世了。

相国吕不韦

公元前247年（秦庄襄王三年），年仅13岁的嬴政即位。嬴政年少，封吕不韦为相国，尊为仲父。吕不韦总揽秦国一切军政大权。

当时"战国四公子"天下闻名，他们都喜欢结交天下士人。据《史记》记载，吕不韦认为自己是秦国的丞相，不能落了下风，于是也招募天下士人，给予优厚的待遇，家中有食客3000人。

当时百家争鸣，士人们游说诸侯，著书立说，把自己的思想传之天下。吕不韦要"备天地万物古今之事"，让自己的门客著《吕氏春秋》，集论分为八览、六论、十二纪，合计20余万字。

成书后，吕不韦在咸阳市门公布《吕氏春秋》，承诺"有能增损一字者予千金"（《史记·吕不韦列传》）。

秦国文化落后，被诸侯鄙视了几百年。

经过商鞅变法，秦国整个国家的力量都用在了农业和军事上，使得秦国以最快的速度崛起，击垮了各国军事防御体系。嬴政即位时距离商鞅变法已有百年之久，时代有了新的变化，在天下即将一统的前夕，秦国要为应对新的历史形势做出调整。尤其是让秦国成为虎狼之师的军功爵制，在长平之战中发挥了作用后，也从巅峰急转直下，成为阻碍秦国统一的制度桎梏。

长平之战的后遗症是各国士卒认为降也是死，战也是死，那不如战斗到最后一刻。邯郸之战，赵人在最后的绝望时刻，以一支誓同秦军同归于尽的敢死队，逼迫虎狼之秦军后退30里。列国的将士被秦军功爵制逼成了"死士"，白起看到了这一点，吕不韦也有所察觉。

在韩、赵、魏、楚乃至周国，感受到国家破灭危险的极端时刻，已经可以有效组织起"合纵伐秦"。

公元前 247 年,信陵君组织韩、赵、魏、楚、燕五国伐秦。秦国靠反间计让魏王夺了信陵君兵权,才稳住了局面。六年后,赵将庞煖再次率领韩、魏、赵、卫、楚五国合纵联军讨伐秦国。

秦军还在肥之战、番吾之战中被赵国的李牧击退。

东周被灭时,周人不愿意做秦人,向东逃。

长平之战前,韩国的上党人不愿意做秦人,举 17 城投奔北方的赵国。

秦国,不能永远做战争机器。

吕不韦提倡用"义兵"兼并天下。他主张军队进入敌境后,要"救民之死""除民之仇",要归还战俘,不能破坏百姓的生产和生活。

在吕不韦任秦国丞相的 13 年间,史籍中仅有一次秦军斩首记录,即秦王政"二年,麃公将卒攻卷,斩首三万"(《史记·秦始皇本纪》),此后那位"麃公"就消失了。

这说明吕不韦在避免大规模屠杀,以尽力重塑秦军的形象、秦国的形象。

军事占领一个国家后,如何收服民心,如何把原属于不同国家,生活在不同地域环境下,有着不同饮食、衣着、语言习惯的人们统合在一起,这是秦国统一六国前就应当思考的问题。

公元前 241 年,在对卫国的处理上,秦国只是把卫国国君迁到了野王,让卫国做秦国的附庸。

吕不韦要改变"秦能取其地,而不能夺其民"的情况。

《韩非子·定法》中指出:让"斩首者"做"医匠",会导致屋子建不成,病也治不好,因为建造房屋需要手巧的工匠,治疗病患需要懂得医药之理的医者,而"斩首者"的特长是拥有"勇力"。

"斩首者"形成的军功集团,不擅长治理国家。国家的建设需要的是

"智能之官"。

那"智能之官"去哪里找呢？

秦国是一个文化极为落后的国家，《吕氏春秋》将要为秦国填补文化上的空白，也为秦国统一后的制度建设、文化繁荣，准备翔实的资料储备，提供经过诸多学者论证后的理论依据。

"一字千金"则为吸引天下贤才，大造舆论声势。吕不韦要把东方各国的人才都吸引到秦国，为秦国所用。

钱穆对吕不韦有如下评价："其大规模的为东方文化西渐之鼓动者，厥为吕不韦。……吕不韦亦籍三晋，然其在秦所努力者，实欲将东方学术思想之全部，移植西土。不仅如商鞅范雎诸人，只求在政治上有所见白而已。"（钱穆《秦汉史》）

这些是吕不韦作为秦国相国，为秦国做出的贡献。但是，这些贡献在更多的时间里，被遗忘，被抹杀，鲜少受到关注。

因为，桃色事件总是比枯燥的政治更有市场。

嬴政身世

公元前238年（秦王政九年），22岁的秦王嬴政在雍城举行冠礼。盛大庄严的仪式结束，嬴政开始亲理朝政。

雍城（今陕西宝鸡凤翔区）是秦国旧都，也是秦人历史上修建的第一座大型都城。因秦国的宗庙等礼制建筑在雍城，秦王嬴政的冠礼要在雍城举行。雍城以渭水为天然防御屏障，又建有城墙，这应当是一座安全的城市，而此时的雍城却暗流涌动，危险来自"萧墙之内"。

嬴政即位后，他的生母赵姬被尊为王太后。赵姬毫无政治头脑，只知道享乐，秦庄襄王去世后，她暗中与吕不韦私通。嬴政一天天长大，吕不韦担心会惹祸上身，便暗中寻找到了嫪毐。一番运作之后，把嫪毐伪装成阉人送进了宫中，进献给赵姬。

后来赵姬怀孕，为了掩盖此事，赵姬找了个理由，移居到旧都雍城，先后生了两个儿子藏匿在宫中。若只是太后养一个情人，对时局不会造成影响。可赵姬对嫪毐言听计从，后宫的大小事务都由嫪毐决定，她还封嫪毐为长信侯，把山阳（太行山东南地区）赐给嫪毐做封地。秦国的宫室、车马、衣服、苑囿、驰猎，嫪毐都可以尽情地享用。嫪毐甚至把河西太原郡更名为"毐国"，家中养有僮仆数千人，还有想求官的宾客1000多人。

嫪毐的势力膨胀到了极点，野心也膨胀到了极点。

一次酒醉后，嫪毐对人说自己是秦王的假父（继父）。更为癫狂的是他还密谋在嬴政死后，让自己的儿子继位。有人告发了嫪毐，嬴政派人调查取证，顺着证据链牵出了吕不韦。

就在这时，嬴政要在雍城举行冠礼。

嫪毐听说了自己被告发的事，非常害怕。嬴政如果亲政，嫪毐的好日子就到头了。不如趁着嬴政到雍城时杀了他，让自己的儿子做秦王。嫪毐偷了太后玉玺和秦王玉玺，调动军队，发动政变，准备攻打住在蕲年宫的嬴政。

嬴政派相国昌平君、昌文君率军平叛。嬴政颁布了极高的赏格发动雍城军民缉拿、斩杀嫪毐。刚刚亲政的嬴政以雷霆手段镇压了政变，车裂嫪毐，夷其三族，命人摔死了嫪毐和赵姬的两个私生子。嬴政想处死吕不韦，碍于他的功劳，只是罢免了吕不韦的相国职务，把吕不韦赶回了河南食邑。

一年多后，拜访吕不韦的各国宾客仍络绎不绝。

嬴政写信质问吕不韦："君何功于秦，秦封君河南，食十万户！君何亲于秦？号称仲父！"（《史记·吕不韦列传》）

吕不韦帮助异人当上秦国太子，保异人当上秦王。在嬴政年少时，辅佐他处理朝政，为秦国著书，为秦国的发展呕心沥血。他救异人，护嬴政，爱秦国。如今嬴政问他何功于秦，何亲于秦，真是杀人诛心。

吕不韦认为秦王迟早会杀了他，于是饮鸩自尽。

事实上，吕不韦已经成为独立于秦王之外的一个政治核心。

吕不韦著《吕氏春秋》，成为天下士人领袖。他有门客3000，即使被罢相，还被各国士人追随。他即使不想威胁秦王，却在事实上威胁到了秦王。他的《吕氏春秋》抢在嬴政亲政前公布，其用心也值得怀疑。

秦国，只能有一个核心，那就是秦王。如果出现第二个核心，就必须被剔除，被消灭。

只要吕不韦还活着，他的政治影响力就无法消除，那些"相望于道"的各国宾客就是证据。吕不韦被罢相一年之久，他们还要"请文信侯"（《史记·秦本纪》），如此下去，秦王被置于何地？

从秦王的角度看，吕不韦不能留。

秦国军功集团也必欲除吕不韦而后快。他们依靠军功爵制晋升，多斩首才能封爵、授田、提升各项待遇。控制斩首数量，就是截断他们快速晋升的通道。商鞅打造了秦国这台耕战机器，这辆战车不会停下，甚至很难放缓脚步。

而且，能保护吕不韦的掌权人物，在不到10年的时间里先后离开人世。

公元前247年，秦庄襄王（异人）去世。

公元前240年，秦庄襄王的生母夏太后去世。

同年，吕不韦提拔的大将蒙骜去世。

可能从这时开始，"吕不韦是嬴政亲生父亲"的谣言开始被故意传播。司马迁获得了相关材料，所以在《史记·吕不韦列传》中做了"姬自匿有身，至大期（十二个月）时生子政"的记载。但他又觉得此事不可信，因此在《史记·秦始皇本纪》中记为："秦始皇帝者，秦庄襄王子也。"

赵姬被送给子楚12个月后才生下嬴政，这不符合人类妊娠40周的规律。40周按古代历法为10个月。延期妊娠一周、两周是可能的。而妊娠时间过长，对孕妇和胎儿都有巨大危害。人类妊娠38周左右时，羊水就开始减少，容易诱发胎儿窘迫。在42周前后，胎便会排出，胎儿就会吸入胎粪，患上胎粪吸入综合征。同时，胎盘的功能也会开始减退，血流灌注不足，会诱发胎儿过熟综合征。而这些都是致命的，不仅胎儿会有危险，孕妇也会有生命危险。

因过期妊娠比足月妊娠的死产率明显升高，医院会持续监控过期妊娠孕妇的羊水情况和胎儿的胎心，发现危险会立即采取医疗手段（注射催产素催产、剖宫产、人工破膜引产等）结束妊娠。

从医学角度看，如果妊娠达到48周，母子平安的概率微乎其微。因此，笔者倾向于相信《史记·秦始皇本纪》的记载。当然，我们也不能排除赵姬超越了人类妊娠极限的可能，凡事都有例外。还有一种可能，"大期"在此处的意思不是12个月，而是足月。

仅靠文献记载，我们无法给出定论，只能等待有朝一日依靠DNA技术揭开这一千古谜题了。

而有一点是可以肯定的，从古至今都有很多人希望嬴政是吕不韦之子。他们希望秦始皇是"吕政"，不是"赵政"，这样有几个好处：

一是猎奇心理。人们乐于相信秦始皇有一个特殊的"身世"。

二是从秦国以外看，秦王是"吕政"，那秦国已经不是秦国，因此六国就不是为秦国所灭。

三是从秦国国内看，攻击嬴政的血统，把吕不韦和嬴政捆绑在一起，可以把嬴政拉下王位，让吕不韦陷入必死的绝地。秦王若死，吕不韦必不能活；秦王要活，吕不韦也不能留。

因此，我们有理由怀疑，当时有一股势力在恶意散布谣言或公布"真相"。

若站在嬴政的位置思考这件事，他只有解除同吕不韦的"捆绑"，才能摆脱危机。

同时，嬴政亲政后，秦王要"独立自主"，相国希望秦王继续他的施政思路，君权同相权之间的矛盾必然激化。

由此还引发了嬴政对外国客卿的怀疑和抵触，水工郑国的间谍身份也大致在同一时间段内暴露。秦国宗室、大臣对此反应最为激烈，他们认为外国客卿到秦国来，大多是为了本国利益，应当驱逐所有外来客。

受多个事件叠加影响，吕不韦罢相的当年，嬴政下达了《逐客令》。

统一天下

李斯是楚国上蔡人，他是荀子的学生，也是吕不韦的门客。吕不韦认为李斯很有才华，任命他为郎，李斯因此有机会接触到秦王。

李斯对秦王阐述了他的理念："秦国现在足以灭诸侯，成帝业，一统天下，成万世之功。如果不快点行动，等到诸侯再强大起来，相聚合纵，即使有黄帝之贤，也不能再并吞天下了。"

这符合嬴政早日统一的想法。嬴政拜李斯为长史，让他出谋划策。

嬴政下达《逐客令》，李斯也在被驱逐的名单上。要想继续留在秦国担任官职，必须让嬴政收回《逐客令》，因此李斯上了《谏逐客书》。

李斯列举了为秦国做出卓越贡献的"客"。秦穆公用由余、百里奚、蹇叔、丕豹、公孙支，"并国二十，遂霸西戎"。孝公用商鞅，惠文王用张仪，昭襄王用范雎，"使秦成帝业"。李斯指出："太山不让土壤，故能成其大；河海不择细流，故能就其深；王者不却众庶，故能明其德。"秦王要统一天下，成就大业，必须不拘国别，唯才是用。"逐客"是以人才资敌国。

嬴政幡然醒悟，废除了《逐客令》，各国人才得以继续留在秦国，为秦国贡献自己的才智。连间谍郑国都免于死罪，完成了郑国渠的修建。

郑国渠建成后，渭北平原变成了千里沃野，秦国更加富强，有了足够的粮食发动统一六国的全面战争。

在尉缭子的建议下，秦国还对六国开展了间谍战。

秦国派雄辩之士，持重金出使各国，通过收买、离间、暗杀等手段排除阻碍秦国统一的障碍。秦国拉拢各国重臣，让他们暗中为秦国服务，离间各国国君同贤能大臣的关系。如收买、离间不成，就派刺客暗杀，秦军随后进行武装占领。

秦国的间谍战极为成功。

郭开收受贿赂，离间赵王同李牧的关系，导致李牧被杀，赵国被灭。

齐国的国相收受贿赂，齐国坐视其他国家被灭，最后齐国国君坚持不抵抗，举国投降。

秦国的军事打击也极为成功。

嬴政时期，秦国涌现出两位名将王翦、王贲，还有李信、蒙恬（蒙骜之孙）等青壮派将领。王翦同白起、李牧、廉颇并称"战国四名将"。

公元前230年（秦王政十七年），嬴政剑指天下，揭开了统一的大幕。

公元前230年，秦内史腾攻打韩国，俘虏韩王安，韩国灭亡。

公元前228年，王翦伐赵，率秦军攻破赵国国都邯郸，俘虏赵王迁，赵国灭亡。

公元前225年，王贲伐魏，水淹大梁，三个月后，魏王假出城投降，魏国灭亡。

公元前223年，王翦伐楚，占领楚都寿春，俘虏楚王负刍，楚国灭亡。

公元前222年，王贲伐燕，攻占辽东，俘虏燕王喜，燕国灭亡。

同年，王贲攻代，俘虏代王嘉。

同年，王翦平定楚的江南地，降服百越之君。

公元前221年，王贲从燕国南下伐齐，齐王建投降，齐国灭亡。

首尾10年，前后9年，六国全部归入秦国版图。

第六章　秦国：逆袭的国运

秦统一六国结束了数百年来诸侯互相攻伐、战火不断、生灵涂炭的局面，建立起我国历史上第一个统一的多民族中央集权王朝——秦。

嬴政以超凡的雄心和能力完成了统一天下的历史任务。此后，华夏一统成为主流。这对于中华民族具有深远而伟大的意义。

秦国从孝公、惠文王、武王、昭襄王、孝文王到庄襄王六代国君，基本国策得到了非常好的连续执行以及改进。如果再向前推一代，加上孝公的父亲献公，向后推一代加上嬴政，秦国连出了八代明君，列国无法与之比拟。

灭六国后，嬴政认为自己"德兼三皇，功过五帝"，取三皇之"皇"、五帝之"帝"，组成"皇帝"称号，命称为"制"，令称为"诏"，自称为"朕"，追尊秦庄襄王为太上皇。嬴政认为，谥号"是子议父，臣议君也，甚无谓"。因此废除谥法，自称为"始皇帝"，后世为"二世、三世至于万世，传之无穷"（《资治通鉴》卷七）。

秦始皇在统一中原后，南征岭南，北击匈奴，继续开疆拓土。秦国要统一的"天下"是当时人眼中的"世界"。秦朝的疆域，西起今甘肃东部，东到东海及朝鲜，北起阴山及辽东，南至今越南北部。俯瞰万里山河，壮美如画。

危机也如影随形。

鲸吞六国后，国土辽阔，人民众多，文化不同，习俗各异，这个庞大的国家要如何治理？历经多年战争，各国百姓对秦国的仇视，要如何消除？秦国军功爵制实行多年，受益的人数非常庞大。这些为国家流血厮杀、浴血奋战的功臣，也理应得到尊重和厚待，军功集团要如何奖赏？

领土统一不等于人心统一。人心不一，还会再次分裂，天下会重新陷入战乱。天下一统后，更为艰难的建设工作刚刚起步。

秦始皇在中央设三公九卿制，在地方实行郡县制度。全国被划分为36个郡，郡下设置县，县下有乡，乡下有里。各级官员代中央管理地方。权力因此都集中在中央，集中在皇帝手中。

秦始皇下令统一文字、统一货币、统一度量衡、统一亩制、统一车轨，破除了人民交往，商贸往来，经济活动，文化交流和普及，政令推行的种种障碍，为以后中华大地形成长时间的统一、和平、文明、发展局面奠定了基础。

秦始皇还修筑万里长城，修筑驰道，修筑咸阳宫和六国宫殿群，建造秦始皇陵，每一项工程都极为浩大。连没有完工的阿房宫，其前殿地基遗址的面积都达到了约54.4万平方米（880亩）。

秦朝无休止地大兴土木，征调了数量庞大的士兵和民力。

人民没有获得应有的喘息之机。

秦朝，是伟大的奠基者，也是一个在透支自己生命的王朝。

公元前210年（始皇帝三十七年），秦始皇在第五次东巡途中，突患重病，病逝在沙丘宫，终年49岁。秦始皇去世后，赵高、李斯、胡亥矫诏立胡亥为帝，赐死公子扶苏、大将蒙恬。新生的秦王朝在严重透支后，又迎来一个顽劣的驾驭者，最终二世而亡。